U0491362

长江深水航道工程经济分析理论与实践

THEORY AND PRACTICE OF ECONOMIC ANALYSIS
OF YANGTZE RIVER DEEPWATER CHANNEL PROJECT

刘长俭 沈益华 徐力 童剑强 等著

企业管理出版社
ENTERPRISE MANAGEMENT PUBLISHING HOUSE

图书在版编目（CIP）数据

长江深水航道工程经济分析理论与实践 / 刘长俭等著 . —北京：企业管理出版社，2020.9

ISBN 978-7-5164-2203-8

Ⅰ.①长… Ⅱ.①刘… Ⅲ.①长江口—深水航道—工程经济分析—研究 Ⅳ.① U61

中国版本图书馆 CIP 数据核字 (2020) 第 166488 号

书　　名：	长江深水航道工程经济分析理论与实践
作　　者：	刘长俭等
责任编辑：	尚元经
书　　号：	ISBN 978-7-5164-2203-8
出版发行：	企业管理出版社
地　　址：	北京市海淀区紫竹院南路17号　　邮编：100048
网　　址：	http：//www.emph.cn
电　　话：	编辑部（010）68414643　发行部（010）68701816
电子信箱：	qiguan1961@163.com
印　　刷：	北京市密东印刷有限公司
经　　销：	新华书店
规　　格：	170毫米×240毫米　16开本　22.25印张　300千字
版　　次：	2020年10月第1版　2020年10月第1次印刷
定　　价：	98.00元

版权所有　翻印必究·印装错误　负责调换

本书主要依托项目的项目组人员名单

《长江口航道货运量及船舶流量预测研究》
（含长江口南槽航道开发建设必要性分析专题）
项目组

朱鲁存（主管院长）　　　　　　徐力（主管总工程师）

沈益华（主管所长）　　　　　　田佳（主管主任工程师）

刘长俭（项目负责人）　　　　　孙金莹（船型专业负责人）

袁子文（经济专业负责人）　　　李宜军（船型参加人）

王达川（港航参加人）　　　　　靳廉洁（经济参加人）

毕珊珊（经济参加人）　　　　　张晓晴（经济参加人）

《长江口航道适应性仿真研究》
项目组

张培林（组长）　　　　　　　　徐力（组长）

董升平（主要参加人）　　　　　柯姜岑（主要参加人）

张浩（主要参加人）　　　　　　袁子文（主要参加人）

刘长俭（主要参加人）　　　　　孙平（主要参加人）

高天航（主要参加人）

《长江 12.5 米深水航道对沿江港口和产业发展影响及对策研究》项目组

张小文（主管院长） 　　　　　冯云（主管总工程师）
徐力（主管总工程师）　　　　　沈益华（主管所长）
童剑强（主管主任工程师）　　　任静（主管主任工程师）
刘长俭（项目负责人）　　　　　李宜军（项目负责人）
杨作鹏（港航专业负责人）　　　靳廉洁（产业经济专业负责人）
袁子文（经济专业负责人）　　　孙金莹（船型专业负责人）

《长江南京以下 12.5 米深水航道二期工程运量预测与经济分析专题研究》项目组

高原（主管院长）　　　　　　　沈益华（主管所长）
冯云（主管总工程师）　　　　　任静（项目负责人）
孙金莹（项目负责人）　　　　　王达川（港口专业负责人）
刘长俭（效益专业负责人）　　　袁子文（风险评估专业负责人）
葛彪（经济参加人）　　　　　　毕珊珊（经济参加人）
靳廉洁（经济参加人）　　　　　田佳（船型参加人）

序

长江干流横贯东西，长江航运是我国综合立体交通体系的重要组成部分。习近平总书记强调：长江是中华民族的母亲河，也是中华民族发展的重要支撑；长江流域要加强合作，发挥内河航运作用，把全流域打造成黄金水道。

为更好支撑上海国际航运中心建设，推动以上海为龙头的长三角乃至长江沿线地区经济发展，1998年以来，国家实施了长江口深水航道整治工程，历时13年，长江口航道水深由原来的7米提高到12.5米，可满足第三、四代集装箱船（实载吃水11.5米）全天候进出，第五、六代集装箱船和10万吨级散货船及油轮乘潮进出的需要。为充分发挥长江黄金水道的作用，长江南京以下12.5米深水航道一期、二期工程顺利实施，实现了长江口航道与长江南京以下深水航道无缝对接，5万吨级海轮可直达南京，第五和第六代集装箱船和10万吨级散货船可减载通过。

上述重大工程的实施，极大带动了上海、江苏沿江以及长江中上游地区水运业的发展。长江干线货运量由2000年的15.1亿吨，增长到2019年的29.3亿吨，长江口货运量由2000年的9.1亿吨，增加到2019年15.2亿吨，上海港集装箱吞吐量由2000年的561万TEU，增长到2019年的4330万TEU。江苏沿江港口货物吞吐量由2000年的16.7亿吨，增长到

2019年的21.0亿吨；沿江8个港口有6个成为亿吨大港。航道条件的改善，港航业的发展，使长江沿岸特别是中下游的港口功能显著增强，优化和改善了长江物流运输体系，进一步发挥了长江黄金水道的水运优势和绿色环保优势，优化完善了沿江产业布局，促进了流域经济的高质量发展。

自"九五"期以来，交通运输部规划研究院（以下简称"规划院"）一直参与长江航道治理工程相关前期研究，特别是在需求分析预测、海进江合理运输体系研究、船型分析预测、效益评价、经济影响分析、必要性分析论证等方面开展了大量基础性、前瞻性研究。首次构建了自浏河口至长江口130公里，涵盖北港、南港、北槽、南槽以及黄浦江航道的长江口航道适应性仿真模型。特别是在物流运输体系模型构建、经济分析理论方法、仿真模型等方面，开展了诸多有意义的探索，积累了较为丰富的经验，形成了规划院在长江深水航道经济分析研究领域的独特优势。依托多个项目相关研究成果，进行系统归纳、提升，形成了本书的主要内容。

我认为，本书的出版，一方面，对过去研究成果梳理归纳，提炼总结，为后续深化研究提供了很好的工作基础，另一方面，将相关研究思路方法和结论进行系统集成，形成研究思路和研究框架，为相关领域科研、管理人员提供了有益的借鉴和参考。我希望，规划院及相关项目组再接再厉，争取在长江深水航道工程经济分析的理论研究和实践探索方面，能够继续开拓创新，锐意进取，不断总结新理论、新方法、新技术，为更好推进长江黄金水道建设、更好助力交通强国建设作出更大的贡献。

交通运输部原总工程师

蒋千

2020年9月

前　言

内河航运是我国现代综合交通运输体系的重要组成部分，在促进流域经济社会发展中发挥了重要作用。特别是在新时代建设美丽中国的大背景下，内河航运运能大、成本低、占地少、能耗低、污染小的比较优势更加凸显。

长江在内河航运发展中举足轻重。《国务院关于依托黄金水道推动长江经济带发展的指导意见》提出，长江是货运量位居全球内河第一的黄金水道，长江通道是我国国土空间开发最重要的东西轴线，在区域发展总体格局中具有重要战略地位。2019年，长江干线货物通过量达29.3亿吨，占全国内河水运量的75%，干线港口货物吞吐量31.6亿吨，占全国内河港口货物吞吐量的66%，完成集装箱吞吐量1940万TEU，占全国内河港口集装箱吞吐量的64%。长江黄金水道在全国内河航运发展和长江经济带建设中发挥了十分重要的作用。

航道建设是长江黄金水道优势发挥的重要前提。特别是1998年以来，我国先后实施长江口深水航道治理工程、长江南京以下12.5米深水航道工程、长江中游荆江河段航道整治工程、长江干线武汉至安庆段6米水深航道整治工程等重大工程，航道条件明显改善，长江水运服务流域经济社会发展的能力不断增强。特别是长江口深水航道治理工程和长江南京以下

12.5米深水航道工程的实施，使得长江口航道与南京以下深水航道无缝对接，5万吨级海轮可直达南京，第五和第六代大型远洋集装箱船和10万吨级散货船可减载直达南京，进一步发挥了深水航道优势，进一步提升了长江航运功能，有力支撑了长江经济带高质量发展。

自"九五"期以来，规划院一直长期参与长江航道治理工程建设相关研究工作，先后参与长江口二三期深水航道治理工程、南京以下12.5米深水航道一二期工程、长江口南槽航道治理一期工程等工程可行性研究报告经济分析研究，参与了中国工程院组织实施的长江口深水航道治理工程评估、江苏省交通运输厅港口管理局委托的长江12.5米深水航道对沿江港口和产业发展影响及对策研究。本书依托上述相关研究成果，进行系统归纳和总结，重点将航道工程经济分析部分的内容进行重点提炼，围绕需求预测、船型预测、效益评价、影响分析、运行仿真等专题篇章具体展开。

本书共分为6篇19章。第1篇，概述篇，简单介绍了长江相关深水航道工程情况和航道工程经济分析的一般框架；第2篇，需求预测篇，介绍了长江深水航道货运量预测的一般思路和方法，并分别介绍了长江口航道和长江南京以下深水航道货运量预测成果；第3篇，船型预测篇，介绍了长江深水航道船型预测的一般思路和方法，然后分别介绍了长江南京以下深水航道和长江口航道船舶流量、船型预测成果；第4篇，效益评价篇，分别从经济费用效益分析、区域经济影响分析、经济风险分析、建设必要性分析等方面介绍了主要研究成果；第5篇，航道工程实施效果影响分析篇，分别介绍了深水航道的影响机理、长江口深水航道工程已经产生的影响、长江南京以下深水航道工程将要产生的影响及对策建议；第6篇，运行仿真篇，重点介绍航道运行仿真建模、航道适应性指标体系构建、航道适应性分析等内容。

本书各章作者如下。第1章：刘长俭、沈益华等；第2章：刘长俭、沈益华等；第3章：任静、沈益华等；第4章：袁子文、刘长俭、徐力等；第5章：任静、沈益华等；第6章：孙金莹、孙平等；第7章：孙金莹、沈益华等；第8章：孙金莹、孙平、徐力等；第9章：孙金莹、沈益华等；第10章：刘长俭、沈益华等；第11章：袁子文、沈益华等；第12章：刘长俭、徐力等；第13章：靳廉洁、刘长俭、沈益华等；第14章：袁子文、靳廉洁、沈益华等；第15章：靳廉洁、刘长俭、徐力等；第16章：刘长俭、靳廉洁、徐力等；第17章：徐力、董升平等；第18章：张培林、徐力等；第19章：徐力、张培林、董升平等。刘长俭对全书内容做了统稿和修改完善，沈益华、徐力、童剑强对全书进行了审阅。

本书在编写过程中得到了交通运输部长江口航道管理局、长江南京以下深水航道建设工程指挥部和江苏、上海等省市交通、港航、海事部门的大力支持，在此表示感谢。希望本书能够为后续航道工程经济分析相关研究工作提供一定的借鉴和参考。

受编者水平及编制时间所限，书中难免有不足、遗漏甚至错误之处，敬请批评指正。

作 者

2020年7月

目 录

第1篇 概述

第 1 章 长江深水航道工程概况 ·· 2

一、长江口深水航道治理工程 ·· 2

二、长江南京以下12.5米深水航道建设工程 ······················ 3

三、研究工作介绍 ··· 4

第 2 章 航道工程经济分析的理论框架 ······························ 6

一、货运量预测 ·· 6

二、船舶流量及船型预测 ·· 7

三、经济费用效益分析 ··· 9

四、区域经济影响分析 ··· 9

五、经济风险分析 ·· 10

六、航道建设项目实施效果影响分析 ······························ 10

七、航道运行仿真建模 ·· 11

八、工程建设必要性论证 ··· 12

第2篇 需求预测

第 3 章 预测思路及方法 · 14
　　一、运量区段界定 · 14
　　二、预测思路和方法 · 15

第 4 章 长江口航道货运量预测 · 19
第一节 运输现状及特点 · 19
　　一、货运量现状 · 19
　　二、总体评价 · 22
第二节 海运量预测 · 24
　　一、宏观经济形势 · 24
　　二、长江经济带发展趋势 · 25
　　三、对长江口海运需求的影响及要求 · 27
　　四、总量预测 · 28
　　五、长江口海运总量构成分析 · 29
第三节 分航道海运量预测 · 36
　　一、长江口航道现状及规划 · 36
　　二、分航道海运量预测 · 39

第 5 章 长江南京以下深水航道货运量预测 · 42
第一节 运输现状及特点 · 42
　　一、长江南京以下深水航道概况 · 42
　　二、长江深水航道江苏段港口吞吐量现状及特点 · 45
　　三、长江深水航道江苏段港口海运量现状及特点 · 47
第二节 海运总量预测 · 53
　　一、腹地经济发展趋势 · 53

　　　　二、预测依据及方法 ………………………………………… 57
　　　　三、长江深水航道江苏段及二期工程海运量预测 ……… 58
　第三节　主要货类海运量预测 ……………………………………… 61
　　　　一、煤炭 ……………………………………………………… 61
　　　　二、石油及其制品 …………………………………………… 66
　　　　三、金属矿石 ………………………………………………… 70
　　　　四、集装箱 …………………………………………………… 72
　第四节　货流密度预测 ……………………………………………… 76
　第五节　重点工程区段海运量预测 ………………………………… 79
　　　　一、仪征水道工程航段 ……………………………………… 80
　　　　二、和畅洲工程航段 ………………………………………… 81
　　　　三、口岸直工程航段 ………………………………………… 83
　　　　四、福姜沙工程航段 ………………………………………… 85

第 3 篇　船型预测

第 6 章　预测思路方法 ………………………………………… 92

第 7 章　长江南京以下深水航道船型预测 …………………… 94

　第一节　江苏沿江岸线资源与港口布局规划 ……………………… 94
　　　　一、江苏沿江港口现状 ……………………………………… 94
　　　　二、沿江港口规划 …………………………………………… 96
　第二节　运输船舶现状 ……………………………………………… 100
　　　　一、进出船舶总量现状 ……………………………………… 100
　　　　二、进出海运船舶现状 ……………………………………… 103
　　　　三、主要货类运输组织方式和船型现状 …………………… 106

第三节 全球海运船队发展趋势分析 ………………………………… 108
    一、干散货船队 ………………………………………………… 108
    二、集装箱船队 ………………………………………………… 110
    三、液体散货船队 ……………………………………………… 112
    四、杂货船队 …………………………………………………… 115
    五、邮轮船队 …………………………………………………… 116

第四节 主要货类运输组织及船型分析 ………………………………… 117
    一、煤炭 ………………………………………………………… 118
    二、铁矿石 ……………………………………………………… 119
    三、石油及制品 ………………………………………………… 120
    四、集装箱 ……………………………………………………… 122
    五、其他散杂货 ………………………………………………… 123
    六、邮轮 ………………………………………………………… 123

第五节 航道船舶流量预测 ……………………………………………… 125
    一、海船流量预测 ……………………………………………… 125
    二、小船流量预测 ……………………………………………… 129

第 8 章 长江口航道船型预测 ……………………………………… 131

第一节 运输船舶现状特点 ……………………………………………… 131
    一、北槽航道通航船舶现状 …………………………………… 131
    二、南槽航道通航船舶现状 …………………………………… 139

第二节 长江口分航道船舶流量预测 …………………………………… 141

第 4 篇 效益评价

第 9 章 经济费用效益分析 ………………………………………… 146

第一节 评价方法与依据 ………………………………………………… 146

第二节　方案和参数 ………………………………………… 148

　　第三节　受益货运量预测 …………………………………… 149

　　第四节　通航船舶现状及发展趋势分析 …………………… 151

　　第五节　经济费用的识别和计算 …………………………… 152

　　第六节　航运经济效益的识别和计算 ……………………… 153

　　第七节　经济费用效益分析 ………………………………… 156

第 10 章　区域经济影响分析 ………………………………… 160

　　第一节　思路和方法 ………………………………………… 160

　　第二节　区域经济影响定量测算 …………………………… 161

　　　　一、对区域经济发展的贡献作用 ……………………… 161

　　　　二、对区域产业发展的积极拉动作用 ………………… 168

　　　　三、对区域产业发展的支撑保障作用 ………………… 169

　　第三节　区域经济影响分析 ………………………………… 171

　　　　一、对区域发展规划的保障作用 ……………………… 171

　　　　二、对区域产业集聚发展的促进作用 ………………… 173

　　　　三、对区域外贸发展的促进作用 ……………………… 174

　　　　四、对综合运输体系的改善作用 ……………………… 174

　　　　五、对区域就业的带动作用 …………………………… 175

　　　　六、对沿江地区城镇化发展的推动作用 ……………… 176

　　　　七、对船舶节能减排，提升环境效益的促进作用 …… 177

第 11 章　经济风险分析 ……………………………………… 178

　　第一节　评价方法 …………………………………………… 178

　　第二节　风险识别 …………………………………………… 179

　　第三节　风险估计 …………………………………………… 183

　　第四节　风险评价 …………………………………………… 186

　　第五节　防范和降低风险对策 ……………………………… 193

第 12 章　建设必要性分析 194

第一节　落实国家战略 195
一、是贯彻落实长江经济带等国家发展战略的需要 195
二、是支撑沿江城市群建设的需要 196
三、是建设综合立体交通走廊的需要 197
四、是落实"共抓大保护、不搞大开发"的需要 198

第二节　满足运输需求 199
一、长江海运需求将持续增长 199
二、长江口航道通航紧张状况将逐步显现 201

第三节　优化通航环境 202
一、分流北槽航道中小船舶 202
二、分流北槽航道部分下行空载大型船舶和上下行邮轮 203

第四节　加快江海联运发展 204
一、是推进舟山江海联运服务中心建设的需要 205
二、是适应江海直达运输需求持续增长的需要 206

第五节　推进国际航运中心建设 207
一、有利于提升上海国际航运中心竞争力 208
二、有利于上海港岸线资源高效利用 209

第六节　优化通航格局 210

第 5 篇　航道工程实施效果影响分析

第 13 章　影响机理分析 212

第一节　影响机理分析的考虑因素 213
第二节　影响机理及传导路径 214
第三节　影响机理分析技术与方法 217

第 14 章　长江口深水航道工程实施效果及影响分析 …………… 219

- 第一节　船舶大型化明显 …………………………………………… 220
- 第二节　沿江航运组织方式不断优化 ……………………………… 225
- 第三节　沿江港口发展格局加快调整 ……………………………… 227
- 第四节　沿江产业布局和结构不断优化 …………………………… 232
- 第五节　沿江经济持续快速发展 …………………………………… 237
- 第六节　沿江港口发展简要再评价 ………………………………… 241

第 15 章　长江南京以下深水航道工程实施影响分析 ………… 247

- 第一节　深水航道对沿江航运的影响 ……………………………… 247
  - 一、运输格局将发生重大变化 …………………………………… 248
  - 二、主要货类运输组织将进一步优化 …………………………… 249
  - 三、船舶大型化和运输组织优化带动运输效益提升 …………… 251
  - 四、沿江航运在综合运输中的地位将进一步增强 ……………… 253
  - 五、对通航安全管理提出新要求 ………………………………… 255
- 第二节　长江南京以下深水航道对沿江港口的影响 ……………… 255
  - 一、将促使沿江港口布局发生变化 ……………………………… 256
  - 二、将推动沿江港口吞吐量持续增长 …………………………… 257
  - 三、将促进港口大型化专业化码头建设 ………………………… 259
  - 四、将提升岸线资源集约高效利用水平 ………………………… 259
  - 五、将对港口综合服务能力提出新要求 ………………………… 260
- 第三节　长江南京以下深水航道对沿江产业的影响 ……………… 261
  - 一、深水航道对沿江产业发展的总体影响 ……………………… 261
  - 二、深水航道对沿江产业的具体影响 …………………………… 265
  - 三、促进外向型经济水平提升 …………………………………… 271
  - 四、推进沿江城镇化进程 ………………………………………… 272

第 16 章　对策建议 ……………………………………………………… 274

第一节　促进港口与产业协调发展 …………………………………………… 274
一、建议提出的背景 ……………………………………………… 274
二、建议提出的目的 ……………………………………………… 276
三、总体建议 ……………………………………………………… 277
四、具体建议 ……………………………………………………… 280

第二节　积极促进港城和谐发展 ……………………………………………… 283
一、建议提出的背景 ……………………………………………… 283
二、建议提出的目的 ……………………………………………… 284
三、具体建议 ……………………………………………………… 284

第 6 篇　运行仿真

第 17 章　长江口航道运行仿真建模 …………………………………… 288

第一节　研究思路 ……………………………………………………………… 289
第二节　仿真系统边界的确定 ………………………………………………… 290
第三节　长江口航道通航仿真要素的分析 …………………………………… 291
第四节　仿真系统流程设计 …………………………………………………… 292
第五节　仿真系统模型构建关键技术 ………………………………………… 295
一、预申报平台 …………………………………………………… 296
二、交通管制 ……………………………………………………… 298
三、船舶属性 ……………………………………………………… 299
四、多级分叉 ……………………………………………………… 300

第六节　长江口航道适应性仿真模型设计及构建 …………………………… 301
一、总体设计 ……………………………………………………… 301

二、船舶类型 ··· 302

　　三、仿真模型 ··· 304

第 18 章　长江口航道适应性指标体系构建 ·············· 307

第一节　航道适应性概念 ·· 307
第二节　航道适应性评价指标的选择 ······························· 308
　　一、航道利用率 ··· 309
　　二、船舶平均等待时间 ··· 309
　　三、船舶平均排队长度 ··· 310
第三节　航道适应性评价 ·· 310
　　一、航道利用率评价 ·· 310
　　二、航道服务水平评价 ··· 316

第 19 章　长江口航道适应性分析 ···························· 321

第一节　航道利用率评价 ·· 322
第二节　航道服务水平评价 ··· 327
第三节　主要仿真实验结论 ··· 329

主要参考文献 ··· 331

第1篇

概述

第 1 章　长江深水航道工程概况

本书提到的长江深水航道工程主要是指长江口深水航道治理工程（没有特殊说明，包括工程一、二、三期，简称"长江口航道工程"，下同）和长江南京以下12.5米深水航道建设工程（没有特殊说明，主要包括工程一、二期，简称"长江南京以下深水航道"，下同）。没有特殊说明，"长江深水航道"是"长江口深水航道"和"长江南京以下12.5米深水航道"的统一简称。

一、长江口深水航道治理工程

20世纪90年代，党的十四大提出"以浦东开发开放为龙头，进一步开放长江沿岸城市，尽快把上海建成国际经济、金融、贸易中心，带动长江三角洲和整个长江流域地区经济的新飞跃"战略决策。为尽早建成上海国际航运中心，充分发挥长江黄金水道的作用，完善沿海港口布局，更好支撑以上海为龙头的长三角地区经济发展，建设长江口深水航道十分必要和迫切。

长江口深水航道是指长江口船舶定线制A警戒区西侧边界线至圆圆沙警戒区东侧边界线之间航道，总长43海里。按照"一次规划，分期建设，分期见效"的原则，长江口深水航道治理工程分三期实施，工程总投资约156亿元。一期工程设计通航水深8.5米，二期工程设计通航水深10.0米，三期工程设计通航水深12.5米，航道底宽350~400米，可满足第三、四代集装箱船（实载吃水11.5米）全天候进出长江口航道，第五、六代集装箱船和10万吨级散货船及油轮乘潮进出长江口航道的需要。

长江口深水航道治理一期工程1998年1月开工，2000年3月实现了8.5米目标水深并试通航，2002年9月顺利通过了国家竣工验收；二期工程2002年4月开工，2005年3月实现10米水深航道全面贯通，2005年11月通过国家竣工验收；三期工程2006年9月开工，2010年3月12.5米水深航道全面贯通，2011年5月通过国家竣工验收。

表1.1　　　　　　　　长江口深水航道治理工程进度表

合计	目标水深	开工时间	竣工验收日期
一期工程	-8.5米	1998年1月	2002年9月
二期工程	-10.0米	2002年4月	2005年11月
三期工程	-12.5米	2006年9月	2011年5月

二、长江南京以下12.5米深水航道建设工程

长江南京以下12.5米深水航道建设工程是在长江口深水航道治理工程的基础上，将12.5米水深从太仓上延至南京。建设范围为长江干线南京至太仓河段，全长约283公里，一、二期工程建成后航道水深从10.5米提升至12.5米。工程建成后将实现长江口航道与南京以下深水航道无缝对接，5万吨级海轮可直达南京，第五和第六代大型远洋集装箱船和10万吨级散货船可减载通过。

长江南京以下12.5米深水航道建设工程按照"整体规划，分期实施，自下而上，先通后畅"的思路，以"固滩，稳槽，导流，增深"为整治原则，采取整治与疏浚相结合的工程措施，分二期组织实施。

截至目前，深水航道一、二期工程全部竣工验收。其中，一期工程于

2012年8月28日正式开工建设，对太仓至南通河段约56公里的水道先行实施治理，实现太仓至南通河段航道水深达到12.5米的建设目标。2014年6月底投入试运行，2015年12月2日通过竣工验收。这标志着长江干线太仓至南通段12.5米深水航道进入正式运行阶段，可满足5万吨级集装箱船舶（实载吃水不超过11.5米）全潮，5万吨级散货船、油船乘潮双向通航以及10万吨级及以上海轮减载乘潮通航的要求。

长江深水航道二期工程于2015年6月29日开工建设，是在一期工程（太仓至南通段）基础上，对南通天生港区至南京新生圩港区全长约227公里的河段进行整治。仪征、和畅洲、口岸直、福姜沙水道实施洲滩关键控制工程和航道治理工程，并结合疏浚维护措施，初步实现贯通南京以下12.5米深水航道的建设目标。2018年5月，深水航道工程试运行；2019年5月20日，工程竣工验收。

三、研究工作介绍

规划院多年来一直长期参与长江口深水航道以及上延至南京段航道治理工程建设的相关研究工作，参与的主要研究工作简要情况如下。

① "九五"期以来，配合上海航道勘察设计院，参与长江口二、三期深水航道治理工程可行性研究报告，承担运量、船型和效益分析相关研究工作。

② 受长江航道局委托，配合上海航道勘察设计院，分别于2005年、2008年继续完成长江南京——浏河口河段10.5米、12.5米深水航道工程建设必要性论证工作。2008年底完成了《长江下游福姜沙水道12.5米深水航道工程建设必要性及效益评价研究报告》。

③ 2009年，受江苏省交通运输厅港口管理局委托，配合长江航道院长江口12.5米深水航道向上延伸至南京整治工程报告，完成了《长江口12.5米深水航道向上延伸至南京整治工程经济综合分析》研究报告。

④2010年，配合中国工程院组织实施的长江口深水航道治理工程评估工作，承担了《长江口深水航道治理工程社会综合效益评估分报告》编写。

⑤2011年，受长江南京以下深水航道建设工程指挥部委托，配合《南京以下12.5米深水航道建设一期工程（太仓至南通段）工程可行性研究》相关工作，承担了《长江口12.5米深水航道向上延伸至南京整治工程经济综合分析》报告编制工作。

⑥2012年，为配合《南京以下12.5米深水航道二期工程工程可行性研究》工作，受长江南京以下深水航道建设工程指挥部委托，开展《长江南京以下12.5米深水航道二期工程运量预测与经济分析专题研究》报告编制工作。

⑦2013年，为深入研究长江南京以下12.5米深水航道工程对港口、航运、临港产业及流域经济等方面的影响，提前研究应对策略，受江苏省交通运输厅港口管理局委托，开展了《长江12.5米深水航道对沿江港口和产业发展影响及对策研究》研究工作。

⑧2016年，为配合《长江口南槽航道治理一期工程工程可行性研究》工作，受交通运输部长江口航道管理局委托，开展了《长江口航道货运量及船舶流量预测研究》（含长江口航道适应性仿真研究、长江口南槽航道开发建设必要性分析专题）研究工作。

本书后续章节内容，重点依托规划院2013年完成的《长江南京以下12.5米深水航道二期工程运量预测与经济分析专题研究》、2014年完成的《长江12.5米深水航道对沿江港口和产业发展影响及对策研究》、2018年完成的《长江口航道货运量及船舶流量预测研究》（含长江口航道适应性仿真研究、长江口南槽航道开发建设必要性分析专题）等项目，进行系统归纳和总结，重点将航道工程可行性研究经济分析部分的内容进行总结、提炼，重点从经济分析的一般理论框架着手，围绕需求预测、船型预测、效益评价、影响分析、运行仿真等专题篇章具体展开，每篇首先总结一般的分析思路和方法，然后依托上述专题研究，介绍主要研究过程和主要研究结论。

希望本书能够为后续航道工程经济分析方面的相关研究提供一定的借鉴和参考。

第 2 章　航道工程经济分析的理论框架

航道工程建设必要性论证，需要大量的经济分析和研究工作。一般需要从现状数据发展变化着手，结合腹地经济社会发展形势和船型发展趋势，分析预测航道货运需求和货流密度，分析论证船舶运输组织和运输船型，预测航道船舶流量，分析评价航道建设项目的直接经济效益，分析建设项目对区域经济的影响，进行建设项目的经济风险评价，最后综合分析论证项目建设的必要性。有些建设项目，在必要性分析时，还需要开展专题的航道建模仿真、经济风险评估等专题，为必要性分析提供更有力支撑。具体分析的理论框架如图 2.1 所示。

一、货运量预测

航道货运量预测是工程建设决策的重要依据。

货运需求受多重因素影响，一方面，受到国家及区域战略、腹地经济发展、工业化和城镇化发展水平、沿江产业布局调整以及沿江省市招商引资、承接产业转移等宏观经济形势变化的影响；另一方面，受到航道自身通航条件改善，沿江公、铁、航空、管道等综合交通运输体系变化等因素的影响。因此，如何科学判断未来沿江经济社会发展趋势以及国家重大战略、政策对航道货运量的影响及要求,是预测过程中的重点和难点。

运量预测的主要思路是,准确分析判断腹地经济产业发展趋势,分析货运量增长变化与腹地经济增长的相关关系及相互之间的作用机理,结合定量定性预测模型,参考国际发展规律及经验,统筹考虑港口布局、资源与环境承载力等,综合分析研究确定。在航道货运量分析预测时,需要注重对分区段、分货类、分流量流向等结构性特征的分析判断和趋势把握。

二、船舶流量及船型预测

船舶是航道的服务对象。船舶流量及船型是货运量更加直观的体现,其发展变化趋势是航道工程建设决策的直接判断依据。

船舶流量及船型预测,除受到未来海运量发展趋势的直接影响外,还受到运输船舶未来船型变化、船舶运输组织方式调整等方面的影响。因此,进出航道的运输船舶流量和船型的预测影响因素众多,并需要依赖大量相关领域的研究结论,呈现系统性较强、难度大的特点。

船舶流量及船型预测的总体思路是,在航道货运需求及分货类、流量流向等航道货运量预测的基础上,充分把握全球运输船舶发展趋势,判断未来不同航线不同货类船型结构变化特点及规律,考虑航道条件变化,分析不同货类合理运输组织及变化趋势,并研究提出不同运输组织匹配的不同运输船型。在此基础上,结合定量预测模型,分析预测航道未来船舶流量及船型结构。在航道船舶流量及船型结构分析预测时,要注重对分区段、分货类、分组织方式等船型结构特征的发展趋势判断。

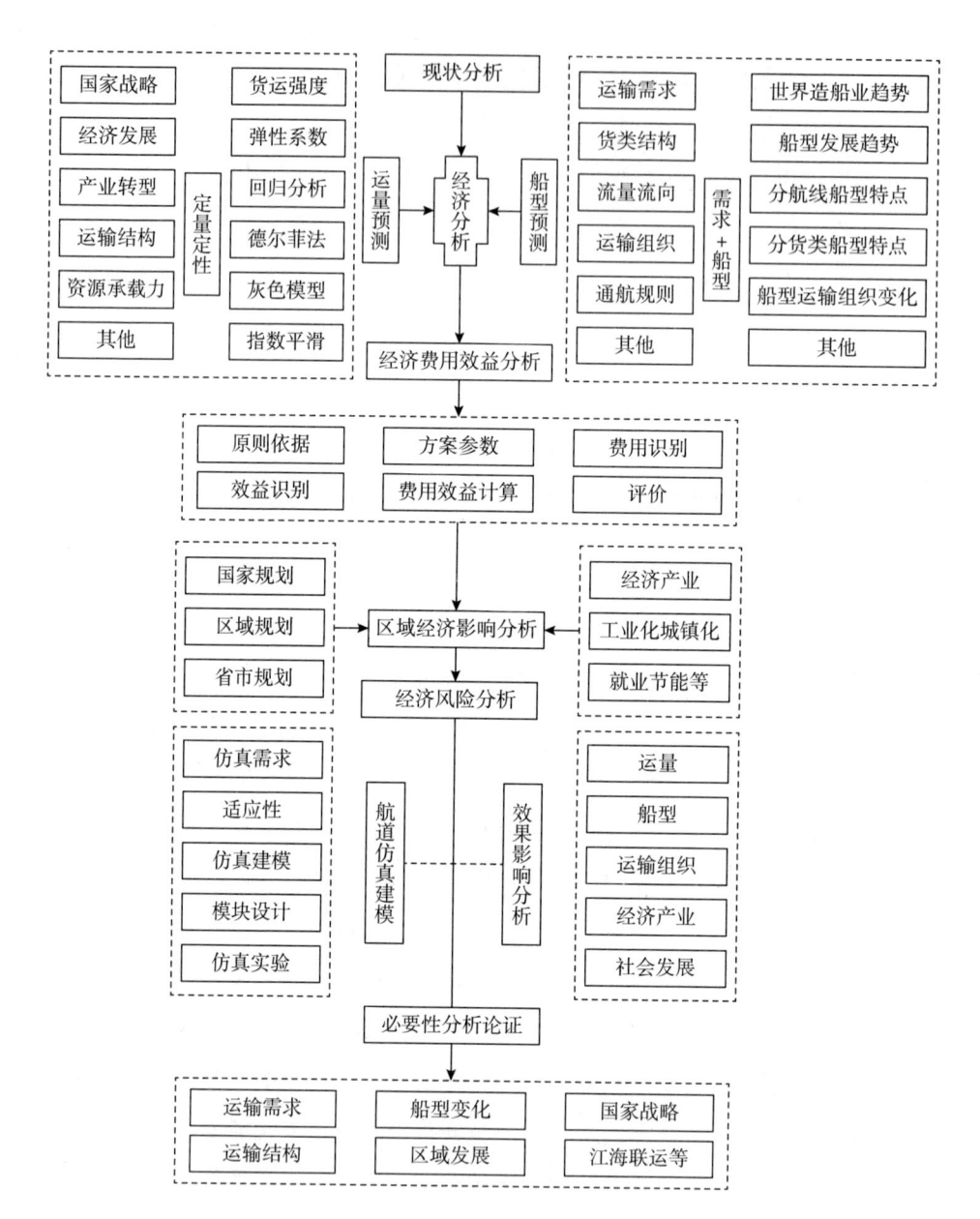

图 2.1 航道经济分析的理论框架

三、经济费用效益分析

航道建设项目属公益性基础设施项目，主要由国家财政全额拨款，难以依靠收取通行费之类的办法来回收投资，因此一般不做财务评价，只进行国民经济评价。其效益主要体现在运输条件的改善对运输组织的优化、运输成本的降低、运输时间的节约、腹地国民经济的拉动作用等方面，将从国民经济的角度对工程所产生的直接效益进行评价，以更好地分析本项目对社会经济的贡献。

根据相关规定，国民经济评价一般采用经济费用效益分析法，在对项目所消耗的资源和产生的效益进行测算后，从合理配置资源角度，分析项目投资的经济效率和对经济社会产生的贡献，评价项目的经济合理性，为水运建设项目决策提供依据。在分析计算时，一般对经济内部收益率、经济净现值、经济效益费用比等主要评价指标进行测算。

四、区域经济影响分析

航道建设项目，属于公益性基础设施项目，工程将对区域经济发展产生较大影响。因此，应进行建设项目的区域经济影响分析。

经济影响分析系指从区域经济的角度出发，分析建设项目对所在区域乃至更大范围的经济发展的影响。特别是长江口航道工程和长江南京以下深水航道建设工程，属于大型航道建设项目，不仅对上海、江苏等地区经济产业发展产生重要影响，同时也将辐射长江中上游广大中西部地区，对区域开发开放、产业结构调整升级、城镇化发展等方面均具有重要的促进作用。由于工程对区域经济的影响范围大、涉及面广、作用突出，将重点从本工程与区域发展战略和长远规划的关系，对区域经济发展的影响，以及工程在城市发展、区域就业、环境效益等方面的影响进行全面系统的分析。

在区域经济影响分析中，经常采用投入产出模型、有无对比、系统动力学等方法分析工程的影响效果和程度。

五、经济风险分析

航道治理工程建设规模大，建设环境复杂，社会影响广泛，投资规模大，建设周期长，在项目的建设和运营过程中存在许多不确定的因素，对项目的顺利实施和运营维护产生重大的影响。

经济风险分析意在识别项目建设和运营阶段潜在的风险因素，估计各风险因素发生的可能性及对项目的影响程度，从而揭示影响项目成败的关键风险因素，提出项目风险的预警、预报和相应的风险对策，以改进或优化航道工程建设方案，降低对项目风险的不利影响，提高项目经济效益，从而提高项目决策的科学化水平，避免出现重大决策失误。

项目风险分析包括风险识别、风险估计、风险评价、风险对策研究四个基本阶段。风险分析所经历的四个阶段，实质上是从定性分析到定量分析，再从定量分析到定性分析的过程。

六、航道建设项目实施效果影响分析

为了客观认识已经实施项目的建设效果，或相关利益方为提前适应航道建成后带来的变化、更好研究应对策略等目的，一般需要对航道工程建设项目实施效果进行影响评估分析（相当于"建设项目评估"）。

效果分析，一般包括工程带来的货运量、船舶流量等增长的直接影响，还有对船型大型化、航运产业、运输结构、经济产业等带来的全面的影响。根据建设项目评估的概念，一般是指对正在实施或已经完成的项目所进行的一种系统而又客观的分析评价，以分析、预测项目的目标、效果、经济社会效益等方面的已经或者未来可能实现的程度。

从经济分析角度对航道建设项目进行实施效果分析，主要是从工程建设已经或可能对水运需求增长、船舶大型化、运输格局变化、综合运输体系完善以及对沿线经济、产业、城镇化发展以及资源环境等带来的影响和变化，提出相应的对策建议，这是全面认识航道建设项目经济社会效益的重要途径。

七、航道运行仿真建模

在港口及航道实际工作中，需要进行各种决策。计算机仿真系统开发在港口及航道中的应用，是随着计算机仿真技术的应用及发展而循序渐进的。在近年的大型工程项目中，计算机仿真技术越来越多地被使用，为决策提供依据。本书主要针对长江口航道构建了仿真模型并进行了实验分析。

由于长江口航道通航系统的复杂性，尤其是其具有多级排队、动态联系、随机因素多等特征，现有排队论数学模型往往难以解决这样复杂的排队系统。使用计算机仿真是目前解决航道排队系统最有效的技术手段。

根据排队论，航道仿真涉及的实体为船舶，而航道与锚地共同组成的船舶航行作业系统即为服务窗口，船舶按照一定安全通航管理规定在航道与锚地中排队航行或停靠的过程即为船舶航行作业系统服务船舶的过程，船舶、航道与锚地一起构成了典型的多通道排队服务系统。采用仿真专用软件Arena15.0，基于离散事件仿真方法和排队论，对多通道排队服务系统进行仿真建模与实验分析。

应用所建立的长江口航道适应性仿真模型,通过仿真实验,对长江口航道的适应性进行评估,为航道建设必要性分析、项目建设决策提供支撑。

八、工程建设必要性论证

上述所有经济分析的结论,均为项目建设必要性分析论证提供基础和支撑。

其中,为货运需求和船舶流量需求增长提供服务保障是航道工程建设必要性的重要前提,是关键要素。此外,在分析航道工程建设必要性时,还需要从支撑国家战略实施、促进沿线经济发展、推动工业化城镇化、优化综合运输结构等方面综合分析论证。如长江口南槽航道建设必要性分析时,可从贯彻落实"一带一路"、长江经济带、上海自贸区等国家战略,推进东、中、西部地区协调发展,促进流域经济发展和产业结构升级,适应船舶大型化发展、提升沿江企业竞争力,发挥长江黄金水道水运优势、完善沿江综合运输体系等角度论证。

上述分析论证仅从经济分析的角度来论证工程的必要性。在项目工程可行性研究阶段,论证项目建设的必要性,还需要统筹考虑技术可行性、生态环保等因素,综合分析论证,确定工程可行性与否的结论。

第2篇
需求预测

为支撑航道工程可行性研究工作，规划院先后参与了长江口深水航道治理二三期工程、长江南京以下12.5米深水航道一二期工程、长江口南槽航道治理一期工程等航道建设项目工程可行性研究的经济分析工作。

本篇以2016年开展的《长江口航道货运量及船舶流量预测研究》和2012年开展的《长江南京以下12.5米深水航道二期工程运量预测与经济分析专题研究》为主要依托，将长江南京以下深水航道工程货运量预测的总体思路及方法、长江口航道货运量预测、长江南京以下12.5米深水航道二期工程运量预测的主要研究结论分别在第3章、第4章和第5章进行展开论述。

第 3 章 预测思路及方法

长江口深水航道、长江南京以下 12.5 米深水航道是长江黄金水道的重要组成部分和区域经济社会发展的重要战略资源，承担着长江经济带能源、原材料和外贸物资运输的重要任务，成为沿江产业转型升级和外向型经济发展的重要依托。

无论是长江口深水航道治理工程还是长江南京以下 12.5 米深水航道工程的运量研究，均是基于对整个长江经济带经济社会和重要物资运输系统发展现状和趋势的研究，对长江水运量和海运量进行分析预测，并针对各期工程侧重点的不同细化区段运量分析，同时还兼顾前期的工程实施后带来的影响变化分析，从而进一步深化后期工程的运量预测。

因此，复杂航道工程的航道运量预测是一个不断验证和深化的研究过程。

一、运量区段界定

长江水运量：经长江运输的海运船舶（包括海轮及江海船，下同）、内河船舶承担的货物运输量。

长江海运量：经长江口航道（包括南港北槽和南槽、北港、北支航道，目前通航海轮航道主要为南港北槽和南槽航道）进出的海运船舶承担的货运输量。在长江口深水航道治理工程中称为长江口海运量。

长江江苏段海运量：经太仓浏河口—南京段深水航道进出的海运船舶承担的货物运输量。包括满足江苏省沿江港口运输需求产生的海运量和为满足南京以上港口运输需求产生的过境海运量。

长江南京以下12.5米深水航道一、二期工程海运量：长江南京以下12.5米深水航道建设工程范围为太仓荡茜河口—南京新生圩。工程分两期实施，一期工程范围为太仓荡茜河口—南通天生港；二期工程范围由南通天生港—南京新生圩。

工程海运量包括满足各区段内港口运输需求产生的海运量和为满足南京以上港口运输需求产生的过境海运量。

二、预测思路和方法

1. 预测思路

航道货运量的发展与腹地经济发展、产业结构以及大宗能源、原材料物资运输系统的变化息息相关。特别是沿江地区产业布局、产业规模、沿江综合交通通道能力直接决定了水运量运输需求的水平。但考虑到长江三角洲地区面临着产业升级转移、长江中上游地区面临新的政策环境和机遇，这为运输需求规模带来一定不确定因素。因此，本次运输需求预测采用定性分析与定量计算相结合的综合分析方法。

——参考腹地各省市国民经济发展规划指标，通过运输强度、运输弹性、线性回归等数学模型计算，结合腹地分区域工业化、城镇化发展阶段趋势判断，对长江干线水运量的总规模进行预测。

——在此基础上，根据沿江产业布局、综合运输通道等因素变化趋势，参考长江流域大宗能源、原材料物资的运输系统论证，判断长江口海运量所占比重变化情况，结合重要货类海运量预测结果，综合预测进出长江口航道海运量。

——根据各区段腹地产业布局特点，并结合各区段内港口在长江流域大宗能源、原材料物资的运输系统中的地位作用，对重要区段的海运量、货类结构、运量密度分布趋势进行预测。

2. 预测方法

（1）运输强度分析方法

运输强度是指一定时期内运输完成的客货运输量与同期国民生产总值或工农业总产值之比，它是反映运输与经济之间关系的常用分析指标。运输强度的大小，取决于各类货源和人口的地区分布。运输强度指标在分析预测地区运输需求方面起着重要作用。其计算公式为：

$$运输强度 = \frac{运输量}{国民生产总值}$$

（2）运输弹性系数分析方法

运输弹性系数是指运输增长速度与经济增长速度之比，反映不同历史时期运输业发展与国民经济发展之间的比例关系、变化特征及其规律。运输弹性系数反映运输业的发展是否适应国民经济的发展以及适应的程度。

根据研究目的的不同，这里的运输量一般是客货运量，也可以是客货运周转量，经济量可以是工农业总产值、国民收入、价格等。运输弹性系数反映了交通运输发展同经济发展间的相互依存关系。其计算公式为：

$$运输弹性系数 = \frac{运输量变化率}{经济量变化率}$$

（3）回归分析方法

回归分析是一种处理变量之间非确定性因果关系的数理统计方法，属于因果预测。它通过调查研究确定预测变量可能的相关影响因素，然后根据这些因素的统计资料运用最小二乘法拟合出回归模型，再利用回归模型进行预测和分析。回归分析的目标就是要确定函数 $f(.)$ 具体形式：

$$Y = f(X_1, X_2, ..., X_k) + \varepsilon \tag{3-1}$$

符号 $X_1, X_2, ..., X_k$ 代表 k 变量的观测值。ε 为正态分布的误差。

某一变量或指标的观测值按照间隔相等的时间先后次序排列起来的时间序列，在时间上具有一定的规律时，就可以采用时间序列的回归模型，用来研究时间序列的发展。建立的模型如下：

$$Y_t = f(t) + \varepsilon \tag{3-2}$$

同样，通过最小化估计误差的平方和（error sum of squares，ESS），找到函数参数的值。

$$ESS = \sum_{i=1}^{n}(Y_i - \hat{Y}_i)^2 \tag{3-3}$$

这里 $\hat{Y}_i$ 是样本中第 i 个观测值 Y_i 的估计值。

通过观测值求出 ESS。由于每一个估计误差均被平方了，所以 ESS 是非负的，最小值只能是 0，即每一个估计误差都是 0，这就是最小二乘法。

（4）综合权重推荐分析方法

不同预测方法对于不同的港口不同年份的历史数据，其预测的精确度不尽相同，甚至某种方法比较适用某港口吞吐量的预测，某种方法则不适应。因此，需将几种单独的预测方法组合起来，通过一定的方法确定组合权重以确定组合预测模型。组合模型克服上述不足的同时，也提高了预测精度及预测可信度。

假设运输强度、弹性系数和一元回归三种预测模型的预测结果分别为 $y_t^{[1]}, y_t^{[2]}, y_t^{[3]}$，$t$ 为时间序列 $1 \leq t \leq n$，则组合预测结果为：

$$y_t = \omega_1 y_t^{[1]} + \omega_2 y_t^{[2]} + \omega_3 y_t^{[3]} \tag{3-4}$$

其中 ω_1、ω_2、ω_3 即为单个预测模型在组合预测模型中所占权重。

三个权重的确定采用规划求解，规划求解模型如下：

$$\min D = \sqrt{\frac{\sum_{t=1}^{n}(\omega_1 y_t^{[1]} + \omega_2 y_t^{[2]} + \omega_3 y_t^{[3]} - S_t)^2}{n}} \tag{3-5}$$

$$\begin{cases} \omega_1 + \omega_2 + \omega_3 = 1 \\ \omega_i \geq 0, i = 1, 2, 3 \end{cases}$$

其中 S_t 为港口实际吞吐量，D 为三种方法历年预测值加权之和与实际值差值的绝对值之和。通过规划求解，即可求出权重 ω_1、ω_2、ω_3。

三种预测方法分别有自己的检验模型，当某港口不适合某种预测方法时，在确定权重时，强制此预测模型的权重为零。这样就可排除该预测方法对组合预测的影响，从而得到合适的组合预测权重。

第 4 章　长江口航道货运量预测

第一节　运输现状及特点

一、货运量现状

（1）货运总量持续快速增长，海进江占绝对主导

2015年，长江口海运量完成11.9亿吨，2005年以来年均增长8.8%。分主要时间段看，"十五""十一五"期，随着长三角外向型经济的快速发展，长江口海运量分别实现了年均18.7%和12.3%的快速增长；"十二五"期，先后受到国际金融危机和国内宏观经济转型等影响，长江口海运量年均增速放缓至5.5%。

长江沿线地区资源禀赋总体相对匮乏，产业发展所需的铁矿石、煤炭等大宗物资多数均需从我国北方调入或国外进口。因此，长江口海进江运输量在海运量中长期占据主导；2015年海进江量占长江口总海运量的80.1%，较2005年提升了8个百分点。

（2）内贸货物为主体，与北方沿海交流占主导

2015年长江口海运量内贸货物为7.8亿吨，占总量的66%，外贸货物为4.1亿吨，占总量的34%。从内贸货物的流量流向来看，38.5%是与南方沿海交流，61.5%是与北方沿海交流。

具体来看，2015年，海进江运输量完成6.2亿吨，其中，69%来自北方沿海，31%来自南方沿海；与之相反，江出海运输量完成1.6亿吨，69%去往南方沿海，31%去往北方沿海；总体呈现南北流量流向不均衡的运输现状。

表4.1　　　　　　　　2015年内贸海运量流量流向结构　　　　　　单位：亿吨

	2015年	备注
内贸海运量	7.8	100%
其中：海进江	6.2	79%
来自北方沿海比重	4.3	以煤炭（70%）为主，集装箱（10%）、矿石（8%）为辅
来自南方沿海比重	1.9	以矿石（44%）为主，集装箱（20%）、煤炭（14%）为辅
其中：江出海	1.6	21%
去往北方沿海比重	0.5	以集装箱为主（35%），矿石（21%）、煤炭（18%）为辅
去往南方沿海比重	1.1	以集装箱为主（35%），矿石（21%）、煤炭钢材水泥为辅

（3）煤炭、矿石、集装箱三大货种占比保持稳定

2015年，煤炭、铁矿石、集装箱三大货类海运量达8.4亿吨，占总量的71%，近些年占比保持稳定。其中，受长江中上游地区煤炭消费量增长、产量下滑等因素影响，2005年以来煤炭海运量年均增速达13.5%，2015年完成3.5亿吨；在长江沿线地区工业化持续推进的带动下，沿江地区钢铁产量不断增长，带动铁矿石进口需求持续增加，铁矿石海运量2005年以来实现年均8.7%的较高增速，2015年完成2.5亿吨；2005年以来上海港逐步调整集装箱港区布局，长江口外的洋山港区成为近10年来上海港集装箱吞吐量增量的主体，长江口内的外高桥港区海运量增量不足200万TEU；在此影响下，长江口集装箱海运量占比由2005年的29%下降至2015年的20%。详见图4.1所示。

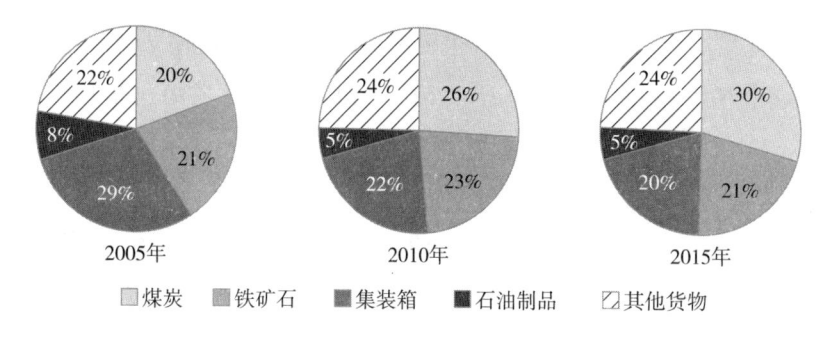

图 4.1　典型年份长江口海运量货类结构变化情况

（4）海运量服务范围以江苏以下段为主

长期以来，长江口海运量集中于上海和江苏地区，但近些年上海和江苏占比结构发生了转换。其中，随着江苏沿江地区工业化进程的快速推进，2015 年江苏段海运量完成 7.6 亿吨，占比由 2005 年的 36% 提升到当前的 64%；在上海市经济产业结构调整和港区调整的影响下，2015 年上海段海运量完成 3.6 亿吨，占比由 2005 年的 61% 下降到当前的 31%；随着长江中游航道条件的改善，近几年长江中上游的海运量也有所发展，2015 年完成近 7000 万吨，与 2005 年相比年均增速为 16.8%，占比由 2005 年的 3% 提升到 2015 年的 6%。

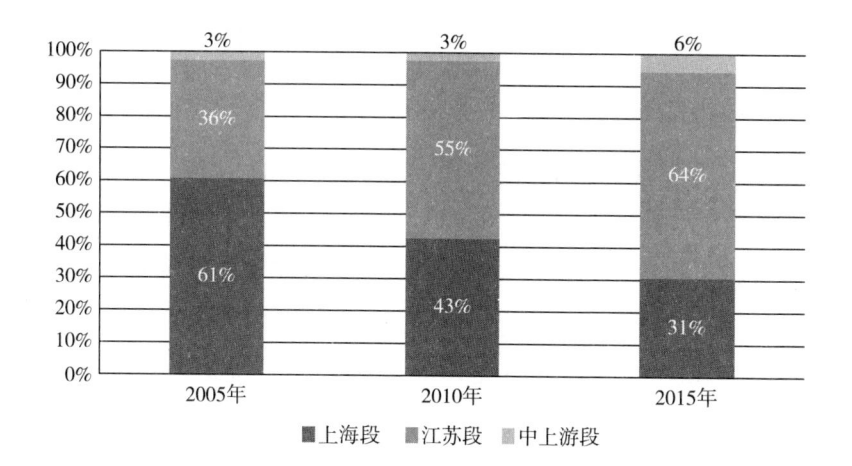

图 4.2　长江口海运量区域分布占比变化情况

（5）北槽海运量占主导，承担主要干散货和集装箱运输

分南北槽海运量变化情况看，2010年以来，南北槽海运量均保持较增长态势；其中，北槽航道海运量占据主导，2010年、2015年占比分别为74%和75%。2015年南槽海运量完成3.0亿吨，与2010年相比，年均增长5.1%；2015年北槽海运量完成8.9亿吨，与2010年相比，年均增长5.7%；而2010~2015年，长江口海运量年均增速为5.5%。从南北槽航道海运量的货类结构变化看，南槽航道海运量以件杂货等其他货类为主，占比在70%以上；2010年以来，集装箱、干散货、液体散货占比有所上升，但占比仍相对较低。北槽航道海运量以干散货和集装箱两大货类为主，占比始终保持在90%左右。

二、总体评价

1. 北槽航道

长江口航道整治工程一二三期完工后，长江口海运量持续增长，船舶流量快速增加，北槽12.5米深水航道船舶大型化趋势明显，有力保障了沿江经济社会发展的需要。

——长江口海运量保持快速增长势头，为长江沿线经济社会发展提供了有力的运输保障。2015年海运量完成12亿吨，2010~2015年年均增长5.5%。

——北槽12.5米深水航道条件的改善，大型船舶艘次快速增加，有力支持了船舶大型化，降低了单位运输成本，提高了航运综合竞争力。2015年南北槽船舶流量（AIS数据）为22.4万艘，2011~2015年年均增长1.6%，明显低于海运量增速。其中，进出长江口北槽航道的3万吨级以上（不含3万吨）的船舶为2.5万艘，与2010年相比增长了81%，年均增长12.6%，占进出长江口航道同吨级船舶总艘数比重达82%。

——北槽深水航道成为煤炭、铁矿石、油品等大宗散货和集装箱、邮轮进出长江口的主要通道，有力促进了沿江工业化发展、外向型经济水平提升。2015年，北槽深水航道海运量完成8.9亿吨，占长江口海运总量的75%，其中，大宗散货海运量完成6.1亿吨，占长江口散货总海运量的92%，与2010年相比分别年均增长6.3%和6.2%，远高于海运量总体增速。

2. 南槽航道

——南槽航道成为中小船舶进出长江口航道的主力航道，在上海港集装箱内支线运输、沿江省市与南方沿海地区物资交流等运输中发挥着主力军作用。2015年，进出南槽航道的船舶为15.3万艘，占进出长江口航道船舶总艘数的68%，其中，小于等于1万吨级船舶艘数占长江口航道同吨级船舶总艘数的比重高达90%。

——南槽航道在保障部分大型空载船舶下行任务中发挥了重要的补充作用。随着北槽深水航道通航密度的不断加大，加之交通管制的因素，部分原本走北槽航道的大型空载船舶选择了南槽航道进出。因此，南槽航道在保障大型船舶（部分空载散货船、工程船等）进出长江口航道中发挥重要的补充作用。近年来，南槽航道大型超宽船舶（船宽大于等于40米）艘数均保持在700艘以上。

3. 主要问题

随着长江流域经济的持续发展以及长江口航道通航条件的不断改善，进出长江口的海运需求持续增长，北槽、南槽航道船舶艘次持续增加。

在此背景下，长江口北槽航道在交通管制期间的船舶流量正在逐步趋于饱和，通航紧张的局面将逐步显现；随着中小船舶通航密度的不断加大，南槽航道通航条件需进一步改善，以更好地为上海港集装箱内支线运输、沿江省市与南方沿海地区物资交流等提供更加高质量的运输服务保障。

第二节 海运量预测

一、宏观经济形势

一是金融危机影响深远，全球经济、贸易增速均将大幅放缓。

国际金融危机影响深远，美国、欧洲、日本等发达国家经济复苏过程持久而缓慢，新兴经济体结构性难题尚待化解。全球贸易保护主义出现抬头趋势，经济全球化面临挑战。全球经济贸易增速明显下降，并将在相当时间保持低速增长。

二是国际产业分工体系正在调整，全球贸易物流和海运格局受到重大影响。

欧美等发达国家提出"再工业化"战略，高端制造业明显回流；以中国为代表的部分发展中国家已形成巨大的消费市场，同时，中低端制造业向成本更低的东南亚、非洲等地区转移态势显现；页岩气等新能源的利用有可能改变传统资源国的地位。传统的原材料、半成品和工业品的国际贸易、物流格局和海运航线格局更趋复杂多元化。

三是国内经济增速将逐步过渡到中高速阶段，发展动力机制发生变化。

随着我国人口老龄化加速和资源环境约束日趋强化，传统的低成本竞争优势已难以维持。未来我国经济增长动力将由"高投资、高出口、高工业"逐渐转变为"更多依靠消费、更多依靠服务业"的增长模式，产业结构也将随动力转换而逐步调整。同时，党的十八大提出把生态文明建设放在突出地位,要求统筹考虑人口、产业、资源环境承载力等因素。综合以上因素,预计我国经济增长的速度将进一步放缓,由近年来的7%~8%逐步下降至远期的5%~6%。

四是以"一带一路"建设为重点的全方位对外开放战略将带来新格局和新变化。

为适应全球经贸格局调整和战略格局的重构,我国适时提出"一带一路"全方位对外开放战略及海洋强国战略,力图主动重塑区域分工合作格局、深度参与全球治理。我国将着力提升与东南亚、中亚等沿线地区的经贸往来。另一方面,从国内区域开放梯次看,全方位开放战略的实际进展,将打破改革开放以来传统的由南向北、由东向西的区域开放梯次,在深化改革创新中率先突破的中西部地区将获得较快发展。

五是长江经济带等战略将进一步推动我国区域协调发展。

为推动我国区域协调发展,国家提出长江经济带、京津冀协同等重大发展战略。其中,长江经济带战略描绘了以大力保护长江生态环境、加快构建综合立体交通走廊、创新驱动产业转型升级、积极推进新型城镇化、努力构建全方位开放新格局、创新区域协调发展体制机制为主线的发展蓝图,确定以长江黄金水道为依托的"一轴两翼三极多点"新格局。预计,长江经济带未来将成为我国重要的区域增长极,经济增长潜力巨大。

二、长江经济带发展趋势

(1) 总体保持持续、较快增长的发展趋势

在我国"五大理念、四大板块、三大战略"的总体发展思路指导下,未来长江经济带将积极推进生态文明先行示范建设,加快构建现代化综合交通运输体系,优化升级沿江产业结构,有效促进中上游地区承接下游产业转移,全面推进陆海双向对内对外开放,使长江经济带成为充分体现国家综合经济实力、

积极参与国际竞争与合作的内河经济带。预计2015～2020年、2020～2030年长江经济带GDP增速分别为8.5%和7.0%，高于全国平均水平。

（2）上中下游区域经济产业发展各有侧重

长三角地区引领产业转型优格局。长三角地区将着力推进经济结构战略性调整，增强自主创新能力，促进城乡区域协调发展，提高资源节约和环境保护水平，努力建设成为改革创新的引领区、现代化建设的先行区、国际化发展的先导区。其中，上海重点打造国际经济、金融、贸易、航运中心；江苏加快沿海开发，将使其与沿沪宁线、沿江、沿东陇海线共同构建全省生产力布局的主体框架；浙江构建"一核两翼三圈九区多岛"的海洋经济总体发展格局。

长江中上游地区开拓发展路径谋跨越。长江中游地区将依托武汉城市圈、长株潭城市群、昌九城市带和皖江城市带，围绕打造全国内需增长极，构筑承东启西、连接南北的战略枢纽；长江上游通过"提升两江新区综合功能、规划建设天府新区"形成重庆、成都为核心，沿江、沿线为发展带的"双核五带"空间格局。在资源环境约束逐步加强的背景下，长江中上游五省一市将走出以高科技产业为主要增长点、以制造业为支撑、以现代服务业为突破的产业发展新路径。

长江上游云贵依托区位资源促发展。长江上游云贵地区将以新一轮西部大开发战略为契机，依托区位优势，建设面向南亚东南亚辐射中心；依托资源优势，加大推进煤、磷、铝、钢、锰等资源精深加工产业发展，加快建成全国重要的能源基地和资源深加工基地。

（3）重点打造"一轴、两翼、三极、多点"发展格局

未来，长江经济带将在坚持走生态优先、绿色发展之路的原则上，打造"一轴、两翼、三极、多点"发展格局，即发挥长江黄金水道的轴心作用，推进长江12.5m深水航道、长江中游航道竣深工程等项目建设，推动经济由沿海溯江而上梯度发展。打造沪瑞和沪蓉南北两翼运输通道，增强南北两侧腹地重要节点城市人口和产业集聚能力。构建长江三角洲、长江中游和成渝三个城市群，充分发挥中心城市的辐射作用，打造长江经济带的三大增长极。

发挥三大城市群以外地级城市的支撑作用，加强与中心城市的经济联系与互动，带动地区经济发展。

三、对长江口海运需求的影响及要求

（1）国家战略实施将为长江口海运量稳步增长提供保障

我国区域发展长期存在着东西部地区不平衡现象，"十八大"以来国家相继出台的长江经济带、"一带一路"等发展战略，旨在缩小地区差距、全方位扩大对外开放水平，以促进区域经济的协调发展。长江黄金水道横贯长江经济带九省二市，在连接上中下游区域经济发展中具备天然的优势。据预测，2030年之前，长江中上游工业化将呈较快发展态势，原材料等大进大出的物资对水运需求还将持续增长；同时，东部沿海地区服务腹地还将逐步向上延伸，沿海与内陆之间、长江上游与下游之间的经济交流将不断深化，这些发展趋势均将为长江口海运量的稳步增长提供坚实支撑。

（2）区域特色发展和航道条件改善将推动长江口海运量区域分布格局的调整

长江黄金水道在长江沿线对外开放战略中扮演着不可替代的角色，均需要长江水运提升在物流体系中的作用，以支撑国家战略的落实。但由于发展阶段不同，长江流域东中西部对长江口海运运输的需求也呈现不同特征。一方面，随着长江中游航道条件的逐步改善，中部地区与沿海地区交流量将逐步提升。另一方面，长三角地区已经进入工业化发展的中后期，未来海运需求增速将放缓，部分港口受资源条件因素限制，承担海运运输功能将受到影响。

（3）产业转型升级和贯彻生态理念将促进集装箱海运量快速发展

长江经济带将呈现重化工业由下至上梯度转移、区域产业转型发展同步推进的态势。外贸集装箱生成量将进入"低基数、高增长"阶段，受内需拉动、贸易方式和物流模式发展的影响，长江与沿海的内贸集装箱交流将稳步提高，长江口海运量总体将较快发展。此外，在我国生态、绿色发展理念的指导下，我国能源消费结构也将逐步优化，煤炭、水泥、矿石等大宗散货的运输需求强度较以往会有所下降。

四、总量预测

（1）长江干线货运总量增速将有所放缓

未来，长江沿线地区仍将是我国经济发展和产业布局的重点区域，但随着我国大力转变发展方式，长江经济带生态绿色发展理念的推进，各省市均将在优化结构、提高效益、降低消耗和保护环境的基础上继续保持经济平稳较快发展。因此，总体判断长江干线水运量总量将保持稳定增长态势，但增速将放缓。结合运输强度法、区域权重法等分析结果，综合预测2020年、2030年长江干线水运量分别为27亿吨、35亿吨，2015~2020年、2020~2030年年增速分别为5.1%、2.6%。详见表4.2所示。

表4.2　　　　　　长江干线水运量预测表　　　　　　单位：亿吨

	2015年	2020年	2030年	2015~2020年增速	2020~2030年增速
综合推荐	21.1	26.5	35.0	4.7%	2.8%
运输强度法		29.0	39.0	—	—
区域权重法		28.0	40.0	—	—
弹性系数法		27.0	37.0	—	—
产业结构法		26.0	33.0	—	—

（2）长江口海运量占比将逐步提升

长江干线水运量由海运量和内河运量构成，2015年两者分别完成11.9亿吨和9.2亿吨。其中，海运量主要由煤炭、铁矿石和集装箱构成，三者分别占比29%、21%和20%；内河运量主要由矿建材料、铁矿石、煤炭、水泥和集装箱构成，分别占比37%、15%、17%、11%和9%。从货类变化来看，随着工业化进程的推进和航道条件的改善，煤炭和铁矿石海运量还将继续增长，与此同时，以往江海中转所带来的内河运量将逐步下降；当前长三角城镇化水平已超过70%，未来矿建材料、水泥的需求将有所下降，运输增量主要集中在中上游，将是内河运量增长的主要支撑；考虑长江中上游外向型经济发展起点较低，在"一路一带"国家战略的推动下，长江沿线地区对外贸易额将持续快速提升，集装箱海运量将增长迅速。总的来看，以煤炭、外贸铁矿石和集装箱为主的海运量增速，将略快于以矿建材料、水泥为主的内河运量增长增速。

在此趋势下，长江口海运量占水运量比重将稳步提升。结合主要货类系统论证，预测2020年、2030年海运量占比分别为56.6%、57.1%，相应海运量分别为15.0亿吨和20.0亿吨，2015～2020年、2020～2030年年均增速分别为4.8%和2.9%。详见表4.3所示。

表4.3　　　　　　　典型年份长江口海运量预测　　　　　　单位：亿吨

	2015年	2020年	2030年	2015~2020年增速	2020~2030年增速
水运总量	21.1	26.5	35.0	4.7%	2.8%
其中：海运量	11.9	15.0	20.0	4.8%	2.9%
占总量比重	56.4%	56.6%	57.1%		

五、长江口海运总量构成分析

1. 主要货类预测

（1）煤炭

2015年长江干线煤炭运量4.8亿吨，占总量比重的23%，主要由海进江煤炭、铁水联运下水煤炭、出川煤炭和京杭运河下水煤炭运输四部分组成。

其中，海运量3.5亿吨，占煤炭水运量的72%。未来，随着腹地各省市产业结构转型发展，煤炭消费需求将逐步放缓，但由于本地产量增长空间不大，需求缺口仍需从区外调入。其中，随着中游航道条件的改善和蒙华通道的投入运营，海进江和铁路来煤将成为满足腹地煤炭消费的主力，川煤下水和传统"三口一枝"煤炭将逐步下降。预测2020年、2030年长江干线煤炭运量达到5.4亿吨、5.8亿吨；结合运输系统论证，预测2020年、2030年长江口煤炭海运量分别为4.2亿吨、5.1亿吨。

（2）铁矿石

2015年长江干线的金属矿石运量4.1亿吨，90%以上是为沿江钢厂所需外贸进口铁矿石服务，主要为海进江运输。金属矿石海进江运输组织方式主要包括三种：接卸外海中转、接卸江内减载直达及中转、接卸江内小船直达，2015年三者分别完成2.7亿吨、1.1亿吨和3000万吨。考虑到我国钢铁企业总体产能过剩与高端关键产品供应不足并存，今后腹地钢铁产业将淘汰落后产能，支持发展高附加值深加工钢材，腹地钢铁产量总体将平缓增长，但由于国产矿品质较差等因素，外贸进口矿石需求会稳步提升。根据相关系统论证结果，未来海进江占绝对主导，江内接卸减载直达及中转快速增长。综合铜精矿等其他金属矿石运输需求，预测2020年、2030年长江干线金属矿石运量为4.8亿吨、5.2亿吨。结合运输系统论证，预测2020年、2030年长江口金属矿石海运量为3.0亿吨、3.7亿吨。

（3）集装箱

近年来，长江航道条件的改善和上海港"长江战略"的实施推动了长江干线集装箱运量的增长。2015年长江干线集装箱运量3200万TEU，其中外贸运输量2250万TEU，内贸运输量950万TEU，2000年以来年均增长11.3%。

今后随着长江经济带、"一带一路"、中国（上海）自由贸易试验区、中部崛起和西部大开发等国家战略的深入实施，腹地对外贸规模将进一步扩大，进出口结构也将得到不断优化，外贸集装箱水运量将逐步增长；另一方面，随着国内消费需求持续稳步增长，以及水运节能环保优势在国家绿色环保发展理念中的逐步显现，内贸集装箱运输也有着良好的发展机遇。预测2020年、2030年长江干线集装箱水运量分别为4500万TEU、6500万TEU；结合运输系统论证和港口岸线资源容量，预测2020年、2030年长江口集装箱海运量分别为3500万TEU、5400万TEU。

（4）石油及制品

2015年长江干线液体散货运量约0.9亿吨，海运量0.6亿吨。其中，长江干线原油运量主要为海进江原油和经南京港中转的陆上及海上来油，2015年完成1800万吨；随着沿江化工园区的建设，成品油和液体化工品海进江运输增长较快，2015年两者分别完成6000万吨和900万吨。今后长三角及长江沿线地区"一程外海码头、二程管道"的原油运输总体格局不会改变；随着长江沿线地区经济的快速发展，各种交通工具对成油品的需求将会越来越大，预计未来成品油运输将保持较快增速；随着长江绿色生态廊道的建设，化工品运输增长将受到一定抑制。综合以上分析，预测2020年、2030年长江干线液体散货水运量分别为1.2亿吨、1.7亿吨。随着我国石油市场的逐步开放和活跃，今后沿江地区与沿海乃至国外的石油及制品贸易量将大幅增长，液体散货海运量将也快速提升，预测2020年、2030年长江口石油及制品海运量分别为0.8亿吨、1.0亿吨。

（5）邮轮

2015年，长江口邮轮海运量为165万人次，主要在上海港吴淞口码头和国客码头完成。未来，我国邮轮旅客人次还将呈现爆发式增长。一是随着经济的发展、居民收入水平的提升、居民消费结构的升级和带薪休假制度的不断普及，我国邮轮市场潜在消费群体规模将不断增大，出境游人次将大规模增长；二是日本、韩国等亚洲国家邮轮旅游的发展，将会推动上海国际邮轮访问需求不断提升；三是随着滨海旅游、海洋旅游的快速发展以及我国邮轮企业的起步发展，国内沿海邮轮旅游将逐步成为新的消费热点。依托良好的区位条件、旅游资源和消费能力，今后上海港仍将在全国邮轮吞吐量中占据较大比重。综合以上分析，预测2020年、2030年长江口邮轮海运量为350万人次和1000万人次。

（6）其他货类

2015年，长江口完成钢材、水泥、非金属矿石、粮食等其他货物运量共3.5亿吨。未来，随着装备制造业的发展，钢铁运量将稳步增长；随着我国城镇化建设的进一步推进，沿海地区的水泥需求将稳步增长，水泥运量还将持续增长；为满足人民生活水平的提升，长江沿线地区将利用沿海优质粮食资源和港口仓储、中转功能，继续推动临港粮油精深加工，打造沿江沿海油脂产业带、沿运河米面油加工带，粮食海运量仍将保持增长态势；此外，随着我国制造业水平的逐步提升，重大件等其他件杂货海运量也将持续增长。分货类预测见表4.4所示。

表4.4　　　　　　　典型年份长江口海运量预测　　　　单位：亿吨、万TEU

	2015年	2020年	2030年	2015~2020年增速	2020~2030年增速
海运量	11.9	15	20	4.7%	2.9%
1.煤炭	3.5	4.2	5.1	3.9%	1.9%
2.金属矿石	2.5	3.0	3.7	3.7%	2.1%
3.集装箱重量	2.4	3.5	5.4	7.8%	4.4%
集装箱箱量	2400	3500	5400	7.8%	4.4%
4.液体散货	0.6	0.8	1.0	3.9%	2.6%
5.钢材	0.7	0.9	1.1	3.9%	2.4%
6.其他	2.2	2.7	3.7	4.1%	3.4%
邮轮：万人次	165	350	1000	16.2%	11.1%

2. 分段预测

（1）海运量分布格局基本维持稳定

未来，长江口海运量分布仍将维持以江苏段为主、上海段为辅、中上游段为补充的格局，但各段增长情况有所差异。其中，随着南京以下12.5米深水航道以及中游航道整治工程的实施，江苏段和长江中上游段的分布占比均将略有提升，预测2030年海运量分别达到13.6亿吨和1.6亿吨；受港区发展外移、运输需求增速放缓等影响，上海段的占比还将持续下降，预测2030年完成海运量4.9亿吨，较2015年占比下降7个百分点。详见表4.5所示。

表4.5　　　　　　　　典型年份海运量分布预测　　　　　　单位：亿吨

	2015年	2020年	2030年
海运量	11.9	15.0	20.0
上海段	3.6	4.0	4.9
占比	31%	27%	24%
江苏段	7.6	9.9	13.6
占比	64%	67%	68%
长江中上游段	0.7	1.1	1.6
占比	6%	7%	8%

（2）内贸仍将占较大比重，南向通道流量增长较快

结合前文分析，在"一带一路"国家战略的带动下，中西部地区的开发开放水平将逐步提高，同时随着我国区域经济产业结构的调整，南北之间货物交流的频率也将增加。总的来看，长江经济带外向型经济发展和内贸物资交流将保持同步发展态势，长江口海运量内贸货物仍将保持67%左右的较大比重。预测2020年、2030年内贸海运量分别为10.1亿吨和13.4亿吨。

在我国区域协调发展战略的推动下，今后长江口海运量南向通道流量增长将更快，南北流量将趋向于更平衡。预测2030年南方沿海通道交流量为5.2亿吨，北方沿海通道交流量为8.2亿吨，南北流量比由当前的3.8∶6.2调整为4.0∶6.0。详见下表所示。

表4.6　　　　　　典型年份内贸海运量流量流向预测　　　　　单位：亿吨

	2015年	2020年	2030年
内贸海运量	7.8	10.1	13.4
其中：海进江	6.2	8.0	10.9
来自北方沿海	4.3	5.7	7.6
来自南方沿海	1.9	2.3	3.3
其中：江出海	1.6	2.0	2.5
去往北方沿海	0.5	0.6	0.6
去往南方沿海	1.1	1.4	1.9

3. 宁波舟山港江海直达运量预测

宁波舟山港与长江沿线港口之间的江海直达运量主要特点如下。

（1）占长江口江海直达量的12%

2015年，宁波舟山港完成长江江海直达运输量1.4亿吨，占长江口海运量的12%。其中上行完成1.2亿吨，占88%。

（2）以金属矿石等大宗散货运输为主

金属矿石、石油制品、煤炭是宁波舟山港与长江江海直达运输的主要货种，2015年完成量共占总量的78%。其中金属矿石完成8740万吨，是货运量最大的货种。

（3）主要服务长江南京以下段

从服务区段上来看，南京以上段、南京—浏河口段、浏河口—长江口段与宁波舟山港的江海直达交流分别完成3100万吨、8420万吨和2740万吨，分别占各自航段江海直达量的47%、11%和7.6%，可见其在南京以上段的江海直达运输中占据重要作用。其中，宁波舟山港承担了南京以上段100%的金属矿石、98%的石油制品、49%的非金属矿石江海直达运输。详见表4.7所示。

表4.7　2015年长江口与宁波舟山港江海直达运量现状　单位：万吨、万TEU

	长江口江海直达量				宁波舟山港江海直达量			
	总运量	南京以上	南京—上海	上海	总运量	南京以上	南京—上海	上海
合计	119000	6600	76400	36000	14260	3100	8415	2744
1.煤炭	35000	1200	28000	5800	663	93	234	336
2.金属矿石	25000	1600	16800	6600	8740	1600	6000	1140
3.矿建材料	2000	450	1425	125	386	215	46	125
4.液体散货	6000	11	3489	2500	1787	11	1215	561
5.集装箱重量	24000	124	6376	17500	290	0	202	88
#集装箱箱量	2400	10	590	1800	22	0	15.3	6.7
6.其他	27000	3215	20310	3475	2394	1181	718	495

结合长江口分段海运量预测结果，考虑长江口各航道工程实施情况和主要货类运输系统论证分析，预计未来宁波舟山港江海直达运量将呈现以下特点。

（1）总量保持较快增长

预测 2020 年、2030 年宁波舟山港江海直达运量为 2.1 亿吨和 3.4 亿吨，占长江口运量比重提高到 14% 和 17%。

（2）南京以上段增速最快、南京—上海段增量最大

分区段来看，未来宁波舟山港与南京以上段交流江海直达运量增速最快，2015~2020 年、2020~2030 年分别达 10.8% 和 7.2%。南京—上海段仍旧是宁波舟山港江海直达最主要的交流地。详见表 4.8 所示。

表4.8　　　　　长江口与宁波舟山港江海直达运量预测　　　　　单位：万吨

		合计	南京以上段	南京—上海段	上海段
2015 年	长江口	11.9	0.7	7.6	3.6
	宁波舟山	1.4	0.3	0.8	0.3
2020 年	长江口	15.0	1.0	10.0	4.0
	宁波舟山	2.1	0.5	1.3	0.3
2030 年	长江口	20.0	1.6	13.6	4.9
	宁波舟山	3.4	1.0	2.0	0.4

4. 上海港洋山港区集装箱江海直达量预测

（1）现状以长江内支线为主，全部通过南槽运输

2015 年上海港洋山港区完成集装箱江海直达 310 万 TEU，其中长江内支线完成 250 万 TEU（南京以上段约 50 万 TEU，江苏沿江段约 200 万 TEU），外高桥—洋山穿梭巴士完成 60 万 TEU。从运输组织来看，集装箱江海直达船型吃水均在 6 米以下，基本全部通过长江口南槽航道运输。

（2）未来江海直达量保持稳步增长，仍通过南槽运输

结合长江沿线外向型经济发展趋势分析，考虑长江口各集装箱港口之间的功能定位，预测 2020 年、2030 年上海港洋山港区集装箱江海直达量分别为 400 万 TEU、500TEU，2015~2020 年、2020~2030 年年均增速为 5.2% 和 2.3%，

仍将采用适应相应条件的江海直达船型通过南槽航道运输。

需要指出的是,外贸干线、沿海内贸等集装箱航线还将采用大型集装箱船舶,南槽航道的浚深、拓宽等对该部分运量影响不大。

第三节　分航道海运量预测

在长江口海运总量预测的基础上,结合长江口航道现状及规划、综合考虑重点货类运输组织分析,首先明确南、北槽航道地位作用及承担的主要运输功能,然后分析预测南、北槽航道承担的主要货类运输量,最后分析预测南、北槽航道海运量。

一、长江口航道现状及规划

1. 船舶定线制相关规定

根据《长江上海段船舶定线制规定》,长江口上海段的航路由主航道、辅助航道和小型船舶航道等组成。其中,主航道包括长江口深水航道、外高桥航道、宝山航道、宝山北航道和宝山南航道,是进出长江口的大型海轮的通航航道;辅助航道包括南槽航道下段和南槽航道上段,是大、中型空载或减载后船舶进出长江口的辅助航道;小型船舶航道包括南支航道、外高桥沿岸航道、宝山支航道和宝山南航道南侧航道,供小型船舶航行。

此外，长江口水域还有北支、北港、新桥通道、新桥水道、长兴水道、横沙通道等可通航水道，主要供附近渔船、客船等小型船舶航行，或为沿岸码头的进出港通道。

表4.9　　　　　　　长江口航道及主要可通航水道现状

	南支		南港	北槽	南槽		北港	北支
主航道	宝山南航道	长江口12.5m深水航道						
		宝山北航道	宝山航道	外高桥航道	北槽航道			
小型船舶航道	宝山南航道南侧航道		宝山支航道	外高桥沿岸航道	南支航道			
辅助航道					南槽航道上段	南槽航道下段		
其他	新桥通道		新桥水道	长兴水道	横沙通道		北港水道	北支水道

2. 长江口航道通航现状及规划对比

根据2010年交通运输部批复的《长江口航道发展规划》，长江口航道规划范围为长江徐六泾至长江口灯船。根据长江口航道发展的实际情况，重点发展"一主两辅一支"航道。"一主"指长江口主航道，"两辅"指北港航道（包括横沙航道）和南槽航道，"一支"指北支航道。

主航道：满足5万吨级集装箱船（实载吃水11.5米）全潮、5万吨级散货船满载乘潮双向通航，兼顾10万吨级集装箱船和10万吨级散货船及20万吨级散货船减载乘潮通航要求，规划尺度为12.5米×350～460米（水深×航宽）。

通航现状：2010年3月，北槽—南港12.5m深水航道通航，航道全长92.2km，航道宽度为350m（口外段400m）；2011年12.5m深水航道上延至太仓；2014年贯通至南通。

北港航道：满足3万吨级集装箱船（实载吃水11米）乘潮通航及5万吨级散货船减载乘潮通航要求，规划尺度为10米×300米，并进行相应北港航道治理工程。

通航现状：目前为自然水深通道，尚未正式通航。

南槽航道：满足万吨级船乘潮通航要求，规划尺度为8米×250米（水深×航宽）。

通航现状：2013年开通了5.5米×250米（水深×航宽）航道，满足5000吨级散货船满载乘潮双向通航和20000吨级散货船减载乘潮双向通航的需要。

横沙航道：规划按通航5万吨级船舶控制，近期为3000吨级船舶的双向航道。

北支航道：近期利用自然水深通航，今后根据河势演变、治理工程情况和经济发展需要，进一步研究其规划尺度。

长江口水域"一主两辅一支"以外的航（水）道，在规划期内将利用自然水深通航。

其中，对南槽和北港航道的功能定位：

——南槽航道。南槽航道上接南港航道，下至南槽口外B警戒区，全长86km，是长江口航道的重要组成部分。南槽航道是进出长江的重要通道，主要是为小型船舶、空载大型船舶服务。

——北港航道。北港航道上接南支航道，下至长江口外，全长90余km，是长江口航道的重要组成部分。北港航道是南北港分汊口以上沿江船舶进出长江的重要通道，主要为5万吨级以下的大中型船舶进出长江服务。

表4.10　　　　《长江口航道发展规划》规划标准

航道名称	里程（km）	规划标准（水深×航宽）	通航代表船型	备注
主航道	166	12.5m×（350~460）m	5万吨级集装箱	局部航段航道尺度可适当加宽
北港航道	90	10.0m×300m	3万吨级集装箱船	
南槽航道	86	8.0×250m	1万吨级散货船	
北支航道	85	根据河势演变情况和经济发展需要，进一步研究其发展目标		

表4.11　　　　　　　　长江口航道规划标准与通航现状对比

航道名称	里程（km）	规划标准（水深 × 航宽）	通航代表船型	通航现状情况
主航道	166	12.5m ×（350~460）m	5万吨级集装箱	已达到规划目标
北港航道	90	10.0m × 300m	3万吨级集装箱船	尚未开通航道
南槽航道	86	8.0 × 250m	1万吨级散货船	已实现5.5m水深航道

二、分航道海运量预测

基于长江口航道现状及规划情况，综合考虑主要货类运输船型及组织方式分析，明确南北槽航道的功能定位、承担的主要运输功能，在总量预测的基础上，得出南、北槽航道分担的货运量。

1. 分航道货运量预测

结合长江口航道通航适应性仿真研究、长江口主要货类运输系统论证等分析，未来长江口北槽航道将主要承担集装箱船、大型散货船等船舶运输任务，运输货类以集装箱、煤炭、金属矿石、粮食为主，兼顾服务石油及制品、钢材等货类。长江口南槽航道将主要承担下行部分散货船、邮轮、件杂货船等船舶运输任务，运输货类以矿建材料、水泥、非金属矿石、木材、化工原料、邮轮等为主，兼顾其他散杂货运输。

结合下文重点货类分析预测，综合预测2020年、2030年北槽航道海运量为11.4亿吨和15.0亿吨，2015~2020年、2020~2030年年均增速分别为5.1%和2.8%。南槽航道海运量为3.6亿吨和5.0亿吨，2015~2020年、2020~2030年年均增速分别为3.7%和3.3%。

表4.12　　　　　典型年份长江口分航道海运量预测　　　　　单位：亿吨

	2015年	2020年	2030年	2015~2020年增速	2020~2030年增速
长江口海运量	11.9	15.0	20.0	4.8%	2.9%
其中：北槽	8.9	11.4	15.0	5.1%	2.8%
南槽	3.0	3.6	5.0	3.7%	3.3%

2. 主要货类海运量预测分析

结合以上长江口南北槽运输功能定位，各货种分航道运量预测分析如下。

（1）煤炭

2015年煤炭海运量为3.5亿吨，其中3.4亿吨通过北槽运输，0.1亿吨通过南槽运输。未来，煤炭仍将通过万吨级以上散货船从我国北方下水，以海进江直达江内为主，少部分煤炭在宁波舟山港通过万吨级以下船舶中转运输。预测2020年、2030年北槽煤炭海运量为4.1亿吨和4.5亿吨，南槽煤炭海运量均为0.1亿吨。

（2）金属矿石

2015年金属矿石海运量为2.5亿吨，其中2.4亿吨通过北槽运输，0.1亿吨通过南槽运输。未来，金属矿石还将以南京以下港口接卸大型散货船中转为主，宁波舟山接卸后通过小型船舶中转的海运量有所增长，但总量不大。预测2020年、2030年北槽金属矿石海运量为2.9亿吨和3.5亿吨，南槽金属矿石海运量为0.13亿吨和0.15亿吨。

（3）集装箱

2015年集装箱海运量为2400万TEU，其中2090万TEU通过北槽运输，310万TEU通过南槽运输。受航企航班及船型影响，集装箱仍将主要通过北槽运输，与上海港洋山港区交流的船舶通过南槽运输为主。预测2020年、2030年北槽集装箱海运量为3100万TEU和4800万TEU，南槽集装箱海运量为400万TEU和600万TEU。

（4）石油及制品

2015年石油及制品海运量为0.6亿吨，其中0.3亿吨通过北槽运输，0.3亿吨通过南槽运输。未来钢材运输船型将涵盖千吨级到万吨级。预测2020年、2030年北槽石油及制品海运量为0.37亿吨和0.45亿吨，南槽石油及制品海运量为 0.38 亿吨和 0.52 亿吨。

（5）钢材

2015 年钢材海运量为 0.7 亿吨，其中 0.3 亿吨通过北槽运输，0.4 亿吨通过南槽运输。受运输组织及航线影响，未来钢材运输船型将涵盖千吨级到万吨级。预测 2020 年、2030 年北槽钢材运量为 0.34 亿吨和 0.45 亿吨、南槽钢材海运量为 0.52 亿吨和 0.64 亿吨。

（6）其他货类

2015 年矿建材料、水泥、木材、非金属矿石海运量均为 0.8 亿吨，基本全部通过南槽运输。今后这些货类还将采取万吨级以下船舶运输为主。预测 2020 年、2030 年北槽其他货类运量分别为 0.58 亿吨和 0.72 亿吨，预测 2020 年、2030 年南槽其他货类运量分别为 2.1 亿吨和 3.0 亿吨。

表4.13　　典型年份北槽航道海运量预测　　单位：亿吨、万TEU

	2015 年	2020 年	2025 年	2030 年	2015~2020 年增速	2020~2030 年增速
北槽合计	8.9	11.4	12.9	15.0	5.1%	2.8%
1. 煤炭	3.4	4.1	4.5	5.0	4.0%	2.0%
2. 金属矿石	2.4	2.9	3.1	3.5	3.8%	2.1%
3. 集装箱重量	2.1	3.1	3.8	4.8	8.2%	4.5%
集装箱箱量	2090	3100	3800	4800	8.2%	4.5%
4. 液体散货	0.30	0.37	0.40	0.45	4.3%	2.0%
5. 钢材	0.27	0.34	0.39	0.45	4.7%	2.8%
6. 其他	0.46	0.58	0.64	0.72	4.7%	2.2%

表4.14　　典型年份南槽航道海运量预测　　单位：亿吨、万TEU

	2015 年	2020 年	2025 年	2030 年	2015~2020 年增速	2020~2030 年增速
南槽合计	3.0	3.6	4.2	5.0	3.7%	3.3%
1. 煤炭	0.10	0.10	0.10	0.10	0.0%	0.0%
2. 金属矿石	0.12	0.13	0.14	0.15	1.6%	1.4%
3. 集装箱重量	0.31	0.40	0.48	0.60	5.2%	4.1%
集装箱箱量	310	400	480	600	5.2%	4.1%
4. 液体散货	0.32	0.38	0.44	0.52	3.5%	3.2%
5. 钢材	0.44	0.52	0.57	0.64	3.4%	2.1%
6. 其他	1.71	2.07	2.45	2.99	3.9%	3.7%

第 5 章　长江南京以下深水航道货运量预测

第一节　运输现状及特点

一、长江南京以下深水航道概况

长江干线航道是我国唯一贯穿东、中、西部地区的水路运输大通道，已成为沟通东中西部地区和扩大对外开放的黄金水道。长江干线航道的开发与国家重大区域发展战略的实施密不可分。

改革开放以来，依托"浦东开发开放""西部大开发""中部崛起"等区域发展战略实施的机遇，长江干线逐步实施了长江口深水航道、长江中上游部分区段航道治理工程，带动了长江水运的发展。2011 年长江干线完成货运量近 17 亿吨，占全国内河约 55%，2000 年以来年均增长 14.3%。长江干线航道的发展支持和推动了区域经济快速发展，沿江七省二市集聚了我国近 40% 的经济总量，重化工业、装备制造业为主的沿江产业带初具规模。

长江江苏段深水航道位于沿海、沿江"T"型生产力布局轴线的交叉点，全长 360 公里，是长江干线航道中通航条件最好、船舶通过量最大、经济效益最为显著的区域之一。长江江苏段深水航道已成为江苏和长江中上游地区能源、原材料和外贸物资江海转运的重要门户,在引导沿江产业布局、加强东中西部联系、促进区域经济协调发展中发挥着重要的作用。

(1) 激发腹地经济发展潜力

如图5.1所示,新世纪以来,随着长江口深水航道工程的实施,船舶大型化趋势明显,运输成本进一步降低,产业竞争力进一步加强,从而有效地支撑和促进了江苏省和长江中上游地区的经济发展。2001~2011年江苏省和长江中上游地区GDP年均增速分别达到13.0%、12.2%,外贸进出口总额年均增速分别达到25.2%、23.5%,均高于全国平均增速3~5个百分点;江苏省和长江中上游地区GDP和外贸进出口总额年均增速相继超越上海,进入新的发展阶段。腹地经济变化详见表5.1。

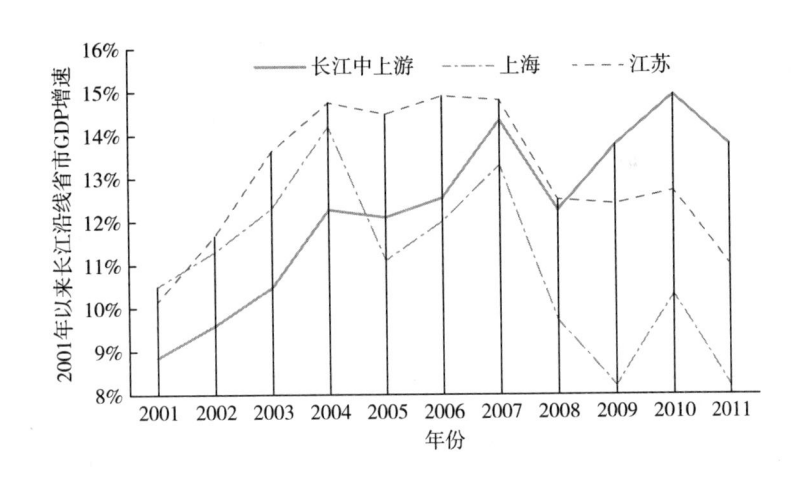

图5.1 2001年以来长江沿线省市GDP增速图

表5.1　　　　长江口深水航道实施以来腹地经济变化表

	GDP年均增速(%)		外贸进出口额年均增速(%)	
	2002~2005年	2006~2011年	2002~2005年	2006~2011年
上海市	12.5	10.3	36.9	15.6
江苏省	14.3	13.0	47.4	16.0
长江中上游地区	11.6	13.4	26.9	26.5

（2）优化运输环境，带动产业集聚

江苏沿江运输环境进一步优化，冶金、石化、电力、机械、汽车等重化工业加速发展，集聚效应明显；江苏沿江经济快速发展，产业结构进一步优化，在长三角地区中的地位和作用日益突出。2011年江苏沿江八市GDP、工业增加值、外贸进出口额占长江三角洲地区[①]的比重分别由2002年的33.8%、35.6%、36.9%上升至43.1%、45.9%、38.7%；江苏沿江集聚了近百家省级以上的开发区，集中了全省近75%的电力、100%冶金和炼油企业。同时，江苏沿江产业带的壮大，推动了江苏省经济快速发展，2011年财政收入达到14120亿元，"十一五"财政收入是"九五"期的12倍，是"十五"期的3.7倍，江苏省对全国的经济贡献日益显著；加速了江苏省重化工业进程，江苏省工业增加值对GDP的贡献率由2002年的33.4%上升至2011年的39.1%，重工业比重由2002年的57.8%上升到2011年的75.3%，重化工业特征明显。长江口深水航道工程实施以来，江苏省和沿江八市的经济变化详见表5.2、表5.3。

表5.2　长江口深水航道实施以来江苏省经济变化表　　单位：亿元

	2002年	2005年	2011年
GDP	10607	18306	49110
三产结构	10.5∶52.2∶37.3	8∶56.6∶35.4	6.3∶51.3∶42.4
工业增加值贡献率	33.4%	44.4%	52.0%
重工业比重	57.8%	68.8%	75.3%

表5.3　长江口深水航道实施以来沿江八市经济变化　单位：亿元、亿美元

	2002年 完成值	占长三角比重	2005年 完成值	占长三角比重	2011年 完成值	占长三角比重
GDP	8231	33.8	14634	35.5	34224	43.1
三产结构	7∶53.5∶39.5		4.5∶59.5∶36		3.6∶53.4∶43	
工业增加值	3878	35.6	7873	39.7	16410	45.9
外贸进出口总额	682	36.9	2225	42.7	4648	38.7

---

① 包括上海市、江苏省和浙江省。

（3）促进江苏段海运量发展

长江口深水航道治理工程，特别是−10.5米深水航道延伸至南京工程对江苏的海运量推动作用尤为明显。从2002年长江口深水航道一期工程实施后，江苏段海运量加速发展，超越长江干线水运量和长江总海运量的增速水平，较上年一直保持14%以上的增速。

今后一段时期，是长江三角洲和长江流域地区经济发展的关键时期。围绕国务院确定的建设上海国际航运中心，以及发挥黄金水道优势，带动两岸经济社会发展等目标，继续实施深水航道延伸至南京工程，不仅可显著改善南京以下航道的通航条件，充分利用沿江深水岸线资源，提升沿江港口服务功能，适应国际航运船舶大型化发展要求，并且对促进长江流域对外开放和经济发展，加快沿江开发和产业结构调整，促进区域协调发展，都具有十分重要的战略意义。

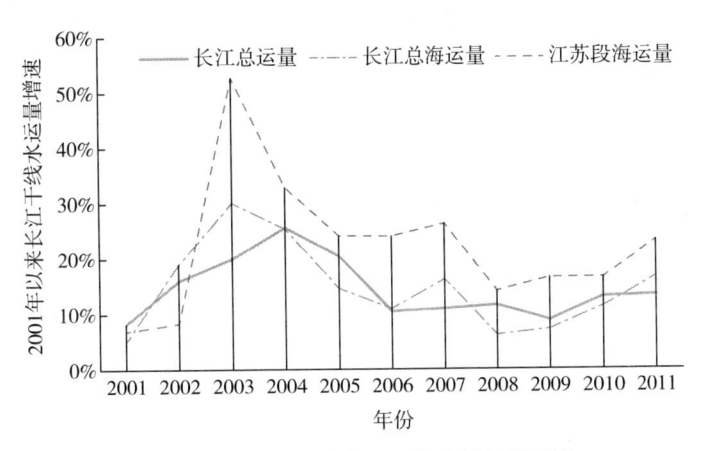

图 5.2　2001 年以来长江干线水运量增速图

二、长江深水航道江苏段港口吞吐量现状及特点

长江深水航道（南通—南京段）主要承担进出江苏沿江南京、镇江、江

阴、泰州、扬州、常州六港和苏州张家港港区、南通如皋港区的货运量。2011年江苏沿江八港完成吞吐量11.7亿吨，外贸吞吐量1.9亿吨。其中，六港二区完成吞吐量8.5亿吨，外贸1.1亿吨，"十五"期、2006~2011年年均增速分别达到21%和17.3%。长江深水航道（南通—南京段）港口主要年份吞吐量变化情况详见表5.4。

表5.4　　长江深水航道（南通—南京段）港口吞吐量　　单位：万吨、万TEU

	2000		2005		2011	
	总计	外贸	总计	外贸	总计	外贸
合计	12711	2331	32840	5677	85448	11456
其中：煤炭	2295	25	5814	158	27941	459
原油	4108	35	3853	18	1959	7
铁矿石	1045	259	7085	1151	16845	2243
集装箱箱量	45	27	137	69	528	152

注：港口主要包括南京、镇江、江阴、泰州、扬州、常州六港和苏州张家港、南通如皋港区。

2000年以来，长江深水航道（南通—南京段）港口吞吐量主要发展特点如下。

1. 规模不断增大，但占江苏沿江港口总量比重下降

腹地经济的快速发展、长江深水航道的建设进一步促进了江苏沿江港口吞吐量高速增长。其中，长江深水航道（南通—南京段）港口的吞吐量由2000年的1.3亿吨增长到2011年的8.5亿吨，外贸吞吐量由2000年的0.2亿吨增长到2011年的1.2亿吨，2001~2011年总吞吐量和外贸吞吐量增速分别高达18.9%、15.6%。特别是随着-10.5米水深延伸至南京后，该区段港口吞吐量增幅更为显著，2005年以来该区段港口吞吐量年均增长量8768万吨，是"十五"期年均增量的2.2倍。但同时，长江口深水航道的建设加速了苏州港太仓港区的开发和发展，相应的长江深水航道（南通—南京段）港口的吞吐量占江苏沿江港口总量的比重呈下降趋势。2011年长江深水航道（南通—南京段）港口吞吐量和外贸吞吐量占江苏沿江港口总量的比重分别为73%、61%，分别较2000年下降5个、17个百分点。

2. 主要港口作用明显，地区港口日益活跃

南京、镇江、苏州三个主要港口以其优越的地理位置、经济交通汇集地和良好的港口条件，在长江深水航道（南通—南京段）中发挥着重要的作用。2000 年南京、镇江港和苏州港张家港港区完成吞吐量和外贸吞吐量 1.1 亿吨和 0.2 亿吨，分别占长江深水航道（南通—南京段）港口总量的 87% 和 88%。随着其他港口的快速发展，三港所占比重有所下降。2011 年南京、镇江港和苏州港张家港港区完成货物吞吐量 5.1 亿吨，占长江深水航道（南通—南京段）内港口总吞吐量的 60%；外贸吞吐量 0.8 亿吨，占长江深水航道（南通—南京段）港口总外贸吞吐量的 70%。

3. 原油运输格局的调整促使货物构成发生变化

长期以来，煤炭、原油、铁矿石等大宗能源、原材料一直是江苏沿江港口主要的大宗货物。长江深水航道（南通—南京段）港口三大类货物吞吐量由 2000 年的 7448 万吨增长至 2011 年的 46745 万吨。但随着原油吞吐量的大幅下降使这三类货物吞吐量所占比重由 2000 年的 59% 降至 2011 年的 55%。集装箱是增速较快的货种，2011 年完成 528 万 TEU，2000 年以来增速达到 25%，重量所占比例由 2000 年的 4% 增加到 6% 以上。

三、长江深水航道江苏段港口海运量现状及特点

2011 年长江江苏段水运量约为 11 亿吨，2000 年以来年均递增 16%；长江江苏段海运量为 6 亿吨，2000 年以来年均递增 21.7%。其中，2011 年长江深水航道（南通—南京段）水运量约为 7.9 亿吨，占江苏段总水运量的 71.8%，2000 年以来年均递增 16.3%；长江深水航道（南通—南京段）海运量约为 4.4 亿吨，占江苏段总海运量的 72%，2000 年以来年均递增 22.4%。

2000年以来主要年份长江深水航道（南通—南京段）水运量、海运量变化情况详见表5.5、表5.6。

表5.5　　长江深水航道（南通—南京段）水运量、海运量　　单位：万吨

	2000年	2005年	2011年
1. 长江江苏段水运量	21500	50000	110000
其中：二期工程航段	15000	35500	79000
2. 长江江苏段海运量	6922	20177	60278
其中：二期工程航段	4713	14000	43589
3. 二期工程航段海运量占水运量比重	31%	39%	55%

表5.6　　长江深水航道（南通—南京段）海运量现状表　　单位：万吨

		2000	2005	2011
海运总量	总计	4713	14000	43589
	上水	3650	11200	33608
	下水	1063	2800	9981
其中：南通—南京		4563	12470	39682
南京以上		150	1530	3907
其中：煤炭		473	1800	13738
原油		1249	1370	1314
铁矿石		600	4200	10259
其他货物		2391	6630	18278
#集装箱（万TEU）		4	10	217

1. 海运量发展变化特点

（1）总量快速增长，在总水运量中的比重快速增加

2000年以来长江深水航道（南通—南京段）海运量呈快速增长态势，由2000年的4713万吨，发展到2005年的14000万吨，2011年达到43589万吨。"十五"和2006～2011年期间年均增速分别为24.3%、20.8%，较"九五"期13%的增速，2000年以后增速明显提高。在长江深水航道（南通—南京段）水运量的比重由2000年的31%增加到2011年的55%。

（2）海进江运量占主导地位

由于大宗能源、原材料物资（煤炭、原油和铁矿石）几乎全部为海进江运量，因此海进江运量一直远大于出海运量，2005年海进江比重最高达到80%；而近年随着产成品出海量增加，特别是原油海进江量的下降，比重有所下降，2011年为77%。

（3）海运量构成以能源、原材料等大宗物资占主导，集装箱运量增长相对缓慢

煤炭、原油、铁矿石三大货类在长江深水航道（南通—南京段）海运量中一直占据主导地位，比重由2000年的49%增长到2011年的58%。随着原油管道建设布局，原油水运量呈现平稳发展态势，但煤炭、铁矿石均较2000年分别增长了28倍、16倍以上。

受金融危机影响，"十一五"期以来，江苏省外贸集装箱生成量仍保持了10.8%的年均增速，2011年总量规模已达1200万TEU；二期工程集装箱海运量达到217万TEU，2000年以来年均增长43.8%。但由于江苏省内外贸集装箱生成量大部分经由公路运输至上海港中转，因此2000年以来，长江深水航道（南通—南京段）集装箱海运量占生成量（包括内外贸）的比重基本维持在20%以下。

其他货物增长也比较快。主要是随着基建规模的加大以及沿江石化、建材、粮油加工等产业的发展，矿建、钢铁、成品油、木材、粮食等海运量增加较快。二期工程海轮运量构成变化见图5.3。

（4）为上游中转的煤炭、铁矿石海运量增加较快

江苏沿江港口一直承担着为长江中上游地区的中转任务。2005年长江深水航道（南通—南京段）港口为长江中上游地区中转海运量约为3600万吨，较2000年翻了一番多。近几年，虽然原油中转运量大幅度下降，但煤炭、铁矿石增长较快，2011年较2005年分别增长了4.3倍和0.4倍，2011年总量仍达到了5200万吨。典型年份长江深水航道（南通—南京段）港口为上游中转运量详见表5.7。

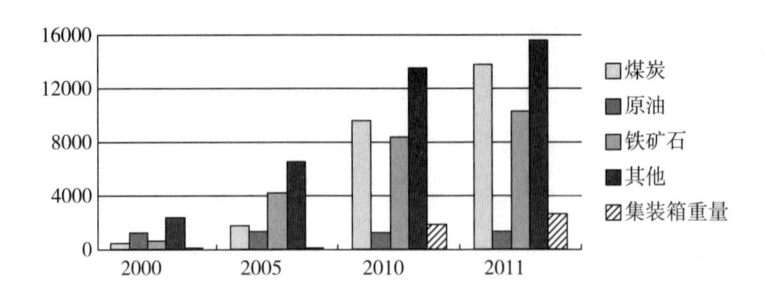

图 5.3　二期工程典型年份海运量构成变化

表5.7　长江深水航道（南通—南京段）港口为上游中转海运量　　　单位：万吨

	2000 年	2005 年	2011 年
中转总量	1650	3600	5200
其中：煤炭	60	300	1600
原油	1000	1100	260
铁矿石	430	1850	2600
其他货物	160	350	740
#集装箱（万TEU）	3	8	15

2. 主要货类流量流向特点

2011 年长江深水航道（南通—南京段）煤炭海运量 13738 万吨。其中海进江 13085 万吨，绝大部分由我国北方港口下水，以苏州张家港、江阴、泰州、镇江、扬州、南京为主要接卸港，在满足后方电厂和相关工业用煤需求的同时，承担着部分为中上游港口转运海进江煤炭的任务。

2011 年长江深水航道（南通—南京段）石油及制品海运量 2873 万吨。其中海进江 2456 万吨，受管道建成后原油运输格局变化的影响，原油海进江运量有所下降，2011 年为 1258 万吨，80% 由南京港接卸，主要为本地石化企业进口原油以及为中上游石化企业提供原油中转服务。成品油和液体化工品也是近年来运量增长较快的货种，海进江较多，主要集中在南京、江阴、苏州张家港等港口后方有大型石化企业、化工园区、油库依托的港口。

2011 年长江深水航道（南通—南京段）铁矿石海运量 10259 万吨。其中海进江 9919 万吨，主要来自澳大利亚、巴西、南非、印度等中远洋地区，外贸直达进江率为23%；由宁波—舟山、青岛等港二程中转至沿江各港运量约占77%。苏州张家港港高达3800万吨以上，南京、镇江、江阴港接卸量均在1000万吨以上，除满足本地钢厂需求外还为中上游沿线钢厂提供中转服务。另外，马鞍山港铁矿石运量也较大，在600万吨以上。

集装箱是长江深水航道（南通—南京段）海运量上下水发展较为均衡的货种，上下水箱量的比重保持在1∶1.2左右。受到洋山支线的带动，南京、江阴和苏州张家港港集装箱吞吐量发展较快，成为集装箱海运量进出较为集中的港口，占集装箱海运量的84%以上。

钢铁是长江深水航道（南通—南京段）海运量增长较快的货种之一，2011年达到4067万吨，其中进江1695万吨、出海2373万吨，较2000年增加了近7倍以上。进江多为废钢和成品钢材至苏州张家港、江阴等港；出海多为沙钢、南钢、马钢等沿江钢厂的钢材制品。

水泥、木材、粮食等散杂货也是长江深水航道（南通—南京段）海运量的主要货种。其中，水泥多数为江出海运量，主要为安徽的水泥熟料和南京、镇江、苏州张家港等地的水泥成品出口。木材和粮食大部分为海进江运量，满足后方木材集散中心及粮食加工企业所需，接卸量主要集中在靠近长江口的苏州张家港、江阴等港口。

3. 货流密度分布特点

长江深水航道（南通—南京段）海运量主要集中在苏州张家港、南京、江阴三个港口，三港海轮运输量占全部海轮运输量的65%，其中苏州港张家港港海运量达到1.3亿吨，南京港达到8000万吨以上，江阴港达到7000万吨以上。

货流密度呈由上到下逐渐增大的分布，南通—张家港、张家港—江阴、江阴—镇江、镇江—南京四个航段货流密度比为3∶2.1∶1.3∶1。

2010年前各航段上水货流密度普遍为下水货流密度的三到五倍，随着上下水货流进一步均衡发展，长江深水航道（南通—南京段）海运量最大断面上下水货流比由2010年的3.5缩小至2011年的3.3。

2001～2011年，江阴以上各航段货流密度平均增长4倍左右，江阴以下各航段增长6倍左右。

表5.8　　　　　2011年（南通—南京段）海运量货流密度　　单位：万吨、万TEU

流向		货物合计	1.煤炭	2.石油及制品	其中：原油	3.金属矿石	其中：铁矿石	4.其他	5.集装箱重量	集装箱箱量
南通—张家港	上水	33608	13085	2456	1258	10713	9919	6223	1131	98
	下水	9981	653	417	55	388	340	6984	1538	119
张家港—江阴	上水	23450	10349	2311	1258	6335	5787	3655	800	67
	下水	6167	264	414	55	191	156	4184	1114	87
江阴—镇江	上水	14278	6106	1645	1004	4607	4307	1402	517	45
	下水	4518	56	302	52	41	6	3280	839	64
镇江—南京	上水	10371	5147	1479	1004	2554	2305	817	374	35
	下水	3894	10	240	52	39	4	2961	645	53

注：南通—张家港段包括南通如皋港区和苏州张家港港区；张家港—江阴段包括江阴港和泰州港；江阴—镇江段包括常州港和镇江港；镇江—南京段包括扬州港和南京港。各区段海运量均为下断面海运货物通过量，包括本区段内港口运输需求产生的海运量和本区段以上港口运输需求产生的过境海运量。

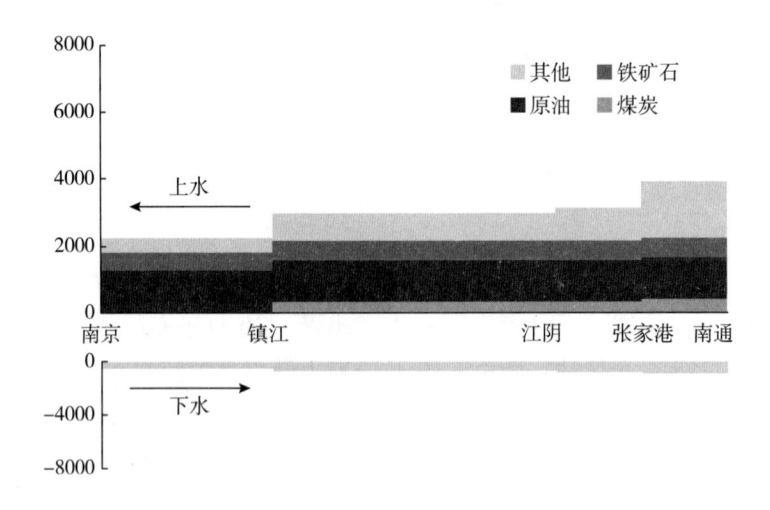

图5.4　2000年长江深水航道（南通—南京段）海运量货流密度图

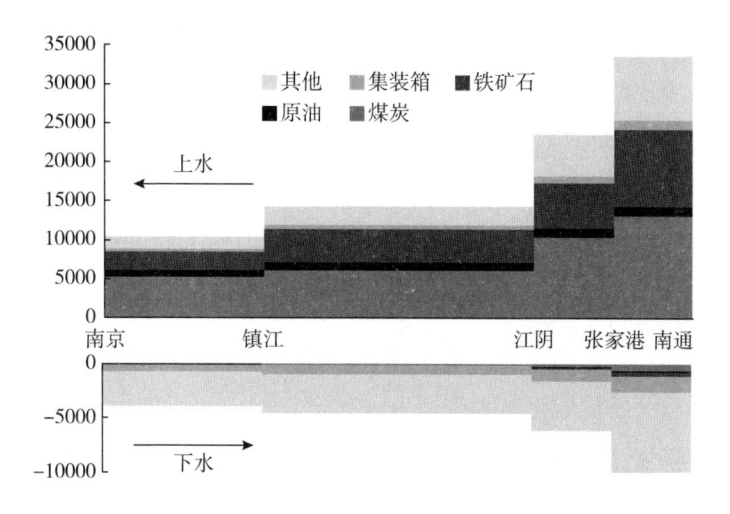

图 5.5　2011 年长江深水航道（南通—南京段）海运量货流密度图

第二节　海运总量预测

一、腹地经济发展趋势

1. 国内外宏观形势

2008 年下半年爆发的国际金融危机使经济全球化进程出现曲折，世界经济政治格局发生深刻变化。受金融危机影响，我国经济发展步伐有所放缓，传统高度依赖外需带动的发展模式难以为继，经济发展仍存在较多不确定因素。但从中长期发展趋势来看，21 世纪头二十年仍是我国经济发展的重要战略机遇期，经济社会发展的基本面和长期向好的趋势不会发生根本改变，金融危机虽然使得中国经济遭遇短期的巨大冲击，但并不能改变我国工业化的经济增长动力，未来相当一段时期，我国经济仍将保持持续、稳定地发展。

十八大报告提出根据我国经济社会发展实际，要在十六大、十七大确立的全面建设小康社会目标的基础上努力实现新的要求：经济持续健康发展，转变经济发展方式取得重大进展，在发展平衡性、协调性、可持续性明显增强的基础上，实现国内生产总值和城乡居民人均收入比2010年翻一番；人民民主不断扩大；文化软实力显著增强；人民生活水平全面提高；资源节约型、环境友好型社会建设取得重大进展。

今后，随着工业化、城镇化继续深入推进，经济发展方式的转变、经济结构的调整将会加快，而产业结构和消费结构的升级蕴藏巨大的需求潜力，也将深度影响经济社会和交通运输的发展。

2. 江苏省

改革开放以来，江苏省在全国率先发展，形成了以冶金、电子、机械、汽车、石化为代表的制造业基地。随着长三角地区逐步进入工业化后期，土地、劳动力、资源成本的快速上升，既有模式下已难以继续快速增长。"十二五"期是江苏省全面实现小康并向基本实现现代化迈进的重要时期，也是加快转变发展方式、推动经济转型升级的关键阶段。江苏省将推进结构调整和自主创新，突出发展创新型经济，突出发展现代服务业，突出提升集约发展水平，加快实现"三个转变"：由主要依靠物质资源消耗向创新驱动转变、粗放式增长向集约型发展转变、城乡二元结构向城乡发展一体化转变。

结合《江苏省国民经济和社会发展第十二个五年规划纲要》相关规划指标，考虑未来发展趋势和条件，本报告综合预测，未来江苏省以实现"两个率先"为总体目标，在优化结构、提高效益、降低消耗、保护环境的基础上，"十二五"期间全省地区生产总值年均递增10%左右，发展质量和效益明显提升，人均地区生产总值超过10000美元；"十三五"期间全省地区生产总值年均递增仍可保持在7%左右的水平，到2020年左右全省总体上基本实现现代化。

产业结构更加优化，高新技术产业产值占规模以上工业比重明显提高，服务业增加值占地区生产总值比重大幅提高，形成以服务经济为主的产业结构。对外贸易和利用外资水平进一步提高，外贸出口由量的扩张向质的提升转变，增加先进技术和设备进口，促进产品提档升级，鼓励外资企业在江苏设立研发中心、营销机构和地区总部，引导外资投向高新技术产业、新兴产业、现代农业等领域和沿海地区。"十二五"期外贸进出口额将保持10%以上的年均增速，"十三五"期保持在7%左右的年均增长水平。

根据江苏省沿江地区产业空间布局规划，结合《江苏省沿海开发总体规划》和江苏省14大产业规划，今后江苏省产业发展不仅致力于促进冶金、电子、机械、汽车、石化等优势行业优化升级，解决产品结构不合理，低端耗能和污染严重等问题；还将突破新能源、新材料、医药及生物技术、环保等具有重要作用但目前仍然薄弱的产业，使之更好地服务于国民经济长远发展。

在产业布局中，将加快沿海开发，使其与沿沪宁线、沿江、沿东陇海线共同构建全省生产力布局的主体框架，在区域协调发展中发挥积极作用。对内形成区域联动发展态势，促进苏中、苏北快速发展；对外充分发挥沿江产业的辐射作用，带动中西部地区发展。其中，江苏沿江地区仍将发挥水运优势，围绕现已形成的冶金、电子、机械、汽车、石化等主导产业，优化自身产业结构，向中西部地区延伸产业链，在沿江地区形成结构合理、衔接顺畅、优势突出的产业布局。

3. 长江中上游

目前，长江中上游省市已成为承接长江三角洲经济辐射和产业转移的主阵地，这种转移将使产业靠近内销市场或是原材料基地，更具竞争力。在全球经济危机放缓、中国东部沿海经济增长的背景下，国家希望通过加快区域经济发展以优化生产力布局，在"中部崛起、西部大开发"的总体战略布局下，在批准了成渝城乡统筹试验区，武汉城市圈和长株潭城市群"两型社会"试验区等综合开发试验区外，又先后出台了皖江城市带、鄱阳湖生态经济区、成渝经济区等促进中西部地区发展的区域规划。这些规划旨在充分利用各地区之间的经济、产业和交通运输的内在联系，实现不同区域之间资源、技术、资金、人才、管理等要素的有效互动和优势互补。

长江中上游省市将继续保持在中西部地区的领先地位，成为中部崛起和西部开发的先导区域，社会经济发展将进入新一轮的发展时期。结合沿江各省市国民经济和社会发展第十二个五年规划相关规划指标，考虑未来发展趋势和条件，本报告综合预测长江中上游地区"十二五"期生产总值年均增长将达到10%以上，"十三五"期仍可保持在8%的水平，高于东部地区。

未来我国的区域发展将实现由以往的"外向带动"战略为主向"内需发展战略与外向带动战略共同支撑"的转变。长江中上地区将充分利用黄金水道，合理开发沿江地区矿产、农业资源；积极发展高效创汇农业，创建一批高产优质和农产品商品基地和创汇农业基地；以电力为中心，加强能源建设，积极发展大耗水、大运量的重化工业；以高新技术为先导，调整和提高以汽车、造纸、机电、轻纺为支柱的加工业；建成各具特色的长江新型沿江产业经济带。大力推进中上游地区扩大开放，积极推进外商向中上游地区投资，发展有优势的出口导向型产业，从整体上确立长江经济带的国际竞争优势地位。江苏省及长江中上游地区的主要经济指标预测详见表5.9。

表5.9　　江苏省及长江中上游地区国民经济主要指标预测表

	2010年现状		2011年现状		2015年预测		2020年预测	
	江苏	皖赣湘鄂川渝	江苏	皖赣湘鄂川渝	江苏	皖赣湘鄂川渝	江苏	皖赣湘鄂川渝
GDP	41462	78927	46023	89819	66000	140000	90000	200000
一产比重	6.1	8.8	6.3	13.4	5	8	3	6
二产比重	52.5	49.8	51.3	51.4	52	49	51	49
三产比重	41.4	41.4	42.4	35.2	43	43	46	45
外贸额	4986	1240	5810	1757	8000	2500	11500	4000

注：GDP预测为2010年不变价。2015年经济指标预测主要根据沿江各省市"十二五"规划，远期主要考虑各省市发展趋势和条件，综合判断。

二、预测依据及方法

1. 预测依据

——党的十八大提出的"为全面建成小康社会而奋斗"以及长江三角洲地区"率先全面实现小康社会""率先基本实现现代化"的战略部署；

——沿江各省市（包括江苏、安徽、江西、湖北、湖南、四川和重庆）国民经济和社会发展"十二五"规划，相关能源和产业发展规划；

——全国及长江三角洲地区沿海港口布局规划，以及长江三角洲地区煤炭、原油、铁矿石、集装箱等运输系统布局规划；

——长三角地区主要港口吞吐量统计资料及货源调查资料等。

2. 预测范围

本次预测主要在对长江江苏段水运量和海运量预测的基础上，结合腹地煤炭、石油、矿石、集装箱等货类运输系统，对长江深水航道（南通—南京段）海运量、货流密度进行预测。同时，为满足四个碍航浅滩工程研究的需要，本报告分别对四个碍航浅滩区段的航道分断面海运量进行预测。

3. 预测思路和方法

长江江苏段水运量和海运量的发展与腹地经济发展、产业结构以及大宗能源、原材料物资的运输系统的变化是息息相关的，特别是沿江地区产业布局、产业规模直接决定了水运量运输需求的水平。但考虑到江苏面临着产业升级转移、长江中上游地区面临前所未有的政策环境和机遇，这为运输需求规模带来一定不确定因素。因此，本次长江江苏段水运量和海运量运输需求预测采用定性分析与定量计算相结合的综合分析方法，并且对近、中、远期预测分别采取了不同的预测方法和思路。

——近中期（2015年、2020年）预测，主要根据腹地国民经济发展规划及产业布局的要求，通过数学模型论证，结合大宗能源、原材料物资的运输系统的论证结果，对总量进行预测，并在重要货种的海运量预测上，采用供需平衡法，力求较为准确。

——远期（2030年及以后）预测，由于缺少相关产业规划支撑，因此是在对远期区域工业化、城镇化发展趋势判断的基础上，考虑环境容量及远期深水航道向上延伸带来的诱发运量等因素，把握吞吐量的远期发展态势。

三、长江深水航道江苏段及二期工程海运量预测

1. 数学模型预测

考虑到长江江苏段海运量中90%来自江苏沿江八市，在此以江苏沿江八市的经济指标作为数学模型的变量指标。

运输强度分析：根据江苏沿江八市水运量、海运量运输强度分析（即每百万元GDP产值产生的水运量、海运量），结合江苏沿江八市未来经济发展规划，确定未来长江江苏段水运量、海运量。2000年、2005年、2010年和2011年江苏沿江八市每百万元GDP（2000年不变价）产值产生的水运量分别为336吨、397吨、403吨和424吨；产生的海运量分别为108吨、160吨、208吨和233吨。沿江八市作为江苏省经济发展的核心区域，将加快产业转型升级步伐，逐步形成以服务经济为主的产业结构，高新技术产业产值占规模以上工业比重明显提高，服务业增加值占地区生产总值比重大幅提高。沿江八市近十年内运输强度将呈现稳中趋降的态势，预测水运量运输强度2015年、2020年分别为410吨/百万元、390吨/百万元；海运量高于水运量发展速度，海运量运输强度2015年、2020年分别为220吨/百万元、210吨/百万元。根据八市发展规划，八市2015、2020年国内生产总值分别为35000

元、46000亿元（2000年不变价），预测长江江苏段水运量2015、2020年分别为14.4亿吨、17.9亿吨；海运量分别为7.7亿吨、9.7亿吨。

运输弹性分析：据统计，江苏沿江八市"十五""十一五"期间GDP年均增速分别为14.5%、13.3%，长江江苏段水运量年均增速分别约为18.4%、13.7%，长江江苏段海运量年均增速分别约为23.9%、19.4%。相应的水运量弹性系数分别为1.27、1.03，海运量弹性系数分别为1.64、1.46。根据江苏沿江八市的发展规划分析，预计"十二五""十三五"GDP年均增速分别为8.2%、5.6%。同时，随着产业结构的升级，弹性系数呈现稳定下降态势，预测水运量弹性系数2015年、2020年分别为0.95、0.8，海运量弹性系数分别为1.3、1.1。据此计算长江江苏段水运量2015、2020年分别为11.8亿吨、14.7亿吨；海运量分别为8.1亿吨、11亿吨。

线性回归预测：将长江江苏段水运量、海运量与GDP进行了回归预测分析，预测长江江苏段水运量2015、2020年分别为14.1亿吨、18.5亿吨；海运量分别为6.7亿吨、8.9亿吨。相关预测结果详见表5.10。

表5.10　　　　长江江苏段水运量、海运量预测表　　　　单位：亿吨

		运输强度分析		运输弹性分析		线性回归预测	综合推荐
		运输量/百万GDP	运输量预测	运输量增速/GDP增速	运输量预测	与GDP回归	
水运量	2015年	410	14.4	0.95	11.8	14.1	13.7
	2020年	390	17.9	0.8	14.7	18.5	16.8
海运量	2015年	220	7.7	1.3	8.1	6.7	7.7
	2020年	210	9.7	1.1	11	8.9	9.9

2. 综合推荐分析

（1）近中期（2015年、2020年）预测

长江深水航道向上延伸工程在长江沿线地区参与国际竞争，在促进经济结构的战略性调整、促进西部大开发、促进区域经济协调发展和产业布局中的重要作用不可替代，将继续在能源、原材料大宗散货进口和集装箱运输以

及江海中转运输中发挥重要作用，预测中远期的总运量仍将保持持续、较快速增长。其中，煤炭、石油、金属矿石和集装箱四大货类占到长江江苏段海运量的70%左右的比重。今后，根据走中国特色新型工业化道路和加快转变经济发展方式的总体要求，沿江省市将加快产业结构优化，提高大型工业集中度，调整能源结构，降低工业能耗和排放指标，从而使得煤炭、石油、铁矿石等能源物资的需求节奏逐步放慢，四大货类在海运量中比重呈现稳中趋降。根据四大货类海运量预测值，对数学模型的预测值进行拟合，综合预测2015年、2020年长江江苏段海运量分别为7.7亿吨、9.9亿吨；同时结合沿江各地间内河船舶运输需要，综合预测长江江苏段水运量分别为13.7亿吨、16.8亿吨。

（2）远期（2030年及以后）预测

根据相关经济规划，江苏省将在2020年完成第一次现代化即工业化。之后根据发达国家经历，该地区将进入后工业化时期，预计2020~2030年货运需求增长放缓，2030年后货运量需求将保持平稳态势。受到环境容量的影响，该地区的港口发展目标由基础设施建设向功能拓展转变，重视与城市功能、环境容量的协调发展，但同时考虑到深水航道向上延伸工程带来的诱发运量，因此，航道运量在较长时期内保持缓慢增长，运输结构更加优化。此外，由于难以判断远期新增产业类型和规模，2030年新增海运量主要根据沿江港口规划，结合岸线资源容量进行估算。综合预测2030年长江江苏段水运量21亿吨，海运量12.7亿吨。

根据长江江苏段水运量和海运量预测，结合四大货类运输系统分析以及沿江各港口规划，经综合分析，预测长江深水航道（南通—南京段）的水运总量2015年、2020年和2030年分别为9.6亿吨、11.8亿吨和14.5亿吨；海运量比例逐步提高，2015年、2020年和2030年分别为5.5亿吨、7亿吨和8.8亿吨，占总水运量的比重由2011年的54%逐步提高到57%、59%和61%。考虑到2030年后货运量需求将保持平稳态势，为简化计算，2030~2040年长江深水航道（南通—南京段）海运量的预测结果维持2030年的水平不变。长江深水航道（南通—南京段）运量预测详见表5.11。

表5.11　　　　长江深水航道（南通—南京段）海运量预测　单位：万吨、万TEU

		2015年			2020年			2030~2040年		
		小计	上水	下水	小计	上水	下水	小计	上水	下水
江苏段	水运量	137000	100000	37000	168000	120000	48000	210000	140000	70000
	海运量	77000	59000	18000	99000	73000	26000	127000	91000	36000
二期工程	水运量	96000	70000	26000	118000	85000	33000	145000	100000	45000
	海运量	**55000**	**42000**	**13000**	**70000**	**52000**	**18000**	**88000**	**63500**	**24500**
二期工程海运量	1. 煤炭	18000	17000	1000	20500	19500	1000	22500	21500	1000
	2. 石油	3200	2560	640	4300	3420	880	6100	4650	1450
	其中：原油	700	700	0	900	900	0	1000	1000	0
	3. 金属矿石	11500	11500	0	14200	14200	0	16000	16000	0
	其中：铁矿石	11000	11000	0	13500	13500	0	15300	15300	0
	4. 其他	18400	8990	9410	25500	12130	13370	36000	17650	18350
	5. 集装箱重量	3900	1950	1950	5500	2750	2750	7400	3700	3700
	集装箱箱量	350	175	175	500	250	250	700	350	350

第三节　主要货类海运量预测

一、煤炭

　　长江江苏段的煤炭海运量以服务江苏沿江地区对煤炭的北方调入和外贸进口需求为主，同时还承担了为皖、赣、湘、鄂等地区的中转运输任务。2011年，长江深水航道（南通—南京段）完成煤炭海运量1.4亿吨，调入量为1.3亿吨。调入量中供应江苏省本地约1.08亿吨，供应长江中游地区2200万吨（其中，经江苏港口中转1600万吨，江海直达运输600万吨）。

1. 江苏省煤炭需求调运预测

江苏省煤炭需求预测。2011年，江苏省煤炭消费量约2.7亿吨（其中电煤1.73亿吨、其他工业用煤0.96亿吨），"十一五"期以来年均增长8.6%。

目前，江苏省已经进入工业化中后期，面临的资源和环境约束也日趋突出，尤其是江苏沿江地区转型升级步伐加快，将形成以服务经济为主的产业结构。因此，今后在合理控制能源总量前提下，优化能源结构，稳定发展煤炭、石油，推进发展核能，大力发展风能、太阳能和生物质能等可再生能源，煤炭在一次能源消费总量的比重将下降。根据能源规划，2015年江苏省一次能源消费总量控制在3.36亿吨标煤，万元GDP能耗由2010年的0.62吨标准煤下降至0.51吨标准煤（2010年不变价计算），其中煤炭消费占一次能源消费总量比重下降到68%；远期随着产业结构的调整、节能减排措施的实施和新能源的发展指标进一步下降。结合经济发展指标，考虑外来用电折算，综合预测2015年、2020年江苏省煤炭需求量分别为3亿吨、3.3亿吨。

从分行业煤炭消费来看，电力短缺已成为江苏省经济持续快速发展的瓶颈，核电、风电、太阳能等清洁能源是今后的发展方向，但江苏省的资源特征决定了火电的主体地位不会改变。江苏省未来电力装机仍将有所增长，同时为贯彻国家有关节能降耗、节能减排政策，电源结构进一步优化。沿海地区将利用资源优势，大力发展风电、核电、液化气发电和生物质能发电，有序布局火力发电；沿江地区火电发展将以现有布局基础上的提升和完善为主。

预计"十二五"和"十三五"期间江苏省火电装机容量还将增加2500万千瓦以上，其中1000万千瓦集中在沿江地区。电煤仍将是带动江苏沿江地区煤炭消费增长的主要动力，预测2015年、2020年火电装机分别达到7500万千瓦、8500万千瓦左右；电煤需求量分别为1.94亿吨、2.1亿吨。同时，重化工业的发展也拉动了工业用煤需求量的增长，预测2015年、2020年一般工业用煤需求量分别为1.05亿吨、1.19亿吨。

江苏省煤炭需求详见表5.12。

表5.12 江苏省煤炭需求构成表 单位：亿吨

	2005年	2011年	2015年	2020年
煤炭需求量	1.65	2.7	3	3.3
电煤	1	1.73	1.94	2.1
其他工业用煤	0.62	0.96	1.05	1.19
民用煤	0.03	0.01	0.01	0.01

江苏省煤炭调入方式预测。江苏省煤炭资源匮乏，产量维持在2200万吨左右，主要集中在苏北地区，因此江苏省每年需要从"三西"、安徽、甘肃、河南、山东等地大量调入煤炭以满足需求，这部分煤炭运输任务主要由水运和铁路承担。2011年江苏省从省外调入煤炭2.49亿吨，其中水运调入约2.05亿吨，铁路调入0.44亿吨。水运煤炭调入量中，海进江煤炭比重不断增加，2011年该部分运量达到1.58亿吨左右，较2005年增长2倍；占江苏省煤炭总需求的59%，较2005年比重增加了27个百分点。铁路来煤与2005年相比仅增长了约600万吨，主要通过京沪线、东陇海线和宁西铁路调入，其中山西、安徽、陕西三地煤炭调入占到80%。

今后，江苏省煤炭需求仍将保持较快增长，产量稳定在2000万吨，增量主要依靠省外调入解决。从调入方式来看，随着宁西铁路复线、陇海复线以及京沪高速铁路的建成，铁路调入煤炭量远期将增加。水运调入量中汉口下水煤炭及出川煤炭将减少，而浦口及裕溪口由于铁路能力增加下水煤炭将有所增加，总体长江煤炭下水量将趋于平稳；受淮北煤矿南移、产地消耗增长等因素的影响，运河煤炭下水量也将趋于平稳；由于新增火电装机大多在沿江临海地区，长江深水航道整治工程也为海船进江创造了良好的条件，海运煤炭调入仍将成为江苏省电煤调入的主要增长方式，近期以沿江为主，中远期随着煤电布局向沿海和苏北地区倾斜，电煤需求增长的重点向沿海转移。预测2015年、2020年江苏省海进江煤炭需求量分别将达到1.8亿吨、1.95亿吨；占江苏省需求总量的比重保持在60%。分运输方式调入量见表5.13。

表5.13　　　　　　　　江苏省海进江煤炭调入量预测　　　　　　单位：亿吨

	2005年	2011年	2015年	2020年
煤炭总需求	1.65	2.7	3	3.3
其中：海进江	0.53	1.58	1.8	1.95
比重	32%	59%	60%	60%

2. 长江中游地区海进江煤炭调运预测

2011年皖赣湘鄂地区共调入海进江煤炭3000万吨。其中，安徽沿江从秦皇岛等北方港口江海直达，或者外贸煤炭通过舟山等外海港口中转后江海直达调入的煤炭约600万吨；北方煤炭或者外贸煤炭经上海港中转调入皖赣湘鄂地区约400万吨；北方煤炭或者外贸煤炭经江苏沿江港口中转调入皖赣湘鄂地区约2000万吨。

今后，依托各自的煤炭资源禀赋和交通条件，安徽省煤炭自给为主，调入量主要是补充调出缺口，基本形成铁路、水运和公路共同承担的调入格局；赣、湘、鄂则形成了"北方铁路来煤为主，沿江水运调入为辅"的基本调入格局。同时，为适应煤炭季节性变化，提高煤炭供应保障度，长江中游地区均提出了"内稳外扩"的煤炭供应原则。即：稳定省内煤炭企业产量，开拓省外煤炭供应渠道，提升煤炭中转储备能力，实现煤炭来源多元化，运输通道多样化。

根据海进江煤炭合理服务范围的测算，可以看到在鄂湘赣地区铁路能力紧张时，海进江煤炭调入量毋庸置疑将成为最佳的煤炭补充方式之一；在铁路能力得到缓解时，海进江煤炭则充分发挥其运能大、操作灵活便捷、运输节能环保等优势，借助各省沿江应急储备基地的建设，衔接国内外煤炭市场，成为缓解各省季节性煤炭需求紧张，保障煤炭供应的重要补充渠道。

根据长江中游各省能源和铁路规划，预测2015年、2020年皖赣湘鄂地区共调入海进江煤炭分别为4800万吨、6500万吨。从具体的调运方式来看，12.5米深水航道延伸至南京，5万吨级的散货船可乘潮运至南京港。北方煤炭通过3万~5万吨级散货船运抵江苏沿江港口后转小船运至南京以上地区，效益明显优于5000～10000吨的散货船从北方港口江海直达南京以上地区。但考虑到外贸煤炭通过10万吨级以上散货船运抵舟山等外海港口后，换3000～5000吨散货船江海直达南京以上地区仍具有较强竞争力，因此预测皖赣湘鄂地区江海直达煤炭调入量呈稳步增长态势，2015年、2020年分别为900万吨、1100万吨。

此外考虑到上海港受资源容量的限制，为皖赣湘鄂地区中转的海进江煤炭运量将不会有较大增长。

因此，江苏沿江港口仍将在为皖赣湘鄂地区中转海进江煤炭运量中发挥重要作用，预测2015年、2020年分别为3500万吨、5000万吨。详见5.14。

表5.14　　　　皖、赣、湘、鄂海进江煤炭分港口调入预测　　　　单位：万吨

	2011年	2015年	2020年
皖赣湘鄂海进江煤炭合计	3000	4800	6500
海进江直达	600	900	1100
经上海港中转	400	400	400
经江苏港口中转	2000	3500	5000

3. 本次工程煤炭海运量预测

长江深水航道（南通—南京段）煤炭海运量主要包括两部分。

一是满足本航段内江苏沿江用煤企业海进江煤炭需求。根据江苏省海进江煤炭调入量预测，结合南通～南京段电力、钢铁等企业分布，预测该部分煤炭海进江调入量2015年、2020年分别为1.33亿吨、1.49亿吨。

二是满足长江中游地区海进江煤炭调入需求。根据长江中游地区海进江煤炭调运量预测，结合本航段大型公用煤炭码头布局，预测长江中游地区海进江煤炭江海直达量2015年、2020年分别为900万吨、1100万吨；经本航段内江苏港口中转量分别为2800万吨、3500万吨。

综合以上长江深水航道（南通—南京段）煤炭海运量调入需求分析，预测远期2030年煤炭需求仍有所增加，但增速放缓；同时考虑少量江出海煤炭，预测2015年、2020年和2030年长江深水航道（南通—南京段）煤炭海运量

分别为 1.8 亿吨、2.05 亿吨和 2.25 亿吨。其中海进江煤炭运量分别为 1.7 亿吨、1.95 亿吨和 2.15 亿吨。

二、石油及其制品

2011 年长江深水航道（南通—南京段）石油及制品海运量为 2873 万吨，其中原油 1314 万吨、成品油 878 万吨，液体化工 681 万吨。

1. 原油

长江沿线的原油运输主要以满足江苏及长江中上游地区石化企业需求为主。目前，长三角及长江沿线的原油运输基本形成以外贸进口原油为主，胜利原油为辅，国内海洋油和本地生产原油为补充的总体格局。其中，外贸进口原油一程接卸将由宁波—舟山港大榭、算山、册子、岙山的大型原油码头承担；二程运输主要由甬沪宁、仪长管线承担；南京港、青岛、上海等港口承担补充调运工作。此外，鲁宁管线承担胜利油田为长江沿线地区的原油输送任务；国内海洋油直达或经宁波—舟山、南京等港口二程中转。2011 年长三角及长江沿线地区调入外贸原油 7144 万吨，通过南京港海进江调入 1003 万吨。

腹地石化企业发展趋势分析。长三角和长江沿线地区是我国炼油工业的主要聚集区之一，目前拥有大型炼油企业 16 家，原油加工能力 10625 万吨，占全国的 21%。2011 年实际加工原油 9384 万吨，占全国原油加工总量的 21%；其中，沿海三大炼厂[①]加工能力 4950 万吨，完成加工量 4341 万吨；沿江炼厂[②]加工能力 5675 万吨，完成加工量 5044 万吨。

---

① 沿海炼厂：上海高桥、上海石化、镇海炼化。
② 沿江炼厂：金陵、扬子、安庆、九江、武汉、长岭、荆门、巴陵、扬州、清江、杭州、泰州、江苏油田炼厂。

根据国家能源局油气规划，我国未来将形成规模超过3000万吨/年的四个超大型炼油基地，其中有三个集中在长江三角洲地区，分别是宁波、上海和南京。同时，未来该地区乙烯工业发展的空间也非常大。截至2011年末，本区域乙烯生产能力约达420万吨，约占全国的28%。而扬巴乙烯扩能项目（15万吨扩能改造）、武汉新增乙烯项目（新增80万吨）正在建设中，预计将于近两年投产。而赛科、上海石化、扬子等在内的多家企业也提出新一轮乙烯扩能计划，配套乙烯扩能增加炼油能力将成为该地区未来炼油工业发展的重要途径。

基于长江三角洲和长江沿线区域规模庞大的成品油消费市场和雄厚的化学工业基础，未来该地区仍将是我国炼油能力增长的重点区域。根据我国炼油工业相关规划及中石化"十二五"规划，预测2015年、2020年长江三角洲和长江沿线地区炼油能力分别达到1.6亿吨、1.7亿吨，加工量分别达到1.4亿吨、1.5亿吨，外贸进口原油1.2亿吨、1.3亿吨。其中，长江沿线炼厂的炼油能力将分别达到7200万吨、8000万吨，加工量达到6500万吨、7400万吨，外贸进口原油5400万吨、6400万吨。

腹地原油运输格局分析。随着日照—仪征原油管道的建设，长三角及长江沿线地区的原油运输格局将出现新的变化：外贸进口原油一程接卸将由宁波—舟山港、日照港等共同承担，二程运输主要由甬沪宁管线、日照—仪征、仪征—长岭和仪征—九江管线承担；此外，鲁宁管线承担胜利油田为长江沿线地区的原油输送任务。其中：

①甬沪宁管线年输送能力达4300万吨，输送至南京地区2000万吨，主要满足金陵、扬子两家炼厂所需。

②鲁宁管道年输油能力为2000万吨，外贸原油经青岛港上岸并接入鲁宁管道与胜利原油混输进入长江沿线，建成至今已运行30年，实际输油能力随着该管道的老化已有所下降，同时随着沿线的河南、山东等地炼厂规模的增加，预计调入长江沿线的运量将保持在1000万吨左右。

③日照—仪征管道将于2012建成，输油设计能力2000万吨（最大输送能力可达3600万吨），首期码头配套工程日照港30万吨级原油接卸泊位将于

同期建成投产，码头接卸能力为2000万吨；预留第二接卸点能力，适时启动建设。

④甬沪宁管线、鲁宁管道和日照—仪征管道在南京地区与沿江管道仪（征）长（岭）线相连，满足长江中上游地区的炼油需求，仪长线能力为2700万吨，石化部门拟建设仪征—安庆—九江管线，能力2000万吨，管道能力缺口部分还可通过南京港水水中转、管水联运补充满足。

综上所述，甬沪宁（至南京地区）、日照—仪征管线调入外贸原油能力可达到5600万吨，鲁宁管线调入胜利油为1000万吨，可以基本满足南京及以上地区石化企业的原油区外调入需要，因此南京港为上游五家炼厂二程水水中转外贸进口原油的功能将逐步减弱，并为海管联运所替代。但考虑到管线能力、服务范围及海上平台原油进江等因素，仍会保留部分海进江原油作为补充。预测2015、2020和2030年海进江原油运输量分别为700万吨、900万吨和1000万吨。

2. 成品油及其他化工品

江苏沿江地区是我国石油化工的重要聚集区，同时也是成品油和化工品需求及运输、贸易、仓储物流等活动最旺盛的地区。依托纺织、医药、轻工等支柱产业的需求，江苏沿江地区已形成了以南京炼油、乙烯为龙头，沿江各市门类齐全的精细化工为基础的体系完备的产业链结构。化工产业发展十分迅速，并推动该地区相关产品运输需求快速增长。2011年长江深水航道（南通—南京段）完成成品油和其他化工品达到1459万吨，较2002年增长了10倍。

长三角在我国成品油运输系统中处于递推地区，自身成品油产量大，供需基本平衡略有缺口，同时该地区也受到了来自中石油的北方南下油品及外贸进口成品油的冲击，本地生产的成品油很大一部分需南下运往华南地区或沿长江运往长江中上游地区，因此，该地区的成品油运输活跃，流向相对较为复杂。2011年长江深水航道（南通—南京段）成品油运量约为1314万吨，进江运量是出江运量的2.7倍。海进江成品油大多来自环渤海地区港口，主要为中石油在长三角地区销售的油品；外贸进口约占16%，以日本、韩国、新加坡和中国台湾等近洋地区进口的燃料油为主；江出海成品油主要是中石化销往福建、广东等地区的转运量。

南京地区的大炼厂上下游一体化发展为该地区提供了大量的基础化工原料，部分产品还可供出口。同时，沿江地区规模庞大的化工下游产业对化工原料的需求与日俱增，本地产量远不能满足需要，还需大量进口。此外，伴随着化工工业的发展，该地区的化工品贸易、储运渐成规模，直接助推了港口化工品运输量的增长。主要的液体化工品有苯乙烯、对二甲苯、乙二醇、甲醇、烧碱、醋酸等。2011年长江深水航道（南通—南京段）完成液体化工品运量约为618万吨，海进江和江出海的比例约为3.6∶1。其中海进江运量中外贸进口占30%，江出海运量内外贸较为平均。外贸进口液体化工品约50%来自日本、韩国、新加坡和中国台湾等近洋地区，其余主要来自欧美、中东、俄罗斯、澳大利亚等国家；内贸进口主要来自环渤海地区；出江运量主要流向环渤海地区和福建、广东沿海地区。

未来江苏沿江地区经济的快速发展将促进交通量的增长，家庭轿车的普及，机场规模的扩大，航线、航班密度的提高以及船舶数量的增加，各种交通工具对成油品的需求将会越来越大。同时，根据成品油运输特性、各港口油品运输岸线资源评价及现有成品油泊位、大型储罐分布情况，未来江苏沿江地区将以南京港、镇江港、江阴港和南通港为主开展成品油储运中转业务。预计未来十年将保持10%以上的增速，之后增速逐步放缓。预测2015、2020和2030年长江深水航道（南通—南京段）成品油运量达到1500万吨、2000万吨和3100万吨，仍将维持目前这种中石油北油南销、中石化华东油品南下补充的格局，同时受船舶用油的快速增长，燃料油调入量也将增长较快。

化工品运输与港口后方化工产业的发展程度息息相关，目前江苏沿江地区化工产业发展迅速，并呈现石化产业一体化、产品错位发展以及产业向园区集中的发展格局。沿江石化产业的布局将会拉动石油液体化工品需求的快速增长，同时也有大量本地区石化企业的产品销往国内外市场。因此，依托后方化工园区的强大需求及保税物流政策优势，江苏沿江港口将形成以苏州港张家港港区和江阴港联合的化工品运输的中转、贸易及储运基地,其他各港服务后方化工产业为方向的化工品运输格局。预测2015、2020和2030年长江深水航道(南通—南京段)液体化工品运量达到1000万吨、1400万吨和2000万吨,主要进口来源为国内沿海、东南亚、东亚、中东、俄罗斯、澳大利亚、南美洲,以直达运输为主;主要出口市场为我国华南和东北地区、欧洲和北美地区。

综上所述,今后江苏省沿江地区成品油及其他化工品海运量将继续保持快速增长态势,取代原油成为海进江石油及制品的主要构成。预测长江深水航道(南通—南京段)2015、2020和2030年原油及制品海运量达到3200万吨、4300万吨和6100万吨。

三、金属矿石

长江江苏段深水航道承担的金属矿石运量主要是满足江苏沿江及长江中上游地区冶金企业的生产需求。运量包括江内外贸直达及外海一程接卸后的江内二程中转量,该部分运输是长江矿石运输系统的重要组成部分之一。2011年长江深水航道(南通—南京段)完成金属矿石海运量11102万吨。其中江内外贸直达铁矿石2243万吨,接卸二程铁矿石8016万吨,其他矿石842万吨。

腹地钢铁企业外贸铁矿石需求分析。长江三角洲及长江沿线地区是冶金企业布局的热点地区,分布着宝钢、武钢、马钢等一批大型国有钢铁企业,近几年沙钢等一批民营钢铁企业也迅速发展起来,已成为外贸进口铁矿石的主要消费地。2011年该地区铁产量达到1.7亿吨,外贸进口铁矿石约为2.1亿吨。随着国家4万亿投资和"十大产业振兴规划"实施以及苏北、长江中西部地区开发步伐加快,钢铁产业作为国民经济发展的基础原材料产业,仍将保持稳定发展态势。今后,钢铁产业将通过联合重组发展大型和特大型钢铁集团，淘汰落后产能，进行产业布局调整为主，提高产业集中度。沿江地区作为重化工业密集带，钢铁产能还将会有所发展，扩能带来的铁矿石需求主要由外贸进口满足。预测2015年、2020年该地区的铁产量（不包括连云港钢厂）分别为1.8、2.0亿吨，需外贸进口铁矿石分别为2.3、2.7亿吨。

腹地外贸铁矿石运输趋势分析。为满足腹地快速增长的外贸铁矿石需求，根据长江三角洲地区铁矿石运输系统论证结果，未来该地区外贸进口铁矿石需求主要通过以下四种运输模式完成：①外海一程接卸量，即通过20万吨级以上的大型船舶直达长江口外的大型铁矿石码头接卸，预测2015年、2020年该部分需求量将达到1.05亿吨、1.4亿吨；②江内接卸减载直达量，即随着长江口-12.5米水深航道整治工程的完工，上海港宝钢和罗泾、南通港、苏州港太仓和沙钢的大型矿石码头承担的10万～20万吨船舶减载直达进江的比重将逐步增加，预测2015年、2020年该部分需求量分别为9500万吨、11000万吨；③江内小船直达量，即部分从印度等进口的铁矿石通过5万～8万吨级船舶直达长江下游等港口，该部分运量随着大码头规模效应发挥逐步降低，预测2015年、2020年该部分需求量分别为1500万吨、1000万吨；④区外港口调入量，即由于湖南铁路沿线地区钢厂由湛江港调入铁矿石较长三角港口运距短，同时考虑到货主运输习惯性、安全性，区外港口将分流部分铁矿石运量，预测2015年、2020年该部分运量分为1500万吨、1000万吨。

运量预测。根据以上分析，长江深水航道（南通—南京段）主要承担的运量为：一是经宁波—舟山一程接卸中转至江内的运量，预测2015年、2020年该部分运量分别为8100万吨、9500万吨；二是江内接卸减载直达量，主要为苏州港张家港港区大型矿石码头承担的10万～20万吨船舶减载直达进江量，预测2015年、2020年该部分需求量分别为1500万吨、2500万吨；三是小船外贸直达量预测2015年、2020年该部分需求量分别为1400万吨、1500万吨。

综合考虑其他金属矿石，预测2015年、2020年和2030年长江深水航道（南通—南京段）金属矿石吞吐量分别为1.15亿吨、1.42亿吨和1.6亿吨。

四、集装箱

长江江苏段深水航道集装箱运量主要包括江苏沿江及长江中上游港口国际航线、沿海内支线、沿海内贸航线以及与洋山支线集装箱运输量。2011年长江深水航道（南通—南京段）集装箱海运量217万TEU，2000年以来年均增速达到31%，其中国际航线14万TEU，江海支线123万TEU，内贸航线80万TEU。

1. 外贸航线集装箱运量预测

外贸集装箱生成量现状。腹地（江苏省及中上游五省市）外贸集装箱生成量"十五"和"十一五"期间年均增长率分别达24%和11%。受国际金融危机影响，2009年外贸集装箱生成量较2008年出现了10%左右的下滑。进入2010年以来，腹地各省市外贸进出口复苏势头强劲，全年外贸进出口额同比增长超过30%，外贸集装箱生成量同比增长约20%。2011年腹地外贸集装箱生成量达到1500万TEU，其中江苏省生成量为1200万TEU，占80%，而苏州市又占到江苏省生成量的50%左右。

外贸集装箱生成量预测。外贸集装箱生成量与对外贸易的规模、商品结构和进出口平衡性直接相关。从中长期来看，随着世界经济和贸易的增长，我国外贸出口将总体保持增长的发展趋势；由于预计近期外需将经历一个比较缓慢的复苏过程，今后一段时间腹地外贸进出口增速将会明显放缓。另一方面，由于产业结构调整和产业转移继续加快，进出口商品结构不断优化，集装箱生成系数也将随之逐步降低。

预测2015年、2020年腹地外贸进出口额分别达到10500亿美元、15500亿美元；腹地适箱货比例为88%~90%，其中航空运输方式所占金额比重逐步提高，远期达到50%以上；外贸适箱货的箱化率为85%~90%；腹地集装箱重箱平均载货量约在9吨/TEU左右波动；集装箱重箱比例基本维持在75%~78%左右，集装箱生成系数由目前的0.2万TEU/亿美元逐渐下降到2015年的0.19万TEU/亿美元、2020年的0.17万TEU/亿美元。

外贸集装箱生成量预测结果。运用多因素动态生成系数法，预测2015、2020年腹地外贸集装箱生成量分别为2000万TEU、2600万TEU，详见表5.15。

表5.15　　　江苏省及长江中上游外贸集装箱生成量地区分布　　　单位：万TEU

	2011年实际	2015年预测	2020年预测
生成量总计	1500	2000	2600
江苏省	1200	1500	1800
其中：苏州市	600	700	800
中上游五省一市	300	500	800

外贸集装箱的运量预测。根据长江三角洲集装箱港口布局规划，我们以2015年、2020年腹地集装箱生成量预测为基础，采用运输系统网络模型，通过比较各种可能的运输组织方式的网络总费用，分析集装箱运输网络各节点的分工，预测各种运输方式的发展水平，确定江苏省沿江港口在运输网络中的发展优势和未来发展规模。

本次配流考虑到腹地外贸集装箱生成量绝大部分集中在江苏省，且长江中上游地区外贸集装箱运输组织较为复杂，进出口口岸众多，而江苏省港口未来绝大部分箱源仍将来自于江苏本省，因此本次系统论证仅对江苏省外贸集装箱生成量进行网络配流分析，中上游地区在定性分析的基础上，确定其运输路径及其运输量。经计算机对2015年和2020年的货流模式进行模拟，腹地外贸集装箱配流结果见表5.16。

表5.16　　　江苏省外贸集装箱生成量网络优化结果　　　单位：万TEU

	2011年实际	2015年配流结果	2020年配流结果
江苏省外贸集装箱生成量	1200	1500	1800
（1）腹地外港口分流	20	50	70
（2）长江三角洲地区港口	1180	1450	1730
其中：上海港	950	1100	1150
宁波—舟山港	50	70	100
江苏沿海港口	150	190	250
苏州港	22	65	180
江苏其他沿江港口	8	25	50

2. 内贸航线集装箱运量预测

长三角地区是我国沿海港口集装箱运输起步之地，是目前集装箱运输发展最为成熟、最为活跃的地区之一。长江三角洲各港正凭借着信息健全、交通网畅通和雄厚的技术实力，成为全国内贸集装箱物流的主要集聚地。2011年江苏省及长江中上游地区的内贸集装箱水运量约450万TEU，流向主要为长江沿线与华南等地区之间的物资交流：从长江南下的货物为粮食、机电产品、化工原料等；北上的货源主要为建材、配件、轻工、食品等。随着江苏沿江地区港口的快速发展，江苏沿江地区的内贸水运量也由原来的主要通过上海港中转逐步发展为直接开辟我国南北内贸航线，2011年江苏省沿江港口直达箱量约占总水量的40%。

在今后相当长的时期内，新一轮消费结构升级将成为我国经济中长期增长的主导力量，扩大内需将成为国家制定宏观经济政策的重要目标之一，我国国内消费需求将持续稳步增长；此外，水运在节能减排、低碳交通中的优势也会得到更多重视，从而为内贸集装箱运输市场发展提供良好机遇。未来随着长江流域区域经济协调发展，地区产业结构的调整及地区间的分工与协作加强，地区间物资交流将不断增加，江苏沿江港口的发展和区域消费品集散中心的发展为内贸集装箱运输提供了良好的条件，内贸集装箱水运量也将随之不断增长。预测2015年、2020年江苏省及长江中上游地区的内贸集装箱水运量将达到600万TEU、900万TEU。

3. 长江深水航道（南通—南京段）集装箱运量预测

国际航线。根据以上对江苏省外贸集装箱的配流分析，同时考虑到苏州港濒临长江口，通江达海，具有作为江苏沿江地区和长江中上游地区集装箱枢纽的优越条件，可吸引部分中上游地区外贸集装箱在此中转，综合预测长江深水航道（南通—南京段）国际航线集装箱运量2015年、2020年和2030年分别为35万TEU、70万TEU和130万TEU。

沿海支线（包括到洋山的支线）。沿江地区内支线运输将有较大的发展空间，特别是上海港洋山港区建成以后，作为一种比较方便和经济的运输方式，洋山江海支线运输发展非常迅速，苏州、南京、江阴、南通、镇江等港口相继开通了洋山江海支线，2011年洋山江海支线运量已经达到175万TEU。长江中上游的武汉、芜湖、九江等港口也开辟了少量的洋山支线，未来长江中上游地区港口的洋山支线还将有所发展。预测2015年、2020年和2030年长江深水航道（南通—南京段）江海支线运量将分别达到200万TEU、250万TEU和320万TEU。

内贸航线。目前，腹地内与南北沿海地区内贸水运量中，江苏沿江港口直达运量约占38%，近年来比重逐年增加。内贸直达航线主要集中在苏州、南京、江阴等港口。随着内贸集装箱水运量稳步增长，直达运输比重也将继续提高，苏州、南京、江阴、南通等城市是江苏省内贸集装箱生成量较大的地区，未来内贸集装箱直达运量仍将主要集中在上述四港，其中苏州港太仓港区有望发展成为江苏沿江内贸集装箱运输的枢纽型港口。预测2015年、2020年和2030年长江深水航道（南通—南京段）内贸航线集装箱运量将分别达到115万TEU、180万TEU和250万TEU。

未来长江沿线地区外向型经济将继续朝着"多层次、全方位、宽领域"方向发展，着力打造先进制造业基地，同时加强与国内其他地区的经济协作和交流。集装箱将成为长江口运量中增长最快的货种。综上所述，预测2015年、2020年和2030年长江深水航道（南通—南京段）集装箱运量将分别达到350万TEU、500万TEU和700万TEU。

表5.17　　　　长江深水航道（南通—南京段）集装箱运量预测　　　单位：万TEU

	2011年	2015年	2020年	2030年
集装箱总运量	217	350	500	700
1. 国际航线	14	35	70	130
2. 江海支线	123	200	250	320
3. 内贸航线	80	115	180	250

第四节　货流密度预测

预测未来长江深水航道（南通—南京段）海运量将主要集中在苏州张家港、南京、江阴、泰州等港口，其他沿江港口海运量也将有较大提高。预测2015年、2020年和2030年长江深水航道（南通—南京段）海运量货流密度将分别是2011年的1.3倍、1.6倍和2倍，其中南通—张家港、张家港—江阴、江阴—镇江、镇江—南京四个航段货流密度比2015年为3.3∶2.3∶1.4∶1，2020年为3.4∶2.4∶1.5∶1，2030年为3.4∶2.5∶1.5∶1，密度差距保持稳定略增。

今后，上水货流密度仍大大高于下水货流密度，但随着港区后方钢铁、木材、化工品、煤炭等特色物流中心的发展，下水海运量的增速将高于上水海运量，预测到2015年、2020年和2030年最大断面上下水货流密度比缩小到3.3倍、2.9倍和2.6倍。

预测上水货物主要为煤炭、铁矿石、石油等大宗能源原材料以及木材、粮食和集装箱等。能源原材料运量较为密集的区段主要与相关行业的厂矿分布相关。其中：煤炭在苏州张家港、江阴、泰州、南京、镇江均有较大数量接卸，五港接卸占70%左右；原油绝大部分由南京港接卸；铁矿石接卸绝大部分集中在苏州张家港、南京、镇江港。

下水货物以非金属矿石、水泥、化肥等散杂货和集装箱为主，其中集装箱主要集中在镇江—南京段。长江深水航道（南通—南京段）海运量货流密度预测见表5.18、表5.19、表5.20。

表5.18　　　2015年（南通—南京段）海运量货流密度预测　　单位：万吨、万TEU

	流向	货物合计	1.煤炭	2.石油及制品	其中：原油	3.金属矿石	其中：铁矿石	4.其他	5.集装箱重量	集装箱箱量
南通—张家港	上水	42000	17000	2560	700	11500	11000	8990	1950	175
	下水	13000	1000	640	0	0	0	9410	1950	175
张家港—江阴	上水	29200	13300	2260	700	7100	6600	5140	1400	125
	下水	8200	600	630	0	0	0	5570	1400	125
江阴—镇江	上水	17600	7800	1410	500	5000	4700	2390	1000	93
	下水	5900	200	400	0	0	0	4300	1000	92
镇江—南京	上水	12200	5700	1210	500	2850	2600	1630	810	75
	下水	4300	0	300	0	0	0	3180	820	75

表5.19　　　2020年（南通—南京段）海运量货流密度预测　　单位：万吨、万TEU

	流向	货物合计	1.煤炭	2.石油及制品	其中：原油	3.金属矿石	其中：铁矿石	4.其他	5.集装箱重量	集装箱箱量
南通—张家港	上水	52000	19500	3420	900	14200	13500	12130	2750	250
	下水	18000	1000	880	0	0	0	13370	2750	250
张家港—江阴	上水	36700	15300	3070	900	8300	7600	8030	2000	183
	下水	12800	600	850	0	0	0	9380	1970	182
江阴—镇江	上水	21900	8600	1850	700	5700	5300	4250	1500	138
	下水	8600	200	520	0	0	0	6385	1495	137
镇江—南京	上水	14900	6100	1600	700	3500	3200	2460	1240	113
	下水	5800	0	370	0	0	0	4195	1235	112

表5.20　　　2030年（南通—南京段）海运量货流密度预测　　单位：万吨、万TEU

	流向	货物合计	1.煤炭	2.石油及制品	其中：原油	3.金属矿石	其中：铁矿石	4.其他	5.集装箱重量	集装箱箱量
南通—张家港	上水	63500	21500	4650	1000	16000	15300	17650	3700	350
	下水	24500	1000	1450	0	0	0	18350	3700	350
张家港—江阴	上水	46000	17100	4000	1000	9600	8900	12600	2700	260
	下水	19000	600	1400	0	0	0	14300	2700	260
江阴—镇江	上水	27500	9600	2200	800	6700	6300	7000	2000	200
	下水	12500	200	850	0	0	0	9450	2000	200
镇江—南京	上水	18500	6800	1900	800	4500	4200	3620	1680	170
	下水	7500	0	650	0	0	0	5150	1700	170

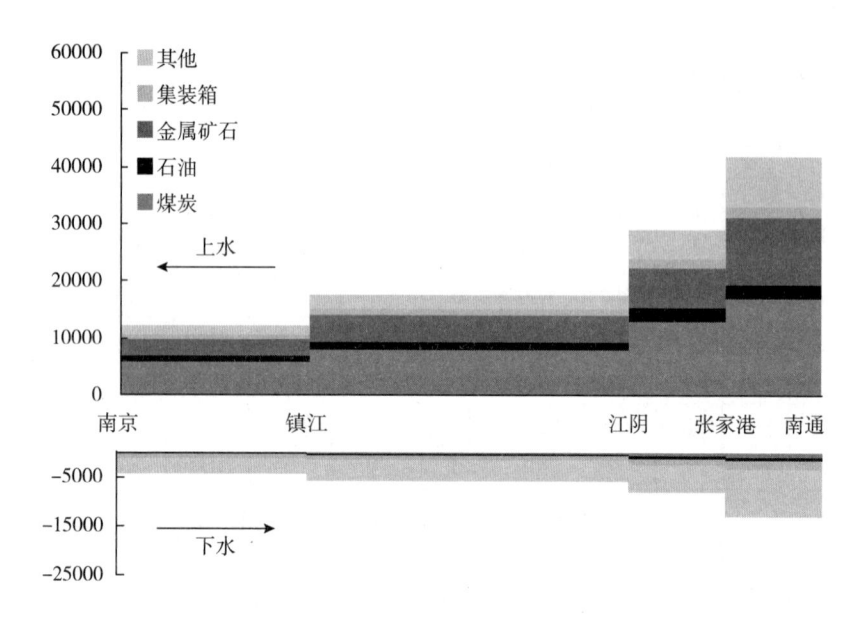

图 5.6　2015 年长江深水航道（南通—南京段）海运量货流密度图

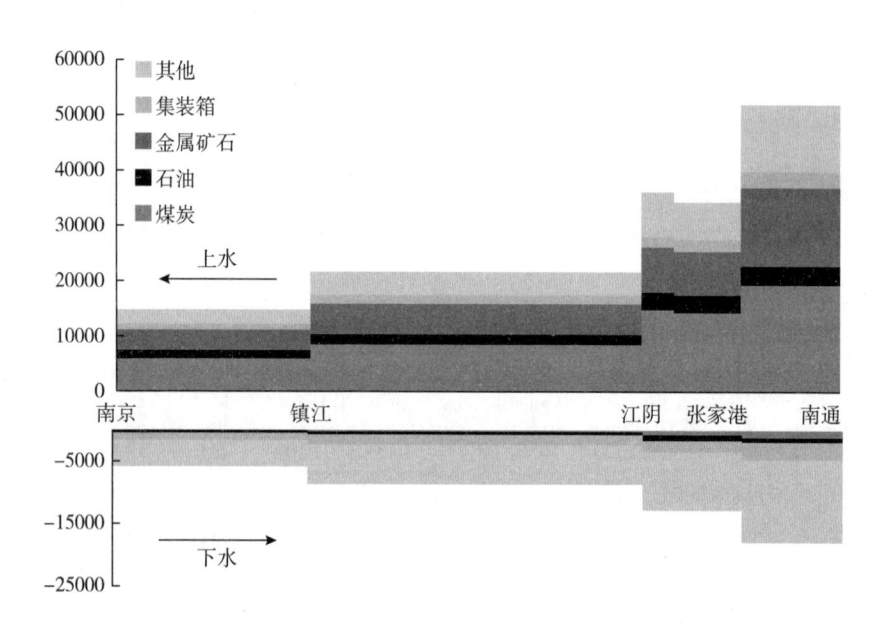

图 5.7　2020 年长江深水航道（南通—南京段）海运量货流密度图

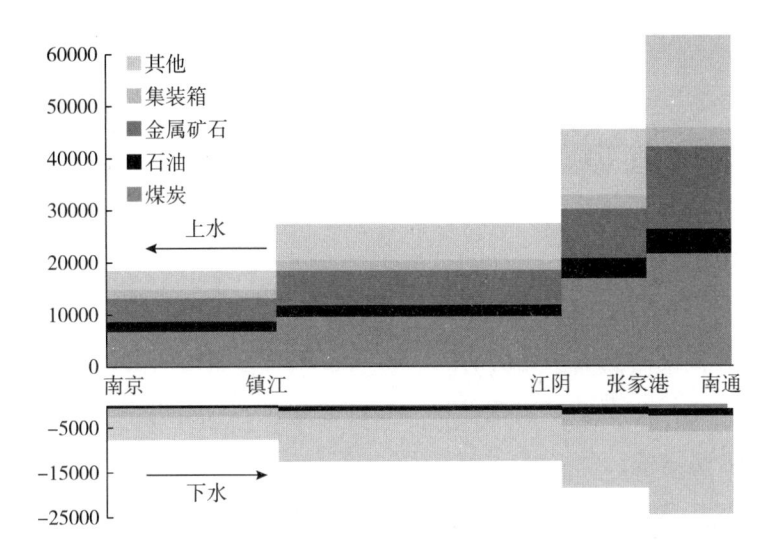

图 5.8　2030 年长江深水航道（南通—南京段）海运量货流密度图

第五节　重点工程区段海运量预测

长江深水航道（南通—南京段）碍航浅区集中在仪征水道（世业洲）、和畅洲、口岸直（落成洲和鳗鱼沙）及福姜沙河段内，根据工程施工方案，本文选取四个工程航段进行上下断面的海运量和船舶流量预测。

各工程航段的海运量包括两部分：一为满足本航段内港口运输需求产生的海运量；二为满足本航段以上港口运输需求产生的过境海运量。本文中各港区未来新建码头能力估算主要从资源角度分析，未考虑具体的产业、环保和海事等方面的要求。

一、仪征水道工程航段

仪征水道工程航段上起三江口，下至瓜州。航段内北岸为扬州港仪征港区，南岸为镇江港高资、龙门港区。2011年该工程航段内港口产生的海运量约为700万吨，主要满足高资电厂海进江煤炭和扬州化学工业园区原材料、产成品的调运需求；过境海运量约为1.2亿吨，主要为三江口以上港口运输需求产生的过境海运量。结合腹地主要货类运输系统论证结论和各港区功能定位，该航段内港口产生的海运量趋势如下：

——扬州港仪征港区以石油及制品、液体化工品和散、杂货运输为主，主要为仪征市经济发展和临港工业开发服务，兼有部分石油及制品和液体化工品的中转、储存功能。目前拥有3万吨级以上泊位1个，通过能力近200万吨。根据岸线资源情况，仪征港区仍可建设3万吨级以上泊位5个以上，新增通过能力800万吨，主要以液体化工码头和件杂货为主。

——镇江港龙门港区主要承担集装箱、钢材、木材、杂货运输，兼顾旅客运输，港口支持系统及船舶工业区的综合性港区。目前拥有3万吨级以上泊位3个，通过能力550万吨。根据岸线资源情况，龙门港区仍可建设3万吨级以上泊位8个以上，新增通过能力1600万吨，主要以件杂货为主。

——镇江港高资港区主要承担煤炭、水泥等散货及石油、液体化工、建材运输，以临港工业开发为主，相应发展部分公用作业区的港区。目前拥有3万吨级以上泊位6个，通过能力1465万吨。镇江港作为江苏省6个煤炭中转储备基地之一，煤炭中转储运规模将达到2500万吨。随着句容电厂和国华煤炭储备基地的建设，镇江港的煤炭中转运输将逐步向高资电厂转移。根据岸线资源情况，高资港区仍可建设3万吨级以上泊位8个以上，新增通过能力3000万吨，主要以散货、杂货为主。

综合以上航段内各港口产生海运量趋势，预测2015年、2020年和

2030～2040年该航段上断面海运量分别为1.4亿吨、1.8亿吨和2.2亿吨,下断面海运量分别为1.6亿吨、2.1亿吨和2.7亿吨。

表5.21　　　　仪征水道工程航段上下断面海运量预测　　单位：万吨、万TEU

	2011年		2015年		2020年		2030～2040年	
	上水	下水	上水	下水	上水	下水	上水	下水
上断面海运量合计	8406	3642	10000	4000	12400	5100	15500	6500
1. 煤炭	3455	10	3900	0	4300	0	5000	0
2. 石油	1455	237	1160	300	1500	370	1800	650
其中：原油	1004	52	500	0	700	0	800	0
3. 金属矿石	2474	39	2850	0	3500	0	4500	0
其中：铁矿石	2226	4	2600	0	3200	0	4200	0
4. 其他	683	2805	1360	2970	1950	3575	2620	4250
5. 集装箱重量	338	551	730	730	1150	1155	1580	1600
集装箱箱量	31	46	68	67	105	105	160	160
下断面海运量合计	9056	3692	11900	4300	15100	5800	18700	7800
1. 煤炭	3855	10	5400	0	6200	0	7000	0
2. 石油	1579	240	1360	350	1750	470	2050	800
其中：原油	1004	52	500	0	700	0	800	0
3. 金属矿石	2474	39	2850	0	3500	0	4500	0
其中：铁矿石	2226	4	2600	0	3200	0	4200	0
4. 其他	810	2852	1560	3220	2500	4175	3570	5400
5. 集装箱重量	338	551	730	730	1150	1155	1580	1600
集装箱箱量	31	46	68	67	105	105	160	160

二、和畅洲工程航段

和畅洲工程航段上起新民洲,下至五峰山。航段内南岸为镇江港谏壁、大港和老港港区。2011年该工程航段内港口产生的海运量约为3541万吨,主要满足谏壁电厂海进江煤炭和大港港区公用码头金属矿石、集装箱等货物海运需求；过境海运量约为 1.5 亿吨，主要为新民洲以上港口运输需求产生的过境海运量。结合腹地主要货类运输系统论证结论和各港区功能定位，该航段内港口产生的海运量趋势如下。

——镇江港老港港区将根据城市总体规划逐步调整为城市生活和旅游客运服务功能。

——镇江港谏壁港区调整为主要承担煤炭、石油化工、粮食等物资运输，为临港工业开发服务的港区。目前拥有 3 万吨级以上泊位 4 个，通过能力 1060 万吨。根据岸线资源情况，谏壁港区仍可建设 3 万吨级以上泊位 5 个以上，新增通过能力 1000 万吨，主要以件杂货、石油化工为主。

——镇江港大港港区调整为主要承担集装箱、金属矿石及其他散杂货运输的综合性港区。目前拥有 3 万吨级以上泊位 6 个，通过能力 600 万吨，镇江港承担的金属矿石和集装箱海运量基本集中在该港区，今后逐渐以集装箱运输为主，大宗散货逐步向高资和高桥港区转移。

综合以上航段内各港口产生海运量趋势，预测 2015 年、2020 年和 2030~2040 年该航段上断面海运量分别为 1.9 亿吨、2.4 亿吨和 3 亿吨，下断面海运量分别为 2.3 亿吨、2.9 亿吨和 3.5 亿吨。

表5.22　　　　　和畅洲工程航段上下断面海运量预测　　　单位：万吨、万TEU

	2011 年		2015 年		2020 年		2030~2040 年	
	上水	下水	上水	下水	上水	下水	上水	下水
上断面海运量合计	10971	3894	14000	4500	17400	6300	21500	8500
1. 煤炭	5547	10	7200	0	8000	0	8800	0
2. 石油	1579	240	1360	350	1750	470	2050	800
其中：原油	1004	52	500	0	700	0	800	0
3. 金属矿石	2554	39	2850	0	3500	0	4500	0
其中：铁矿石	2305	4	2600	0	3200	0	4200	0
4. 其他	917	2961	1780	3330	2910	4595	4470	6000
5. 集装箱重量	374	645	810	820	1240	1235	1680	1700
集装箱箱量	35	53	75	75	113	112	170	170

续表

	2011年		2015年		2020年		2030~2040年	
	上水	下水	上水	下水	上水	下水	上水	下水
下断面海运量合计	13986	4419	17100	5400	20400	7800	24500	10000
1. 煤炭	6102	56	7800	200	8600	200	9400	200
2. 石油	1645	302	1410	400	1800	520	2100	850
其中：原油	1004	52	500	0	700	0	800	0
3. 金属矿石	4465	41	4900	0	5200	0	5500	0
其中：铁矿石	4165	6	4600	0	4800	0	5100	0
4. 其他	1311	3206	2030	3830	3360	5645	5570	7000
5. 集装箱重量	463	814	960	970	1440	1435	1930	1950
集装箱箱量	42	62	90	90	133	132	195	195

三、口岸直工程航段

口岸直工程航段上起五峰山，下至褚港。航段内北岸为扬州港江都港区、泰州港高港和泰兴港区，南岸为镇江港扬中港区。2011年该工程航段内港口产生的海运量约为1500万吨，主要满足泰州电厂海进江煤炭和高港港区公用码头油品、金属矿石、件杂货等货物海运需求；过境海运量约为1.8亿吨，主要为五峰山以上港口运输需求产生的过境海运量。结合腹地主要货类运输系统论证结论和各港区功能定位，该航段内港口产生的海运量趋势如下。

——扬州港江都港区以大宗散货和件杂货运输为主，主要为江都市经济发展和临港产业开发服务。目前拥有3万吨级以上泊位5个，通过能力1020万吨。根据规划，江都港区仍可建设3万吨级以上泊位25个，新增通过能力3450万吨，主要以散货、杂货、通用为主。

——泰州港高港港区是为地区经济社会发展服务的综合性港区，主要以城市经济和人民生活所需的散货、杂货和集装箱运输为主。高港港区将拓展港口物流、保税、商贸等功能，打造成为泰州港核心港区。目前拥有3万吨级以上泊位8个，通过能力2310万吨。根据岸线资源情况，高港港区仍可建设3万吨级以上泊位20个以上，新增通过能力6000万吨，主要以件杂货、集装箱、散货为主。

——泰州港泰兴港区是泰州港的专业化液体化工港区，主要为泰兴经济开发区服务，以化工品运输为主，兼顾部分散货和杂货运输。目前拥有3万吨级以上泊位4个，通过能力900万吨。根据岸线资源情况，泰兴港区仍可建设3万吨级以上泊位10个以上，新增通过能力2000万吨，主要以件杂货为主。

——镇江港扬中港区主要是为扬中市临港工业开发和物流业发展服务的综合性港区。目前拥有3万吨级以上泊位4个，通过能力830万吨。根据岸线资源情况，扬中港区仍可建设3万吨级以上泊位30个以上，新增通过能力3700万吨，主要以液体化工码头、件杂货和散货为主。

综合以上航段内各港口产生海运量趋势，预测2015年、2020年和2030~2040年该航段上断面海运量分别为2.3亿吨、2.9亿吨和3.7亿吨，下断面海运量分别为2.5亿吨、3.2亿吨和4.2亿吨。

表5.23　　　　口岸直工程航段上下断面海运量预测　　单位：万吨、万TEU

	2011年		2015年		2020年		2030~2040年	
	上水	下水	上水	下水	上水	下水	上水	下水
上断面海运量合计	13986	4419	17100	5400	20800	7900	26000	10500
1.煤炭	6102	56	7800	200	8600	200	9600	200
2.石油	1645	302	1410	400	1820	520	2150	850
其中：原油	1004	52	500	0	700	0	800	0
3.金属矿石	4465	41	4900	0	5400	0	6200	0
其中：铁矿石	4165	6	4600	0	5000	0	5800	0
4.其他	1311	3206	2030	3830	3540	5745	6120	7500
5.集装箱重量	463	814	960	970	1440	1435	1930	1950
集装箱箱量	42	62	90	90	133	132	195	195

续表

	2011年		2015年		2020年		2030~2040年	
	上水	下水	上水	下水	上水	下水	上水	下水
下断面海运量合计	15295	4610	18850	6050	23200	8900	29300	13100
1. 煤炭	6644	86	8500	300	9400	300	10600	300
2. 石油	1831	309	1610	410	2100	550	2600	900
其中：原油	1189	52	700	0	900	0	1000	0
3. 金属矿石	4746	41	5200	0	5900	0	6900	0
其中：铁矿石	4402	6	4900	0	5500	0	6500	0
4. 其他	1611	3360	2580	4370	4360	6615	7270	9950
5. 集装箱重量	463	814	960	970	1440	1435	1930	1950
集装箱箱量	42	62	90	90	133	132	195	195

四、福姜沙工程航段

福姜沙工程航段上起鹅鼻嘴，下至段山港。工程航段内主要包括福北、福中和福南三条水道。福北水道沿岸的港口主要为泰州港靖江港区新港作业区、南通港如皋港区，福南水道沿岸的港口主要为苏州港张家港港区张家港作业区、化学工业园作业区现有码头区域。2011年该工程航段海运量约为3.6亿吨。其中，泰州港靖江港区新港作业区和南通港如皋港区产生的海运量为2400万吨，主要为公用码头承担的煤炭、粮食及件杂货运输；苏州港张家港港区张家港作业区和化学工业园作业区产生的海运量为5372万吨，主要为公用码头承担的煤炭、金属矿石、集装箱等以及张家港扬子江国际化学工业园的石油化工品运输；过境海运量约为2.8亿吨，主要为鹅鼻嘴以上港口运输需求产生的过境海运量。

结合腹地主要货类运输系统论证结论和各港区功能定位，该航段内港口产生的海运量趋势如下。

——泰州港靖江港区新港作业区以新港工业园为依托发展规模化临港工业，以件杂货、散货、液体散货和临港工业所需的能源、原材料运输为主，逐步发展成为规模化、现代化的综合性作业区。新港作业区规划港口岸线长19.8km，主要以通用散货、件杂货和液体化工码头为主，规划形成54个0.5万～5万吨级泊位，通过能力约1亿吨，其中3万吨级以上泊位31个，通过能力6530万吨，包括5万吨级以上泊位13个，通过能力3000万吨。目前已建成3万吨级以上泊位16个，通过能力2530万吨，其中5万吨级以上泊位5个，通过能力1000万吨。未来可新增3万吨级以上泊位15个以上，新增通过能力4000万吨，其中5万吨级泊位约为8个，通过能力2000万吨。

——南通港如皋港区主要为如皋经济和工业开发服务，同时为苏中、苏北、南通市经济发展服务，将以油品、液体化工及散杂货储运为主。如皋港区自然岸线长14.6km，目前已开发利用6.4km。规划分别又来沙作业区、长青沙作业区和泓北沙作业区三个作业区，形成港口岸线长约11km，规划建设77个0.5万～5万吨级泊位，通过能力约1亿吨，其中3万吨级以上泊位14个，通过能力4600万吨。目前已建成3万吨级以上10个，通过能力约2000万吨，其中5万吨级以上泊位7个，通过能力近1500万吨。考虑到规划的港口预留岸线开发，未来预计可新增3万吨级以上泊位8个（其中预留港口岸线可建设4个泊位），通过能力3000万吨。

——苏州港张家港港区张家港作业区以专业化改造和功能调整为主，发展以煤炭、木材和集装箱运输为主的综合性枢纽作业区。张家港作业区自然岸线长4.8km，目前已基本开发完，规划形成集装箱、散杂泊位20个，内港池泊位26个，可形成通过能力约8000万吨，其中3万吨级以上泊位9个，通过能力2700万吨，包括5万吨级泊位4个，通过能力1400万吨。目前，张家港港区公用码头承担的煤炭、金属矿石、木材、集装箱海运量主要集中在该作业区。根据规划，该作业区将实施功能调整和专业化改造，金属矿石和煤炭增量逐步向冶金工业园作业区转移，粮食运输功能逐步调整为集装箱运输。

——苏州港张家港港区化学工业园作业区以化工品和粮食运输为主，主要为扬子江国际化学工业园服务，兼有部分化工品的中转储运功能。化学工业园作业区（长江国际码头至老沙码头下 400m）自然岸线长 5.7km，规划形成液体散货和粮食泊位 16 个，通过能力 2100 万吨，其中 3 万吨级以上泊位 11 个，通过能力 1900 万吨，包括 5 万吨级泊位 6 个，通过能力约 900 万吨。目前已建成 3 万吨级以上泊位 7 个，通过能力近 1300 万吨。根据岸线资源情况，该作业区仍可建设 3 万～5 万吨级泊位 4 个，新增通过能力 600 万吨，主要以化工码头为主。

综合以上航段内各港口产生海运量趋势，预测 2015 年、2020 年和 2030～2040 年该航段上断面海运量分别为 3.5 亿吨、4.5 亿吨和 5.8 亿吨，下断面海运量分别为 4.5 亿吨、5.8 亿吨和 7.4 亿吨。

根据以上航段内各港口岸线资源规划，可以看到随着功能调整南岸张家港港区张家港作业区和化学工业园作业区煤炭将保持一定水平，增量主要集中在集装箱和件杂货、液体化工品上；北岸泰州港靖江港区新港作业区作为泰州港开发重点作业区，散货、件杂货仍将保持较大增长。为满足本航段工程选汊需要，本文对该航段南北岸和过境海运量进行预测。详见表 5.24 至表 5.28。

表5.24　　福姜沙工程航段上下断面海运量预测　　单位：万吨、万TEU

	2011 年		2015 年		2020 年		2030~2040 年	
	上水	下水	上水	下水	上水	下水	上水	下水
上断面海运量合计	22350	5867	27150	8050	33000	11900	40300	17400
1. 煤炭	9749	264	12200	600	13600	600	14900	600
2. 石油	2281	414	2210	630	2970	850	3900	1400
其中：原油	1258	55	700	0	900	0	1000	0
3. 金属矿石	6335	191	6800	0	7700	0	8700	0
其中：铁矿石	5787	156	6300	0	7000	0	8000	0
4. 其他	1643	3416	2630	4450	4460	6715	7370	10050
5. 集装箱重量	800	1114	1400	1400	2000	1970	2700	2700
集装箱箱量	67	87	125	125	183	182	260	260

续表

	2011年		2015年		2020年		2030~2040年	
	上水	下水	上水	下水	上水	下水	上水	下水
下断面海运量合计	28208	7781	34700	10700	42200	15800	52000	21500
1. 煤炭	12185	653	15400	1000	16700	800	18200	600
2. 石油	2456	417	2460	640	3270	850	4200	1400
其中：原油	1258	55	700	0	900	0	1000	0
3. 金属矿石	7513	388	7500	0	8700	0	10200	0
其中：铁矿石	6719	340	7000	0	8000	0	9500	0
4. 其他	4923	4784	7390	7110	10780	11400	15700	15800
5. 集装箱重量	1131	1538	1950	1950	2750	2750	3700	3700
集装箱箱量	98	119	175	175	250	250	350	350

表5.25　　　　　2011年福姜沙航段分区段海运量现状　　　单位：万吨、万TEU

	该河段海运量合计		其中：泰州靖江港区新港作业区、南通如皋港区		其中：苏州张家港港区张家港、化工园作业区		其中：过境运量	
流向	上水	下水	上水	下水	上水	下水	上水	下水
货物合计	28208	7781	2100	300	3758	1614	22350	5867
1. 煤炭	12185	653	1146	0	1291	388	9749	264
2. 石油	2456	417	130	0	45	2	2281	414
其中：原油	1258	55	0	0	0	0	1258	55
3. 金属矿石	7513	388	312	0	866	198	6335	191
其中：铁矿石	6719	340	312	0	620	185	5787	156
4. 其他	4923	4784	512	300	1226	601	3185	3884
5. 集装箱重量	1131	1538	0	0	331	424	800	1114
集装箱箱量	98	119	0	0	31	32	67	87

表5.26　　　　　2015年福姜沙航段分区段海运量预测　　　单位：万吨、万TEU

	该河段海运量合计		其中：泰州靖江港区新港作业区、南通如皋港区		其中：苏州张家港港区张家港、化工园作业区		其中：过境运量	
流向	上水	下水	上水	下水	上水	下水	上水	下水
货物合计	34700	10700	3850	350	3700	2300	27150	8050
1. 煤炭	15400	1000	2200	0	1000	400	12200	600
2. 石油	2460	640	150	0	100	10	2210	630
其中：原油	700	0	0	0	0	0	700	0
3. 金属矿石	7500	0	700	0	0	0	6800	0

续表

	该河段海运量合计	其中：泰州靖江港区新港作业区、南通如皋港区		其中：苏州张家港港区张家港、化工园作业区		其中：过境运量	
其中：铁矿石	7000	0	700	0	0	0	6300	0
4. 其他	7390	7110	800	350	2050	1340	4540	5420
5. 集装箱重量	1950	1950	0	0	550	550	1400	1400
集装箱箱量	175	175	0	0	50	50	125	125

表5.27　　　　2020年福姜沙航段分区段海运量预测　　　单位：万吨、万TEU

	该河段海运量合计		其中：泰州靖江港区新港作业区、南通如皋港区		其中：苏州张家港港区张家港、化工园作业区		其中：过境运量	
流向	上水	下水	上水	下水	上水	下水	上水	下水
货物合计	42200	15800	5500	1100	3700	2800	33000	11900
1. 煤炭	16700	800	2800	0	300	200	13600	600
2. 石油	3270	850	200	0	100	0	2970	850
其中：原油	900	0	0	0	0	0	900	0
3. 金属矿石	8700	0	1000	0	0	0	7700	0
其中：铁矿石	8000	0	1000	0	0	0	7000	0
4. 其他	10780	11400	1500	1100	2550	1820	6730	8480
5. 集装箱重量	2750	2750	0	0	750	780	2000	1970
集装箱箱量	250	250	0	0	67	68	183	182

表5.28　　　　2030年福姜沙航段分区段海运量预测　　　单位：万吨、万TEU

	该河段海运量合计		其中：泰州靖江港区新港作业区、南通如皋港区		其中：苏州张家港港区张家港、化工园作业区		其中：过境运量	
流向	上水	下水	上水	下水	上水	下水	上水	下水
货物合计	52000	21500	7700	1600	4000	2500	40300	17400
1. 煤炭	18200	600	3300	0	0	0	14900	600
2. 石油	4200	1400	200	0	100	0	3900	1400
其中：原油	1000	0	0	0	0	0	1000	0
3. 金属矿石	10200	0	1500	0	0	0	8700	0
其中：铁矿石	9500	0	1500	0	0	0	8000	0
4. 其他	15700	15800	2700	1600	2900	1500	10100	12700
5. 集装箱重量	3700	3700	0	0	1000	1000	2700	2700
集装箱箱量	350	350	0	0	90	90	260	260

第3篇
船型预测

　　本篇以2012年开展的《长江南京以下12.5米深水航道二期工程运量预测与经济分析专题研究》和2016年开展的《长江口航道货运量及船舶流量预测研究》为主要依托,将长江深水航道工程船型预测的总体思路及方法、长江南京以下12.5米深水航道二期工程船型预测和长江口航道船型预测主要研究过程及研究结论分别在第6章、第7章和第8章进行分析论述。其中,第7章内容相对全面系统的介绍船型预测的过程及结论,第8章仅概要性地呈现长江口航道船型预测的主要结论。

第 6 章　预测思路方法

船舶流量及船型预测的总体思路及方法是，在航道货运需求及分货类、流量流向等航道货运量预测的基础上，充分把握全球运输船舶发展趋势，判断未来不同航线不同货类船型结构变化特点及规律，考虑航道条件变化，分析不同货类合理运输组织及变化趋势，并研究提出不同运输组织匹配的不同运输船型。

在此基础上，结合定量预测模型，分析预测航道未来船舶流量及船型结构。在航道船舶流量及船型结构分析预测时，要注重对分区段、分货类、分组织方式等船型结构特征发展趋势的判断。

具体到长江深水航道船型预测工作时，在对长江深水航道运输船舶现状发展特点以及沿江港口布局和资源条件分析的基础上，结合全球海运船队（分干散货、集装箱、液体散货、杂货、邮轮等）发展现状及未来趋势的判断，参考对长江沿线港口主要货类流量流向的研究，对进出长江深水航道重点货类运输格局和运输组织方式进行分析论证，提出进出长江深水航道主要货类的合理运输组织方式及合理运输船型。

在上述研究的基础上，依据预测的货物运输需求及确定的工程航道通航标准，运用数学方法预测航道船舶流量。依据预测的船舶运量、不同吨级船舶承运的货运量比例，并同时考虑船舶大型化发展趋势、航道条件和港口规划等因素进行预测。计算公式如下：

$$N = \Sigma T \times \alpha / (Dwt \times \beta) \tag{6-1}$$

式中：N 为船舶通过量；T 为分货类货运量；Dwt 为不同吨级船舶载重吨；β 为船舶实载率；α 为不同吨级船舶承运货运的比例。

针对不同航道，上述各参数的取值范围又有所不同。如，在长江口航道船型预测中参数取值如下：

由于航道位置的特殊性，进出长江口航道海运船舶将会原路返回，因此上水下水船舶按各占 50% 测算。由于煤炭、铁矿石及石油等大宗散货以上水为主，因此上水的散货船、油船约 97% 为重载船舶，实载率为 95%，下水 97% 为空载船舶。由于集装箱运输的特殊性，集装箱船上下水几乎全为重载船舶，实载率为 80%。杂货船上下水基本平衡，上下水各 50% 为重载船舶，实载率为 90%。

根据预测的货运量、船舶流量以及船型结构的历史变化特点，参考航道货运组织方式的变化及其合理船型发展趋势分析，预测航道未来船型结构及变化趋势。

第 7 章　长江南京以下深水航道船型预测

第一节　江苏沿江岸线资源与港口布局规划

一、江苏沿江港口现状

　　21 世纪以来，随着长江口深水航道治理和向上延伸工程的实施，港口运输需求增长旺盛，江苏沿江港口掀起又一轮建设高潮。

　　2001～2011 年，沿江港口共新建、改建生产性泊位约 451 个，新增通过能力约 6.89 亿吨，年均能力增长约 6260 万吨。其中，长江深水航道（南通—南京段）内港口新增通过能力约 5.29 亿吨，年均能力增长近 4810 万吨。

　　纵观 1949 年以来长江深水航道（南通—南京段）港口建设进程，2001～2011 年是成效最为显著的一个时期。

　　——新增总能力加速度增长。11 年新增码头能力 5.3 亿吨，是过去 50 年的 2.7 倍；年均能力增长 4810 万吨，是过去 10 年年均能力增长的 5.2 倍。新增能力在沿江港口的比重为 76.8%。

　　——万吨级泊位比重增加。新增泊位 350 个，其中万吨级以上泊位 220

个，比重为 62.8%；11 年新增万吨级泊位是过去 50 年的 2.4 倍。该区段新增万吨级泊位在沿江港口新增万吨级泊位总量的比重为 80.6%。沿江港口建设情况详见表 7.1。

——主要港口枢纽作用日趋明显。南京、镇江、苏州张家港和南通如皋港区依托其良好的基础设施条件和区位优势，在能源、原材料及外贸运输中作用显著，在沿江港口中的地位日渐突出。截至 2011 年底，该区段港口共有万吨级以上泊位已达 314 个，其中 3 万吨级以上泊位 59% 集中在四港；5 万吨以上泊位 71% 集中在四港。江苏沿江各港码头泊位情况详见表 7.2。

表7.1　　　　　　　　沿江港口建设速度增长表

	年份	年数	新增泊位（个）	新增万吨级以上泊位（个）	新增总能力（亿吨）	年均能力增长（万吨）
江苏沿江港口	1949~1980	31	124	11	0.47	152
	1981~1990	10	141	36	0.76	762
	1991~2000	10	258	75	1.29	1290
	2001~2005	5	153	81	1.4	2840
	2006~2011	6	298	192	5.49	9150
长江深水航道（南通—南京段）港口	1949~1980	31	117	10	0.45	145
	1981~1990	10	124	30	0.61	611
	1991~2000	10	202	53	0.93	930
	2001~2005	5	123	61	1.08	2160
	2006~2011	6	227	159	4.21	7016

表7.2　长江深水航道（南通—南京段）各港泊位情况统计表（2011年）

	南京港	镇江港	苏州港张家港	南通港如皋	江阴港	泰州港	扬州港	常州港
泊位总数	303	129	108	15	62	110	39	30
万吨级以上泊位数	59	42	84	10	41	55	15	8
其中：1~3万吨级（不含3万）	37	17	40	0	19	24	3	4
3~5万吨级（不含5万）	10	13	26	3	15	20	11	3
5万吨级以上	12	12	18	7	7	11	1	1

二、沿江港口规划

1. 港口岸线资源容量分析

根据《长三角地区港口岸线资源调查》研究成果,江苏省长江主江规划港口岸线(不含北支)长约446.2公里,其中深水港口岸线长约364.7公里,目前已开发利用约254.6km,尚有宜港岸线约191.6公里,其中深水岸线约155km;江苏省长江江心洲规划港口岸线长约66.2公里,目前仅开发利用约4.6公里,尚有宜港岸线61.6公里。

表7.3 　　　　　　　　　港口岸线利用规划表

城市	港口岸线长（km）	已利用港口岸线长（km）	未开发港口岸线长（km）	
			宜港岸线	宜港深水岸线
总计	512.4	257.2	255.2	175.8
主江	446.2	254.6	191.6	155
江心洲	66.2	4.6	61.6	20.8

根据沿江岸线资源条件、所处河段河势稳定性以及沿江城市发展的要求,对江苏省长江岸线进行了港口岸线规划。经初步测算,剩余岸线可形成码头通过能力约8亿吨以上,加上现有港口码头能力,江苏省长江港口岸线可形成约16亿吨以上的码头通过能力。其中,长江深水航道(南通—南京段)港口剩余岸线可形成码头通过能力约5.5亿吨以上,加上现有港口码头能力,本工程航段内长江港口岸线可形成约12.6亿吨以上的码头通过能力。

2. 分层次港口布局规划

根据《全国沿海港口布局规划》以及《长江三角洲地区沿海港口布局规划》,结合沿江各港未来发展功能定位及主要货类运输系统规划布局,沿江分层次布局分为主枢纽港和地区性重要港口两个层次。

主要港口：南京港、镇江港、南通港、苏州港。

地区性重要港口：江阴港、扬州港、泰州港、常州港。

（1）主要港口

南京、镇江、南通三港在1993年《全国港口主枢纽总体布局规划》中已经被确立为我国主枢纽港。苏州港地处长江入海口，以全国经济实力居前列区域中心城市苏州市为直接依托；汇集沪宁铁路、沪宁高速公路、乍嘉苏高速公路、苏通大桥、长江黄金水道和苏南高等级航道等综合运输主干网，2004年《全国沿海港口布局规划》中规划苏州港为沿海主要港口。

（2）地区性重要港口

沿江港口中的江阴、扬州、泰州、常州等四港具有良好的建港自然条件，位于省内主要交通干线交汇点，所在城市在地区经济社会中占据重要位置并有巨大发展潜力。这些港口是地方发展外向型经济的重要依托，是区域综合运输主骨架的重要支撑点，将完善地区综合运输网络的整体功能，加强综合运输体系对外联系的能力，不仅为本地区的发展服务，并为周围地区的物资运输服务，是长江三角洲地区的重要港口。

3. 主要货类运输系统港口布局规划

长江三角洲地区港口布局规划方案是围绕集装箱、原油、铁矿石、煤炭等战略物资运输，包括以上海为中心、浙江宁波—舟山和江苏南京以下长江港口为两翼的集装箱运输体系，以宁波—舟山港大型深水码头为依托的铁矿石、原油等大宗散货海进江中转体系，以长江南京以下港口为主的长江中上游地区物资运输的江海转运体系。立足于长江三角洲地区布局规划，结合长江口深水航道治理及向上延伸工程逐步实施，江苏省沿江港口将逐步深化"三大运输体系"，主要货类运输系统布局规划如下。

（1）集装箱运输系统

江苏沿江港口集装箱运输应分为三个层次协调发展。第一层次是苏州港，重点建设太仓港区集装箱码头，以外贸集装箱干线运输为主，并接纳长江内支线的喂给运输，尽快发展为上海国际航运中心集装箱枢纽港的北翼。第二层次是南京、镇江、南通等支线港，从事直接腹地及合理中转腹地的近洋、内贸集装箱运输和向枢纽港喂给运输。第三层次是江阴、常州、扬州和泰州等喂给港，主要从事为枢纽港和支线港的喂给运输。

（2）铁矿石运输系统

结合长江口航道整治工程，使南通狼山、苏州太仓接卸20万吨级减载船码头，与上海罗泾共同形成长江口内铁矿石接卸中转基地，提高铁矿石海进江减载船和直达船运输比重、优化运输组织；镇江、南京两港扩建和新建5万~10万吨级专业化散货码头，主要承担海进江二程船接卸和驳船转运任务，兼顾部分外贸直达（印度航线）船接卸和转运任务；沙钢等下游钢铁企业将根据自身发展条件，相应建设企业专用码头。

（3）煤炭运输系统

目前沿江港口已形成以大型电厂、钢厂等自建卸煤码头为主，各港公用煤炭、通用散杂货泊位转运为辅，为长三角水网地区及长江沿线地区煤炭需求提供保障的运输格局。沿江电厂海运进江煤炭主要由北方装船港直接运到自备码头接卸；公用煤炭、散杂泊位主要分布在南京、南通、镇江、苏州、江阴等港，主要承担当地及江苏水网地区的煤炭中转运输任务。未来沿江地区煤炭运输总体格局不会有大的变化，电力、冶金等企业码头的比例将提高；公用转运煤炭可根据运输需求适度扩建或改造通用散货泊位，提高适应运输市场变化的能力；新建和扩建电厂应在充分利用已有岸线、码头的基础上，适当建设电厂专用卸煤泊位。此外，为提高江苏省煤炭运输的安全保障性，适应外贸大型船舶运输的需要，规划在苏州太仓港区布局建设煤炭储运中转基地。

（4）原油运输系统

长三角地区外贸原油进口将形成一程由宁波—舟山、日照港等大型原油码头接卸后，二程通过甬沪宁、日照—仪征、仪长输油管道向上海、南京、长岭等长江沿线地区转运为主的运输格局，鲁宁管线仍发挥向南京及中上游地区转运部分原油的作用。考虑到输油管道的维修、经济安全及增加运输系统的灵活性、适应能力等因素，应适当保留南京港部分海进江原油中转功能作为管线运输的补充。

4. 江苏沿江 3 万吨级以上码头规模估算

2011 年底，长江（南通—南京段）港口共有 3 万吨级及以上码头泊位 160 个，现有泊位主要分布在南京港栖霞港区、龙潭港区、西坝港区、仪征港区、马渡港区，苏州港张家港港区，镇江港大港港区、谏壁港区、龙门港区、高资港区、扬中港区，泰州港高港港区、靖江港区、泰兴港区，扬州港江都港区、扬州港区，常州港录安洲港区，江阴港申夏港区、石利港区。

根据港口资源测算，长江（南通—南京段）岸段除了南京长江大桥以上的南京港七坝、铜井港区受大桥净空限制，不能建设 3 万吨级及以上的码头泊位，其他岸线从资源利用角度均可以建设 3 万吨级及以上泊位，但需结合具体需求情况进一步明确建设等级及规模。

按照码头等级分布及沿江码头未来大型化的发展趋势，预计本区段 70%~80% 左右的码头将建成为 3 万吨级及以上泊位，能力约为 4.2 亿吨，约占总规划能力的 75% 左右；预计可建成约 200 余个泊位，占到江苏沿江可再建 3 万吨级以上泊位的 70% 以上。根据沿江岸线资源分布情况，将主要分布在南京的龙潭、马渡、西坝港区，镇江的大港、高桥、扬中、新民洲港区，苏州的张家港港区，扬州的扬州港区，泰州的靖江港区，江阴的申夏港区等核心岸段。其中，南京的龙潭、西坝港区，镇江的大港、新民洲港区，苏州张家港港区，扬州的扬州港区，泰州的靖江港区、江阴的申夏港区的深水岸线资源正在成规模开发中；南京马渡港区，镇江高桥、扬中港区，苏州港常熟港区铁黄沙作业区，泰州港泰兴港区天星洲作业区等规划中尚未启动的新港区将成为 2020 年后江苏沿江岸线资源开发的重点。

第二节　运输船舶现状

一、进出船舶总量现状

根据江苏海事局对长江干线南京以下航道船舶流量的断面观测，南京长江大桥、镇江润扬大桥、镇江尹公洲航段、江阴大桥、南通狼山港区五个断面年船舶流量2011年分别达到了约56万艘次、69万艘次、89万艘次、70万艘次、69万艘次。

长江干线南京以下航道日均分尺度船舶流量详情见表7.4，日均分船种船舶流量详情见表7.5。

表7.4　长江干线航道（南京以下）日均分尺度船舶流量（2011年）单位：艘次/天

船长断面	合计	<30m	30~50m	50~90m	90~180m	≥180m
南京长江大桥	**1523**	285	704	453	78	3
镇江润扬大桥	**1880**	150	755	797	168	10
镇江尹公洲航段	**2443**	73	1523	725	102	19
江阴大桥	**1903**	381	804	445	256	17
南通狼山港区	**1883**	181	702	764	211	24

表7.5 长江干线航道（南京以下）日均分船种船舶流量（2011年）　单位：艘次/天

船舶种类	南京长江大桥	镇江润扬大桥	镇江尹公洲	江阴大桥	南通狼山港区
合计	1523	1880	2443	1903	1883
客船	83	0	1	0	0
普通货船	1305	1700	2207	1372	1499
集装箱船	36	58	71	307	171
危险品船	41	93	105	214	166
船队	12	14	28	3	5
其他船舶	45	15	31	8	41

长江干线南京以下航道船舶流量的主要发展特点为：

①通航船舶以普通货船为主。从船舶种类来看，通航船舶以散杂货等普通货船为主，其在各断面所占比例均在八成左右；其次为集装箱船和油气化工品等危险品船，其中江阴大桥断面这两种船型流量较大，占到了该断面总量的27%。

②通航船舶以小型船舶为主。从进出船舶的大小来看，小型船舶占了绝大多数，其中船长小于90米（3000吨级以下）的小型船占到了各断面总流量的90%左右。船长大于180米（3万吨级以上）的大型船舶仅占很小比重，其中以南通狼山港区断面流量最大，日均流量24艘次。

③船流密度相对均衡。2011年各断面船流密度相对均衡，其中以镇江尹公洲航段船流密度最大，日均流量为2443艘次/天；南京断面船流密度相对最小，日均流量为1523艘次/天。

2011年日均分船长各断面船舶流量变化见图7.1，2011年日均分船种各断面船舶流量变化见图7.2。

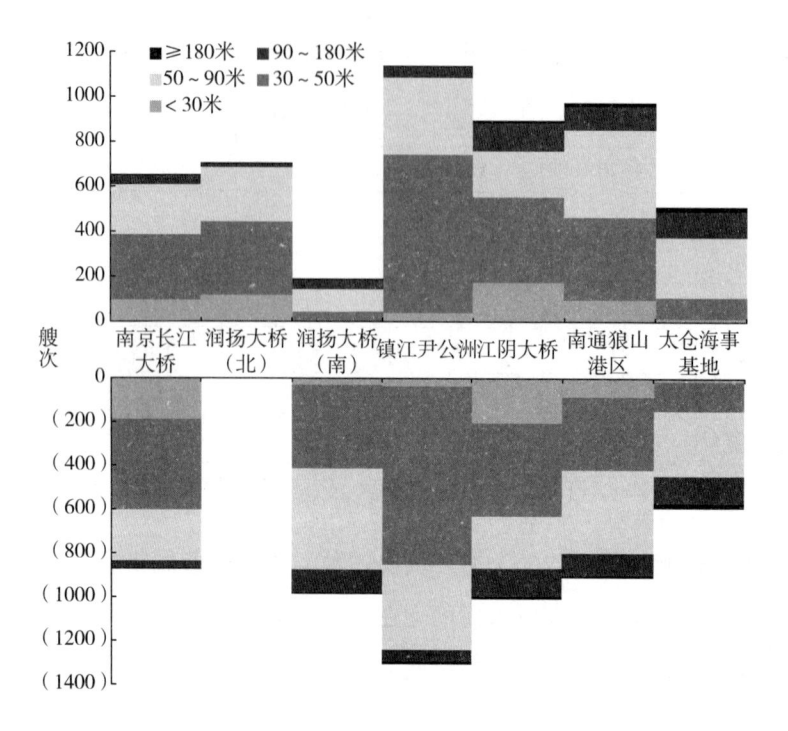

图 7.1 2011 年日均分船长各断面船舶流量示意图

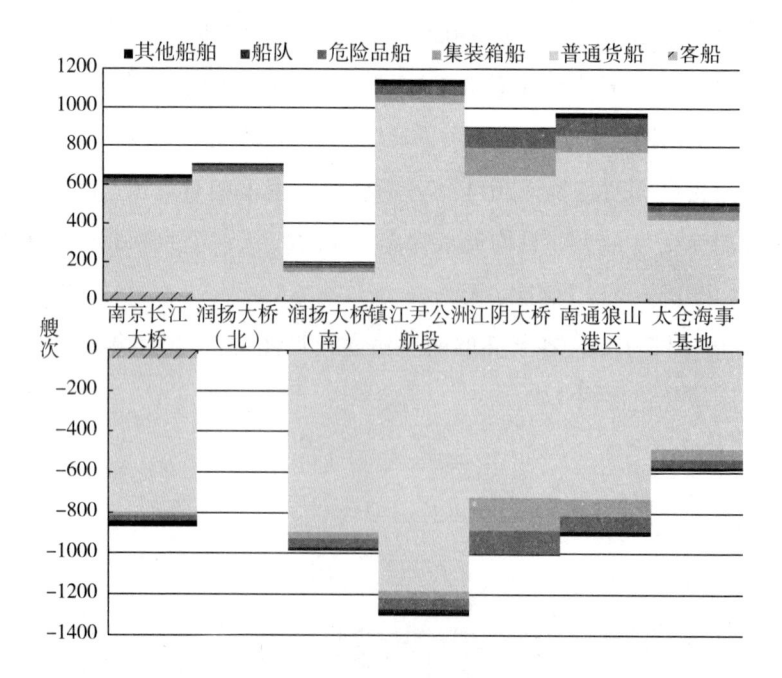

图 7.2 2011 年日均分船种各断面船舶流量示意图

二、进出海运船舶现状

随着长江口深水航道及向上延伸工程的实施，进出长江南京以下港口船舶总艘次及大吨位船舶数量呈现快速增长趋势。2011年进出长江深水航道江苏段的海运船舶总艘次已达到了14万艘次，15.8亿载重吨。

2005年以来进出江苏沿江港口海船变化详情见表7.6。2005年以来进出长江深水航道江苏段典型年份分船种船舶总流量详情见表7.7。

表7.6　　　　　江苏沿江主要港口到港海船变化　　　　单位：艘次

	港口	总计	其中：大吨位船舶				
			0.5~1万吨	1~3万吨	3~5万吨	5~10万吨	≥10万吨
2011年	合计	140450	23454	26184	11492	2616	1072
	南京	21066	4516	2334	1430	2	0
	扬州	4748	386	1534	156	0	12
	镇江	11396	1126	4008	1086	4	0
	常州	3790	426	582	696	0	0
	泰州	8828	864	2682	544	2	52
	江阴	18948	3778	4374	1004	490	24
	张家港	29684	4336	6288	1322	1038	90
	常熟	5228	748	504	1254	0	0
	南通	24628	3596	1990	3184	1062	514
	太仓	12134	3678	1888	816	18	380
2010年	合计	136296	21454	24466	9314	1542	782
	南京	20766	4688	1646	986	0	0
	扬州	4344	348	1538	8	0	0
	镇江	10990	1358	3508	736	14	0
	常州	4632	616	1464	98	0	0
	泰州	5752	590	1718	252	0	2
	江阴	19762	3706	4348	1004	230	38
	张家港	30884	4186	6702	1344	594	80
	常熟	5432	504	578	1210	0	0
	南通	22784	2892	1856	2782	684	362
	太仓	10950	2566	1108	894	20	300

续表

港口		总计	其中：大吨位船舶				
			0.5~1万吨	1~3万吨	3~5万吨	5~10万吨	≥10万吨
2005年	合计	82388	12704	9046	2834	1136	120
	南京	15928	2410	1628	428	0	0
	扬州	1230	168	332	164	0	0
	镇江	8860	978	1328	406	74	0
	常州	1666	486	118	0	28	0
	泰州	2948	240	292	52	6	0
	江阴	12160	1576	910	476	196	0
	张家港	19388	3962	2784	326	308	18
	常熟	2922	482	210	274	74	0
	南通	13606	1880	1108	288	364	102
	太仓	3680	522	336	420	86	0

表7.7　　江苏沿江港口分船种、分吨级进出海船变化　　单位：艘次

年份	船舶种类	总计	其中：大吨位船舶			
			1~3万吨	3~5万吨	5~10万吨	≥10万吨
2011年	合计	140450	26184	11492	2616	1072
	油气化工品船	29916	1000	4006	108	90
	散货船	41802	23044	6204	2494	956
	集装箱船	16468	424	50	8	8
	杂货船	52264	1716	1232	6	18
2010年	合计	136296	24466	9314	1542	782
	油气化工品船	29872	992	3560	98	54
	散货船	37910	20596	5194	1444	698
	集装箱船	13554	50	352	0	2
	杂货船	54960	2828	208	0	28
2005年	合计	82388	9046	2834	1136	120
	油气化工品船	15910	1878	386	60	0
	散货船	13316	4786	1292	990	118
	集装箱船	3302	266	30	18	2
	杂货船	49860	2116	626	68	0

注：①资料来源：江苏海事局；②数据为货运船舶、不含客运及非运输船舶；③1~3万吨级含1万吨，依次类推；④沿江八港数据。

从表 7.6、表 7.7 可看出，当前长江南京以下沿江港口进出海船的主要发展特点为：

①船舶总艘次快速增长，船舶平均吨位明显增大。进出海船艘次由 2005 年的 8.2 万艘次增长到 2011 年的 14.0 万艘次，船舶载重吨位则增长至 2011 年的 15.8 亿吨，年均增速分别为 8.1% 和 15.8%；船舶平均载重吨位由 2005 年的 7013 吨/艘次增长至 2011 年的 10605 吨/艘次。

②大型船舶数量迅猛增长，以散货船为主。进出港的海轮船舶中，大型船舶呈快速增长势头。2011 年进出港口 1 万吨级以上、3 万吨级以上和 5 万吨级以上船舶艘次分别达到了 41364 艘次、15180 艘次、3688 艘次，与 2005 年相比年均增长速度分别为 21.1%、24.4% 和 19.7%；10 万吨级以上大型船舶由 2005 年的 120 艘次增长到了 2011 年的 1072 艘次。可以看到 3 万吨级以上、10 万吨级以上船舶增长快速，以散货船为主。

③江阴以上港口进出的 3 万~5 万吨级船舶仍保持较快增长，5 万吨级以上船舶主要集中在江阴以下港口。目前，长江江苏段航道水深为 10.5 米，可满载通航 3 万吨级船舶，5 万吨级散货船根据全年水位的变化需减载 15%~30%，同时受夜航、航速等限制，5 万吨级以上船舶减载直达江阴以上港口的运输经济性较差，因此，目前 5 万吨级以上船舶主要在江阴以下港口挂靠。

从沿江各港到港船舶变化情况可以看出，2005 年以来，长江深水航道（南通—南京段）的海轮船舶占整个江苏段海轮船舶总量的比重一直保持在 74% 以上。其中，江阴以上港口进出的 3 万~5 万吨级以上船舶仍保持较快增长，占本航段进出的 3 万~5 万吨级以上船舶总量的比重由 57% 增加到 63%；江阴以下沿江港口到港最大船舶为 10 万吨级以上，本航段进出港的 5 万吨级以上船舶则几乎全集中在江阴港（包括泰州港靖江港区）以下港口。此外，随着长江口深水航道向上延伸工程的实施，特别是 2011 年初 12.5 米深水航道延伸到太仓，长江江苏段 10 万吨级以上大型减载船发展迅猛，由 2005 年的 120 艘次增长到 2010 年的 782 艘次。2011 年跃增至 1072 艘次，其中 83% 都集中在南通港、苏州港太仓港区。

三、主要货类运输组织方式和船型现状

进出江苏沿江港口批量较大的货类主要有煤炭、铁矿石、粮食、原油，批量相对较小的货类有集装箱、水泥、化肥以及其他散杂货等。各货类主要运输船型如下。

（1）煤炭

煤炭运输以调入为主，主要是来自我国山西、陕西、内蒙古等地的北方煤，少量川煤、"三口一枝"煤及京杭运河等上游来煤。其中，北方来煤主要是经环渤海地区的煤炭下水港运至长江沿线公用及电厂专用码头，由于受航道条件限制，目前主流运输船型为2万~3.5万吨级散货船；近年来，随着航道条件的改善，3.5万~5万吨级散货船所占比重日益增大。上游来煤运输船型以1000~2000吨级驳船队为主。

来自越南、印尼等东南亚航线的外贸进口煤炭运输船型以6万~8万吨级巴拿马型船为主；来自澳大利亚等远距离航线的运输船型以15万吨级的好望角型船为主。

（2）石油及制品

由于受甬沪宁原油管线运输的影响，海进江原油运输所占比重日益缩减。目前长江沿线南京以下原油运输主要包括从宁波中转海洋油原油运输和宁波—舟山及青岛港中转的外贸进口二程原油运输，以运至南京港为主，运输船型主要为1.5万~3万吨级油船，随着长江口深水航道治理工程的逐步实施，3万吨级以上船舶所占比重越来越大。

外贸进口油气化工品主要来自韩国、日本等地，以1万~3万吨级船舶

为主；国内沿海运输以 1000～5000 吨级为主，少量 1 万吨级成品油船。江内成品油及化工品运输以 1000～3000 吨油船及驳船队运输为主。

（3）铁矿石

长江沿线钢厂所需铁矿石以外贸进口为主，主要来自澳大利亚、巴西、南非、印度等地区。运输方式主要有两种：一是远洋船运至宁波—舟山港、青岛港等沿海港口后二程中转至江苏沿江港口。其中，一程澳大利亚航线运输船型以 10 万～20 万吨级好望角型散货船为主，巴西、南非航线以 15 万～20 万吨级的好望角型散货船以及 20 万吨级以上的大型 VLOC 散货船为主。二程运输船型主要为 2 万～3.5 万吨级散货船，少量 3 万～5 万吨级散货船。二是随着长江口深水航道治理工程的实施，出现了一种新的运输方式，来自澳大利亚、巴西、南非航线的 10 万～20 万吨级大型散货船在宁波—舟山减载部分矿石后直达进江，运抵南通港、苏州港等江苏沿江港口，目前这种运输方式所占比重越来越大。另外，来自印度等近距离航线，采用 3 万～7 万吨船乘潮或减载直抵沿江港口。

（4）集装箱

长江沿线集装箱运输已基本形成了以上海港为干线港，南京、镇江、苏州港、南通等港为支线港，其他长江沿线港口为喂给港的运输格局。运输航线主要为近洋航线、到上海港的内支线以及沿海港口的内贸航线，近洋及内贸航线船型主要为 300～600TEU 集装箱船；内支线运输船型主要为 100～200TEU 集装箱船。

（5）其他散杂货

粮食、化肥、水泥及其他件杂货类的运输船型较杂。外贸粮食、散化肥、钢铁运输船以 3 万～5 万吨级灵便型散货船为主，少量 6 万～8 万吨级巴拿马散货船减载进江；内贸散杂货运输船以 1 万～2 万吨级散杂货船为主；其他件杂货以万吨级以下船舶运输为主。

第三节　全球海运船队发展趋势分析

一、干散货船队

据 Clarkson 统计，截止到 2015 年底，世界万吨级以上干散货船共计 10666 艘 7.8 亿载重吨，2005～2010 年、2010～2015 年运力年均增速分别达 10.1%、7.7%。平均载重吨由 2010 年的 6.6 万吨/艘增长到 2015 年的 7.3 万吨/艘，干散货船大型化仍在继续。2000 年以来全球干散货船队构成详情见表 7.8。

表7.8　　　　2015年全球干散货船队现状表

年份		2005 年	2010 年	2015 年	2005～2010年增速（%）	2010～2015年增速（%）
合计	艘	5617	8154	10666	7.7	5.5
	百万吨	330.8	535.1	776.3	10.1	7.7
1～4 万吨	艘	2392	3026	3262	4.8	1.5
	百万吨	64.6	82.1	92	4.9	2.3
4～6 万吨	艘	1262	2163	3321	11.4	9.0
	百万吨	60.1	108.9	179.5	12.6	10.5
6～8 万吨	艘	1220	1420	1328	3.1	-1.3
	百万吨	86.8	102.2	99.1	3.3	-0.6
8～10 万吨	艘	77	387	1124	38.1	23.8
	百万吨	6.8	33.7	96.2	37.7	23.3
10～16 万吨	艘	153	247	194	10.1	-4.7
	百万吨	21.4	34.9	24.3	10.3	-7.0
16～20 万吨	艘	441	710	1021	10.0	7.5
	百万吨	74.8	124.7	181.1	10.8	7.7

续表

年份		2005年	2010年	2015年	2005~2010年增速（%）	2010~2015年增速（%）
20~32万吨	艘	72	194	375	21.9	14.1
	百万吨	16.3	46.3	88.2	23.2	13.8
≥32万吨	艘		7	41		42.4
	百万吨		2.3	15.9		47.2

截止到2015年底，万吨级以上干散货船订单达到了1.2亿载重吨，占现役船队运力的15.3%。从不同船型的订单来看，以6万~6.5万吨级、8万~10万吨级、20万~25万吨级型船为主。全球干散货船订单构成详情见表7.9。

表7.9　　2015年全球干散货船队分吨级订单分布及交付情况　　单位：艘

吨级分布（万吨）	总艘数（艘）	总载重吨（百万吨）	交付期		
			2016年	2017年	2018年以后
1.0~4.0	364	13.1	226	91	47
4.0~6.0	115	6.1	89	20	6
6.0~6.5	455	28.6	326	116	13
6.5~8.0	24	1.8	21	3	
8.0~10.0	287	23.8	199	67	21
10.0~20.0	96	16.7	83	12	1
20.0~32.0	128	28.5	85	23	20
>32.0	1	0.4	1		
合计	1470	119	1030	332	108

其中，20万吨级以上超大型散货船订单28.9百万载重吨，占在役船队的27.8%；10万~20万吨级散货船订单16.7百万载重吨，占到了现役船舶的9.2%。10万吨级以上散货船除了部分用于煤炭运输外，主要用于远洋铁矿石运输，因此未来远洋矿石运输船舶将继续向大型化发展，并带动远洋煤炭、粮食等船型向大型化发展；6万~10万吨级的巴拿马型船订单，在各类型散货船中增长最快，巴拿马型散货船主要用于远洋粮食、煤炭和其他散货运输；灵便型船主要用于近洋、沿海的散货运输。

二、集装箱船队

集装箱船是近几年世界发展最快的船种之一。据 Clarkson 统计，截至 2015 年底，全球集装箱船队已发展到 5235 艘、1977.4 万 TEU。自 2005 年以来艘数及箱位年均增速分别为 3.7%、9.3%，船舶平均箱位由 2005 年的 2229TEU/艘，增长到 2015 年的 3777TEU/艘。但各船型增长并不均衡，1 万 TEU 以上的超大型集装箱船增长迅速。

2000 年以来，受集装箱船大型化的影响，集装箱船队结构发生了巨大的变化。其中，6000TEU 以上大型集装箱船箱位所占比重已由 2005 年的 15.6% 增长到 2010 年的 31.4%，2015 年已达到了 52%；1 万 TEU 以上大型船舶增长势头更为强劲，由 2010 年的 61 艘增长到 2015 年底的 319 艘，增长了 5 倍之多。全球集装箱船队构成发展变化详见表 7.10。

表7.10　　　　　全球集装箱船队构成发展变化　　　　单位：艘，万TEU

船舶箱位 TEU	2000年 艘数	2000年 箱位	2005年 艘数	2005年 箱位	2010年 艘数	2010年 箱位	2015年 艘数	2015年 箱位
<=3999	2298	337.4	2948	439.5	3536	546.3	3160	477.0
4000~4999	167	72.9	339	151.0	582	254.4	673	294.9
5000~5999	64	35.5	167	92.4	303	163.7	336	181.9
6000~6999	36	21.5	88	56.9	193	126.1	239	156.4
7000~7999			41	29.9	57	41.7	50	36.5
8000~8999			38	31.4	172	143.6	312	263.4
9000~9999			9	8.3	59	54.9	146	136.6
≥10000					61	75.4	319	430.7
总计	2564	467.4	3630	809.3	4963	1406.2	5235	1977.4

在主要远洋集装箱运输航线中，远东—欧洲航线的船型以 1 万 TEU 以上的大型集装箱船为主，新投产的 1 万箱以上的超大型集装箱船几乎全部在该航线上运行；远东—美洲、中东地区的航线船型一般以 6000～9000TEU 集装箱船为主；在沿海和近洋的集装箱航线 3000～5000TEU 的集装箱船成为主力运输船型。

据 Clarkson 统计，截止到 2015 年底，全球集装箱船订购量为 449 艘、374.8 万 TEU。订造船型以 9000TEU 以上大型集装箱船为主，其艘数及箱位分别占到了订购运力的 50% 和 86%。在超大型集装箱船方面，18000TEU 超大型集装箱船订单持续出现。

若现有订购船舶都能按时交付，预计 2016 年集装箱新船交付量 125.4 万 TEU；如果不考虑船舶拆解量，截至 2016 年底全球集装箱船队运力将达到 2100 万 TEU。全球集装箱船队订单详情见表 7.11。

表7.11　　　　　　　2015年全球集装箱船订单详情表

箱位（TEU）	现状 艘数	现状 万TEU	订单合计 艘数	订单合计 万TEU	2016年交付 艘数	2016年交付 万TEU	2017年交付 艘数	2017年交付 万TEU
≤2999	2936	400.9	189	36.6	89	17.1	71	12.8
3000~3999	224	76.1	2	0.7	2	0.7	0	0.0
4000~4999	673	294.9	25	9.1	1	0.5	16	5.5
5000~5999	336	181.9	7	3.7	3	1.3	5	2.7
6000~6999	239	156.4	1	0.7	1	0.7	0	0.0
7000~7999	50	36.5	0	0.0	0	0.0	0	0.0
8000~8999	312	263.4	1	0.9	1	0.9	0	0.0
9000~9999	146	136.6	32	29.9	30	28.0	2	1.9
10000~11999	78	81.7	51	55.6	23	24.4	22	24.1
12000~13999	138	182.6	14	19.1	0	0.0	0	0.0
14000~15999	58	83.8	56	79.3	20	28.6	26	36.6
16000~17999	9	15.5	0	0.0	0	0.0	0	0.0
18000+	36	67.0	71	139.3	12	23.2	22	44.4
合计	5235	1977.4	449	374.8	182	125.4	164	127.9

三、液体散货船队

液体散货运输船是世界船队中吨位所占比重最大的船型，包括原油船、成品油船、液体化学品船、LPG、LNG 船。原油船、成品油船和油/化学品船在吨位结构上有很大不同。超过 95% 的原油船集中于三种船型：8 万～12.5 万吨级的阿芙拉型、12.5 万～20 万吨级的苏伊士型和 20 万～30 万吨级的巨型油轮 VLCC 以及 30 万吨级以上的超巨型油轮 ULCC。其中，VLCC 占绝对优势，从目前已知的订单情况来看，今后这种吨位结构也不会有大的变化。

成品油船由于受供需分布相对分散、批量规模较小以及港口条件和炼油厂的生产能力等方面的限制，所采用的船型远比原油船要小得多。成品油船主要集中于 1 万～12 万吨，油/化学品船则主要集中于 1 万～3 万吨小灵便型和 3 万～6 万吨大灵便型两种船型。

截至 2015 年末，全球油轮船队已达 12676 艘、6.8 亿载重吨，其中万吨级以上 8746 艘，6.6 亿载重吨。

（1）原油船

截止到 2015 年底，世界万吨级以上原油船已达到 6086 艘、5.2 亿载重吨。其中艘数份额最大的是 12 万吨级的阿芙拉型油船和 30 万吨级的 ULCC 超大型油轮，两种船型占到了总运力的 55% 以上。原油运输船型从 20 世纪 80 年代大型化完成后一直比较稳定，中东—远东航线基本以 30 万吨级的大型油轮为主。从未来订单情况分析，VLCC 将进一步向 30 万吨船型集聚，25 万吨船型由于船龄较大且缺乏订单，未来将逐渐淡出油运市场。而苏伊士以下级船型中，15 万吨级油船数量船将会持续攀升，并有赶超 12 万吨船型，成为中距离原油运输主力船型的趋势。

在原油船大型化的发展过程中，20 世纪 70 年代末出现了 50 万 DWT 以上的大型油船，日本 1980 年改建的 56 万 DWT 油船（458.5m × 68.8m × 24.6m）

是迄今为止世界上最大的船舶。随着苏伊士运河的重开和各国采取的节能措施，原油船过剩，50万吨级以上原油船已全部拆解。目前全球最大型油船为2002～2003年希腊Hellopont集团订造的4艘44.2万DWT双壳油船，但其中有2艘已退出运输市场，目前全球仅有2艘在运营。从短期趋势来看，40万吨级以上大型油船发展空间不大。

世界原油船队构成详情见表7.12。

表7.12　　　　2015年全球原油船队运力发展趋势　　　　单位：艘、百万吨

	现有运力（2015年）		手持订单		交付期限（载重吨）			
					2016年		2017年	
	艘数	载重吨	艘数	载重吨	艘数	载重吨	艘数	载重吨
<10000	2890	15.6	116	0.6	98	0.5	20	0.1
10000～29999	1510	25	163	3.3	71	1.4	53	1.2
30000～59999	2100	93.3	302	13.8	153	7.1	97	4.4
60000～79999	408	29.6	72	5.3	30	2.2	30	2.2
80000～119999	918	99	177	19.8	67	7.5	70	7.9
120000～200000	499	77.4	111	17.4	39	6.1	57	9
250000～319999	598	183.1	111	34.1	46	14.1	42	12.9
>320000	53	17.2	25	8	12	3.8	4	1.3
合计	8976	540.2	1077	102.3	516	42.7	373	39

（2）成品油及液体化工品船

成品油船由于受供需分布相对分散、批量规模较小以及港口条件和炼油厂的生产能力等方面的限制，所采用的船型远比原油船要小得多。截止到2015年底，世界成品油船共3700艘、1.47亿载重吨。其中，3万～12万吨级船占到了90%以上，从分船型来看，成品油船主要集中于3万～6万吨级、6万～8万吨级和8万～12万吨级几种船型。

从未来订单看，3万～6万吨级成品油船的主力船型地位将得到巩固，6万～8万吨船型份额将有所提升，而12万吨级以上船型由于船型偏大，且市场需求量下降，未来运力份额将逐渐下滑。成品油及液体化工品船构成详情见表7.13。

表7.13　　　　　2015年全球成品油船队运力发展趋势　　　单位：艘、百万吨

	现有运力		手持订单		交付期限（载重吨）			
					2016年		2017年	
	艘数	载重吨	艘数	载重吨	艘数	载重吨	艘数	载重吨
<10000	1040	6.3	54	0.3	49	0.2	5	0.1
10000~29999	290	4.8	13	0.2	2	0.1	8	0.1
30000~59999	1744	79	221	10.6	107	5.1	78	3.7
60000~79999	325	23.8	66	4.9	25	1.9	29	2.1
80000~119999	287	31.1	80	8.9	38	4.3	33	3.7
120000~200000	14	2.1	2	0.3	2	0.3		
250000~319999								
>320000								
合计	3700	147.1	436	25.2	223	11.9	153	9.7
≥10000	2660	140.8	382	24.9	174	11.7	148	9.6

（3）LNG船

截至2015年初，世界LNG船队保有量为397艘，总装载量达5726.3万m^3，其中装载量为12万~16万m^3的273艘，总装载量为3863.8万m^3，分别占到了全球LNG船队的总装载量的69%和67%，为主流船型。目前最大LNG船型为26.7万m^3。从订单情况看，截至2015年初，世界LNG船订单总数量为124艘，1866.9万m^3，分别占到了现有船队运力的31%、33%，新订造船几乎全为14万~20万m^3船。详见表7.14。

表7.14　　　　　2015年全球LNG船队现状及订单情况　　　单位：艘，万m^3

容量分类	现状		订单		交付期			
（万m^3）	艘数	容量	艘数	容量	2014年	2015年	2016年	2017年+
0~6	24	23.1	14	38.1		9	5	
6~12	12	91.1						
12~14	131	1746.2						
14~16	142	2117.6	25	388.3	10	8	3	4
16~20	43	714.8	85	1440.5	17	22	27	19
20~22	31	660.7						
22+	14	372.7						
合计	397	5726.3	124	1866.9	27	39	35	23

四、杂货船队

近年来,随着集装箱船及各类专用船的发展,杂货船的发展速度缓慢,船舶吨位基本在 6.0 万吨级以下,并且向多用途方向发展。截止到 2015 年初,全球杂货船队 16915 艘 10894 万吨,载重吨位仅占世界船队的 6.8%。

杂货船队以小型船舶为主,其中 1 万吨级以下船舶为 13981 艘 4523.5 万吨,占到了整个杂货船队的 82.6%、41.5%;1 万~2 万吨级船舶占 10.3%、22.1%;2 万~3 万吨级船舶占 3.5%、13.0%;3 万~6 万吨级船舶占 3.5%、22.0%;6 万~8 万吨级船舶仅为 21 艘 143.4 万吨。

从各船型变化看,杂货船中增长最快的是 3 万吨级以上的大型杂货船,与 2010 年相比增长了近 40%。这种船型适应面较广,既能用于远洋航线,也适用近洋和沿海航线,既能用于杂货运输以及各种大件设备运输,还能运输集装箱,因此,未来这个吨级的杂货船仍将有一定的发展空间。新船订单显示,整个杂货船队的结构在未来几年不会有太大的变化。世界杂货船队现状构成详情见表 7.15。

表7.15　　　　　　　世界杂货船舶发展变化表

载重吨 DWT	2000 年 艘	2000 年 载重吨(万吨)	2010 年 艘	2010 年 载重吨(万吨)	2015 年初 艘	2015 年初 载重吨(万吨)
≤9999	14299	4598.4	14344	4739.6	13981	4523.5
10000~19999	2127	3045	2029	2827.4	1737	2407.5
20000~29999	539	1262.8	552	1313	584	1419.3
30000~59999			433	1775.5	592	2400.3
60000~79999			7	49.2	21	143.4
总计	17228	10006.1	17365	10704.7	16915	10894

五、邮轮船队

近年来，国际邮轮市场总体保持较快发展。目前邮轮运输以经营区域性航线为主，主要航区包括北美加勒比海和阿拉斯加、欧洲地中海、北海和波罗的海以及亚太、南美等。其中，北美、欧洲是目前国际邮轮运输的主要航区，其邮轮客运量约占全球总量的85%。欧美邮轮市场已进入繁荣成熟期，该地区拥有规模化的市场、经典的航线、完善的邮轮政策和邮轮旅游产品销售网络。

随着亚洲经济的持续增长及中产阶级规模的不断壮大，本地区邮轮市场呈现快速发展态势，现已形成以新加坡为主要始发港的东南亚邮轮航区、以上海为主要始发港的东北亚邮轮航区和以迪拜为主要始发港的环波斯湾邮轮航区。总体而言，本地区邮轮客源和客运量规模总体较小，邮轮运输尚处于起步阶段。

全球邮轮市场现状总运力达344艘、1732万总吨、45万客位，其中10万吨级及以上的船舶占总艘数的23%、总吨位的50.5%，船舶平均吨位和平均客位数分别达到5万总吨和1300客位，详见表7.16。

邮轮运输呈高度垄断。目前，嘉年华、皇家加勒比、云顶香港及地中海四家公司邮轮运力（客位）约占全球总运力的81%，邮轮公司经营呈现寡头垄断格局。我国尚无专业邮轮公司。

目前，加勒比海航区以10万吨级以上船型为主，其中，世界上最大的豪华邮轮——皇家加勒比公司的"海洋魅力号"和"海洋绿洲号"运营于该航区，两艘船舶达22.5万吨、5400客位，造价约15亿美元。地中海航区以8万~10万吨级船型为主，少量15万吨级船型旺季进入该航区营运。阿拉斯加、北海及波罗的海、南美航区以5万吨级以下船型为主。亚太航区以8万吨级以下船型为主，少量15万吨级船型旺季进入本航区营运。

表7.16　　　2014年国际邮轮船队现状及订单情况　　单位：艘，万吨，万客位

		合计	≤3万吨级	5万吨级	8万吨级	10万吨级	15万吨级	≥15万吨级
现有船	艘数	344	178	29	59	62	14	2
	总吨位	1732	286	152	420	650	179	45
	客位	45	4	5	13	16	6	1
	平均吨位	50360	16067	52414	71186	104839	127857	225000
	平均客位	1308	236	1724	2203	2613	3929	5400
订单	艘数	26	4	4	1	6	11	
	总吨位	256	6	19	7	65	159	
	客位	7	0	0	0	2	4	
	平均吨位	98500	15000	47500	71300	108000	144727	
	平均客位	2581	250	971	2194	2833	3909	

资料来源：Clarkson

近年来，邮轮大型化趋势明显。近五年新交付的邮轮中10万吨级以上船型超过50%；全球邮轮手持订单中10万～15万吨级船型数量达65%。考虑需求增长及运输规模等因素，预计亚洲地区邮轮船型将继续向大型化趋势发展，主力船型以5万～8万吨级为主，运输旺季10万～15万吨级船型到港数量将快速增长。

第四节　主要货类运输组织及船型分析

航道通航条件的不断改善将促进长江三角洲及长江沿线地区运输组织的优化完善，沿江港口进港船舶将进一步向大型化发展，实载率进一步提高，这种变化将会对本地区运输格局产生一定的影响。

在对目前主要货类运输船型现状和世界海运船队发展趋势分析的基础上，依据货物的流量流向预测以及长江三角洲地区主要货类运输系统港口布局规划，预计长江南京以下 12.5 米深水航道工程实施后，长江南京以下煤炭、石油及制品、铁矿石、粮食、集装箱等主要货类运输组织及船型将发生较大变化，主要表现为：国内沿海和外贸直达运输 3 万～7 万吨级船型比例进一步加大，货物实载率将进一步提升 15%～25%；外贸铁矿石和煤炭外海中转运输比例将下降，10 万～20 万吨级大型散货船减载后直达沿江港口的比例将提升，10 万～20 万吨级货物实载率将提升 15%～20%；部分内贸及中远洋集装箱直达运输量将增加。

依据货物的流量流向预测、未来的运输格局及最新确定的航道通航标准，预测各主要货类运输组织及船型。

一、煤炭

近年来，长江沿线煤炭来源结构发生了变化：随着产地自身需求的增加，河南、安徽、川渝贵等地区调出量减少，"三口一枝"和出川煤炭大幅度下降，煤源地北移的趋势明显。未来新增煤炭调运需求将主要由山西、陕西以及蒙甘宁等北部地区来煤满足。从调入方式来看，长江深水航道整治工程为海船进江创造了良好的条件，海运煤炭调入为江苏省电煤调入的主要增长方式。随着蒙华通道、兰渝铁路的新建以及洛湛、焦柳等铁路的扩能，未来铁路运输将是满足长江中上游煤炭消费缺口的主要方式，海进江煤炭则将成为满足上海及江苏省煤炭需求的重要补充方式。

外贸进口煤炭，由于 2008 年以来国际煤价低于国内价格，进口量大幅增加，同时煤炭服务范围进一步向长江中游地区拓展。从运输方式来看，江苏沿江港口以远洋船减载直达运输为主，其中苏州港、南通港未来以接卸 15 万～20 万吨级减载船为主，其他沿江港口以接卸 10 万吨级及以下船型直达运输为主；长江中上游地区以在江苏沿江港口中转运输为主。

目前沿江港口已形成以大型电厂、钢厂等自建卸煤码头为主，各港公用煤炭、通用散杂货泊位转运为辅，为长三角水网地区及长江沿线地区煤炭需求提供保障的运输格局。沿江电厂海运进江煤炭主要由北方装船港直接运到自备码头接卸；公用煤炭、散杂泊位主要分布在南京、南通、镇江、苏州、江阴等港，主要承担当地及江苏水网地区的煤炭中转运输任务。

北方沿海运往长江沿线港口的海进江煤炭，运输船型将以 5～7 万吨级散货船为主。外贸进口煤炭将以 10 万～15 万吨级散货船乘潮或减载运抵沿江港口后，再经驳船转运至沿江港口。长江沿线南京以上地区所需海进江煤炭，绝大部分为江海中转运输，采用 2 万～5 万吨级海船从北方港口运至长江南京以下港口，换装 5000～8000 吨级内河自航船运至安徽、湖北等地沿江电厂、钢厂等用煤企业。

二、铁矿石

长江三角洲及长江沿线地区是我国外向型经济最发达的地区之一，也是我国冶金企业布局的重点地区，分布着宝钢、武钢、马钢等一批大型国有钢铁企业。目前，长江三角洲及长江沿线地区外贸进口铁矿石运输体系已基本形成，形成了由长江口外的宁波舟山港接卸 20 万吨级以上大型船舶，长江口内的上海、苏州太仓、南通等港接卸 10 万～20 万吨级大型减载船为主。

未来，长江沿线地区外贸进口铁矿石需求主要通过以下四种运输方式完成：① 20 万吨级以上的远洋外贸矿石运输船在长江口外宁波—舟山等沿海港口接卸后，采用江海联运（海船+内河船）运输至沿江港口或钢厂，或经江海直达船运输至钢厂。② 20 万吨级以下远洋外贸矿石船在宁波舟山港等沿海港口减载后直达上海、苏州、南通等沿江港口，再经内河船转运至沿江港口或钢厂。随着长江下游 12.5 米深水航道工程的实施，近年来减载直达进江比例逐年增加。③江内小船直达，5万~10万吨级船舶直达长江下游沿江港口，运输效益将充分体现。④区外港口调入量，即由于湖南铁路沿线地区钢厂由湛江港调入铁矿石较长三角港口运距短，同时考虑到货主运输习惯性、安全性，区外港口将分流部分铁矿石运输。

苏州港、南通港以接卸20万吨级船舶减载直达进江为主，同时承担为长江中上游地区中转运输的主要任务。综合考虑通航时间，尹公洲、福姜沙节点通航管制等因素，尹公洲节点大型散货船舶夜航受限，在福中水道尚未开发以前，江阴港进港船舶需经过福姜沙转弯航道，运输效率有所降低，镇江港、南京港可接卸7万吨级以下外贸直达运输船舶，以接卸二程进港船型为主。

随着长江口12.5米深水航道的贯通，澳矿、南非、南美矿采用10万~20万吨级船在宁波—舟山减载后直达江苏沿江港口所占比重将越来越大，且进江承载率将提升15%~20%；印度矿石采用5万~10万吨级船乘潮或减载直达沿江港口。由宁波—舟山中转的二程外贸进口矿，运输船型将以为5万~7万吨级散货船为主。

长江南京以上钢厂所需海进江矿石运输方式主要有两种：一是远洋船在宁波舟山等沿海港口卸载部分后，直抵长江口内沿江港口，再由5000~10000吨内河船运抵钢厂；二是远洋船至宁波—舟山等沿海港口后采用江海船直达或江海中转运抵马钢等沿线钢厂。其中江海直达运输目前占70%左右，运输船型主要为1万~1.5万吨级江海船，最大达到了2.1万吨。

三、石油及制品

（1）原油

长三角和长江沿线地区是我国炼油工业的主要聚集区之一，拥有大型炼油企业16家，原油加工能力占全国的20%以上。原油需求已基本形成以外贸进口原油为主，胜利原油为辅，国内海洋油和本地生产原油为补充的总体格局。其中，外贸进口原油一程接卸将由宁波舟山港大榭、算山、册子、岙山的25万吨级原油码头承担；二程运输主要由甬沪宁、仪长管线承担；南京、青岛、上海等港口承担补充调运任务。

此外，鲁宁管线承担胜利油田为长江沿线地区的原油输送任务；国内海洋油直达或经宁波舟山、南京等港口二程中转。

随着日照—仪征原油管道的建设、连云港石化产业基地的建设，长三角及长江沿线地区的原油运输格局将出现新的变化：外贸进口原油一程接卸将由宁波舟山港、日照港、连云港港等共同承担，二程运输主要由甬沪宁管线、日照—仪征、仪征—长岭和仪征—九江管线承担；此外，随着鲁宁管线承担份额的下降，缺口部分可由连云港港进口，通过管线接入日照—仪征的管线满足。其中：①甬沪宁管线主要满足金陵、扬子两家炼厂所需；②日照—仪征管道根据长江沿线炼厂需求，适时启动复线建设；③鲁宁管道主要承担外贸原油经青岛港上岸并接入鲁宁管道与胜利原油混输进入长江沿线；④金陵石化调整搬迁，连云港也是建设至仪征的二线管道的选点，满足长江沿线炼厂的需求；⑤甬沪宁管线、鲁宁管道、日照—仪征、连云港—仪征管道在南京地区与沿江管道仪（征）长（岭）线相连，满足长江中上游地区的炼油需求，石化部门拟建设仪征—安庆—九江管线，管道能力缺口部分还可通过南京港水水中转、管水联运补充满足。

宁波舟山港中转至南京港的少量外贸进口原油二程运输，推荐船型为5万~8万吨级原油船；国内海洋原油运输将由南海油田直接运抵南京港，亦将采用5万~8万吨级船。中转至长江中上游的主要船型为1万~2万吨左右的拖驳船队和3500吨自航油轮。

（2）成品油

由于我国成品油区域供需的不平衡，形成了"北油南运""西油东送"的总体运输格局。水运主要承担成品油沿海跨区域调运和长江、珠江等水系中转，并满足外贸进出口运输需求。随着我国成品油市场的不断开放，市场主体不断增多，成品油贸易量逐年上升。长江三角洲地区是我国石油化工的重要聚集区，同时也是成品油需求及运输、贸易、仓储物流等活动最旺盛的地区，在我国成品油运输系统中处于递推地区，自身成品油产量大，供需基本平衡略有缺口；同时该地区也受到来自中石油北方南下油品及外贸进口成品油的冲击，本地生产的成品油很大一部分需南下运往华南地区或沿长江运往长江中上游地区。因此，该地区成品油运输活跃，流向相对较为复杂。省外成品油调入以水运为主；省内成品油调运方式中，管道和水运共同承担。

外贸进口成品油运输将采用3万~5万吨级油轮，国内沿海成品油以0.5万~2万吨级油轮为主。

四、集装箱

目前，长江三角洲地区已形成以上海港和宁波舟山港为干线港，其他港口为支线港和喂给港的外贸集装箱运输基本格局。上海港主要服务长江沿线地区和浙江省部分地区，宁波舟山港以服务浙江本省为主，少量服务长江沿线地区。江苏沿江港口以喂给上海港为主，少量近洋航线直达运输。从总体格局上看，上海港、宁波舟山港在集装箱运输中发挥枢纽作用。同时长三角地区还形成了以上海港为中心的全国沿海及长江流域的"T"字型内贸集装箱运输网络，流向主要是长江沿线省市与华南、华北等地区之间的物资交流。

未来，长江三角洲地区将形成以上海港为中心，以宁波舟山港和苏州港为南北两翼的集装箱干线港布局，共同承担长江流域区域集装箱运输服务的功能。随着区域集装箱运输需求的进一步增长，上海港受资源能力和城市集装箱运输承载力等内外部环境制约，其集装箱运输功能布局存在一定的调整需求；同时，江苏沿江港口特别是苏州港将逐步承接部分运输功能，对长江三角洲地区港口运输格局将产生影响。

从地理位置上看，苏州港太仓港区也是上海港岸线的自然延伸，背靠集装箱生成量富集的苏锡常地区，可以起到辅助上海、支持上海、补充上海的重要作用。未来，上海港将逐步把外高桥至洋山的中转平台移植到太仓港，将引导原本到外高桥集并的重庆、武汉等长江中上游地区外贸集装箱调整至太仓港集拼中转。

近洋航线、内贸航线运输船型以 1000～3000TEU 船为主，3000～4000TEU 船将随着航道条件改善逐步增多；上海港洋山港区江海支线船将采用 300～500TEU 的江海两用新型船；江内港区长江支线运输船以 200～300TEU 船为主。

五、其他散杂货

粮食。从美国、加拿大等地进口的粮食将采用 5 万～10 万吨散货船乘潮或减载直达；从东南亚等地进口的粮食将采用 3 万～5 万吨级散货船；从北方沿海进口的粮食将采用 3 万～5 万吨级散货船。

钢铁。钢铁运输主要是沿江等地与国内沿海以及国外的交流，国内沿海运输船型主要为 0.5 万～2 万吨级杂货船，近远洋运输船型将以 3 万～5 万吨级灵便型散货船为主。其他散杂货类的运输船型较杂，将以 0.5 万～2 万吨级杂货船、2 万～5 万吨级散货船为主。南京以下港口还承担着为中上游沿江地区中转外贸粮食、钢铁、水泥等散杂货运输任务，江内中转船型以 1000～3000 吨驳船为主。

六、邮轮

目前亚太航区邮轮以 8 万 GT 以下船型为主，考虑需求增长及运输规模等因素，预计亚洲地区邮轮船型将继续向大型化趋势发展，主力船型以 5 万～8 万 GT 为主，运输旺季 10 万～15 万吨级船型到港数量将快速增长，20 万 GT

以上大型邮轮也有可能出现。进出长江南京以下航道代表船型主尺度及其工程前后减载量变化详情见表 7.17。

表7.17　代表船型主尺度及减载量变化表

船型	载重吨（t）	总长（m）	型宽（m）	吃水（m）	10.5 米航道水深	12.5 米航道水深
集装箱船	50000	293	32.3	13.0	10%~20%	—
	30000	241	32.3	12.0	—	—
	20000	183	27.6	10.5	—	—
	10000	141	22.6	8.3	—	—
原油船	80000	243	42.0	14.3	20%~35%	5%~15%
	50000	229	32.3	12.8	15%~30%	0%~5%
	30000	185	31.5	12.0	—	—
液体化工品船	50000	183	32.2	12.9	15%~30%	0%~5%
	30000	183	32.2	11.9	—	—
	10000	127	20.0	8.4	—	—
散货船	200000	312	50.0	18.5	限制通航	40%~50%
	150000	289	45.0	17.9	45%~55%	30%~40%
	100000	250	43.0	14.5	25%~40%	10%~20%
	70000	228	32.3	14.2	20%~35%	5%~15%
	50000	223	32.3	12.8	15%~30%	0%~5%
	35000	190	30.4	11.2	—	—
杂货船	30000	192	27.6	11.0	—	—
	20000	166	25.2	10.1	—	—
	5000	124	18.4	7.4	—	—

注：①考虑实际运输配载，5 万吨级集装箱船实载吃水≤11.5m；②减载量的计算是根据航道通航条件、船舶技术参数及参考船舶实际营运过程中实载量的变化，经综合分析计算取得的数值。

第五节　航道船舶流量预测

一、海船流量预测

1. 预测方法

进出本工程航道的海船主要是指进出江苏沿江南通以上港口的船舶，以上述港口为基础，来预测本段航道海船流量。依据预测的海船运量、不同吨级船舶承运的货运量比例，并同时考虑船舶大型化发展趋势、航道条件和港口规划等因素进行预测。计算公式如下：

$$N=\Sigma T \times \alpha /（Dwt \times \beta） \tag{7-1}$$

式中：N 为船舶通过量；

T 为分货类货运量；

Dwt 为不同吨级船舶载重吨；

β 为船舶实载率；

α 为不同吨级船舶承运货运的比例。

由于航道位置的特殊性，进出海运船舶将会原路返回，因此上水下水船舶按各占 50% 测算。由于煤炭、铁矿石及石油等大宗散货以上水为主，因此上水的散货船、油船约 95% 为重载船舶，实载率为 95%，下水 95% 为空载船舶；由于集装箱运输的特殊性，集装箱船上下水几乎全为重载船舶，实载率约为 75%；杂货船上下水基本平衡，上下水各 50% 为重载船舶，实载率为 85%。

2. 预测结果

根据前面的预测和分析结果，利用上述公式，预测长江下游航道荡茜河口断面2015年、2020年、2030年海船流量分别为14.9万艘次、17.6万艘次、21.1万艘次，其中，3万吨级以上为10360艘次、15858艘次、20422艘次；5万吨级以上分别为3532艘次、5933艘次、7098艘次；10万吨级以上分别为1680艘次、2075艘次、2440艘次。各断面船舶流量预测详情见表7.18～表7.23。

表7.18　太仓荡茜河口断面海船流量预测　　　　单位：艘次/年

项目	年份	合计	5000～1万吨	1～3万吨	3～5万吨	5～10万吨	10万吨以上
合计	2015	148738	33635	18588	6829	1852	1680
	2020	175994	42900	24339	9925	3859	2075
	2030	211055	57644	31939	13324	4658	2440
油船	2015	24970	8100	4698	1134	216	22
	2020	31401	10825	6495	1588	346	23
	2030	39901	14425	8655	2212	539	31
散货船	2015	24591	3269	7157	3578	1609	1656
	2020	22915	2306	7688	4532	3469	2050
	2030	24446	2580	8084	5069	4057	2408
集装箱船	2015	20616	4029	440	257	26	2
	2020	29124	6139	1260	840	43	1
	2030	36871	8429	2438	1626	62	1
杂货船	2015	78561	18237	6294	1859	0	0
	2020	92554	23630	8896	2965	0	0
	2030	109836	32210	12761	4417	0	0

表7.19　南通断面海船流量预测　　　　单位：艘次/年

项目	年份	合计	5000～1万吨	1～3万吨	3～5万吨	5～10万吨	10万吨以上
合计	2016	131247	28992	18878	8396	5768	350
	2020	141777	35832	24610	11501	7179	1113
	2030	174989	45864	32886	15221	7843	1897

续表

项目	年份	合计	5000~1万吨	1~3万吨	3~5万吨	5~10万吨	10万吨以上
油船	2016	24437	7680	4640	1280	171	0
	2020	31103	10750	6235	1792	287	0
	2030	42070	15250	8845	2643	488	0
散货船	2016	35204	4376	9582	5528	5566	350
	2020	32007	3130	10433	6589	6848	1113
	2030	34478	3557	11144	7487	7295	1897
集装箱船	2016	24342	4762	455	347	31	0
	2020	29694	6253	1375	794	44	0
	2030	35475	8101	2467	1480	59	0
杂货船	2016	47263	12174	4201	1241	0	0
	2020	48973	15700	6567	2326	0	0
	2030	62966	18956	10431	3611	0	0

表7.20　　　　　　　　　　福姜沙下断面海船流量预测　　　　　　　　单位：艘次/年

项目	年份	合计	5000~1万吨	1~3万吨	3~5万吨	5~10万吨	10万吨以上
合计	2016	111288	24987	15931	7502	4737	78
	2020	126400	32382	20993	10828	5573	283
	2030	155331	39487	28384	14408	6105	818
油船	2016	24187	8034	4495	1231	93	0
	2020	30281	10682	6180	1707	177	0
	2030	38842	14000	8400	2505	311	0
散货船	2016	29686	3673	8041	5055	4613	78
	2020	25990	2485	8016	6406	5352	283
	2030	27581	1300	8666	7359	5735	818
集装箱船	2016	24342	4762	455	347	31	0
	2020	29694	6253	1375	794	44	0
	2030	35475	8101	2467	1480	59	0
杂货船	2016	33073	8519	2940	869	0	0
	2020	40435	12963	5422	1920	0	0
	2030	53433	16086	8852	3064	0	0

表7.21　　　　　　　　　口岸直下断面海船流量预测　　　　　　　单位：艘次/年

项目	年份	合计	5000~1万吨	1~3万吨	3~5万吨	5~10万吨	10万吨以上
合计	2016	59233	13354	9268	4323	2705	0
	2020	69555	17704	12288	6304	3215	0
	2030	88599	22149	16956	8777	3953	0
油船	2016	15776	5252	2929	808	54	0
	2020	19495	6890	3975	1104	106	0
	2030	24278	8750	5250	1575	187	0
散货船	2016	17422	2142	4870	2976	2636	0
	2020	15540	1456	5047	3882	3086	0
	2030	17213	569	5690	4792	3735	0
集装箱船	2016	12046	2357	225	172	15	0
	2020	15522	3268	719	415	23	0
	2030	18601	4248	1293	776	31	0
杂货船	2016	13988	3603	1243	367	0	0
	2020	18998	6090	2548	902	0	0
	2030	28507	8582	4722	1635	0	0

表7.22　　　　　　　　　和畅洲下断面海船流量预测　　　　　　　单位：艘次/年

项目	年份	合计	5000~1万吨	1~3万吨	3~5万吨	5~10万吨	10万吨以上
合计	2016	53577	11981	8312	3911	2467	0
	2020	62159	15695	10756	5537	2815	0
	2030	73703	18214	13817	7254	3295	0
油船	2016	14136	4706	2625	724	48	0
	2020	17067	6032	3480	967	93	0
	2030	20463	7375	4425	1328	157	0
散货船	2016	15881	1953	4439	2713	2403	0
	2020	13595	1274	4415	3396	2699	0
	2030	14317	473	4733	3985	3106	0
集装箱船	2016	12046	2357	225	172	15	0
	2020	15522	3268	719	415	23	0
	2030	18601	4248	1293	776	31	0
杂货船	2016	11513	2966	1023	302	0	0
	2020	15975	5121	2142	759	0	0
	2030	20322	6118	3367	1165	0	0

表7.23　　　　　　　　仪征水道下断面海船流量预测　　　　　　　单位：艘次/年

项目	年份	合计	5000~1万吨	1~3万吨	3~5万吨	5~10万吨	10万吨以上
合计	2016	42102	9832	6454	2890	1691	0
	2020	49540	12825	8559	4227	2053	0
	2030	59250	14885	11207	5797	2621	0
油船	2016	13355	4446	2480	684	46	0
	2020	16332	5772	3330	925	89	0
	2030	19770	7125	4275	1283	152	0
散货船	2016	10798	1328	3018	1845	1634	0
	2020	9800	918	3182	2448	1946	0
	2030	11261	372	3723	3135	2443	0
集装箱船	2016	9113	1783	170	130	12	0
	2020	12445	2620	576	333	18	0
	2030	15245	3481	1060	636	25	0
杂货船	2016	8837	2276	785	232	0	0
	2020	10964	3515	1470	521	0	0
	2030	12975	3906	2149	744	0	0

二、小船流量预测

由于本段航道江内运输船多而且杂乱，多以千吨级以下的小型船舶为主，很难对其做出正确的预测，只能在现状断面观测资料的基础上，对小船总流量做大致的估计预测。

依据预测的长江下游各断面小船货运量增速，考虑船舶大型化发展趋势，预测小船流量增速。在确定小船流量增速的基础上，预测2016年、2020年、2030年长江下游各断面小船流量。详情见表7.24。

表7.24　　　　　　　　长江下游各断面小船流量预测

单位：艘次/日、万艘次/年

	2016 年		2020 年		2030 年	
	日流量	年流量	日流量	年流量	日流量	年流量
南京长江大桥断面	1714	62.6	1939	70.8	2038	74.4
润扬大桥断面	2117	77.3	2395	87.4	2516	91.8
镇江尹公洲断面	2749	100.3	3110	113.5	3269	119.3
江阴大桥断面	2142	78.2	2424	88.5	2548	93
南通狼山断面	2119	77.3	2397	87.5	2520	92
太仓断面	1488	54.3	1684	61.5	1860	67.9

第 8 章　长江口航道船型预测

第一节　运输船舶现状特点

由于长江口航道通航环境复杂，通航船舶流量大，对通航船舶数据难以统计准确。为保证数据尽可能与现实情况相符，综合考虑数据的可得性、可比较性、实际应用效果等因素，本文以海事局 AIS 船舶流量数据的统计口径进行分析。

一、北槽航道通航船舶现状

1. 总体情况

根据海事局 AIS 数据统计资料，2015 年长江口北槽深水航道通过船舶总量 70625 艘次，日均 193 艘次。其中，散杂货船、集装箱船、油船及危化品船、客船及其他货船分别占到了总艘次数的 47%、20%、17.5%、1.5% 和 15%。从 2010 年以来的变化看，总艘次数共增长了 17.5%，各船型所占比重有所变化，但变化不大。其中，散杂货船、集装箱船、危险品船占比有所上升，其他船舶占比明显下降。详见表8.1。

表8.1　　　　　　北槽深水航道分船种通航船型变化表　　　　　　单位：艘

船种	2010年	2011年	2012年	2013年	2014年	2015年
合计	60153	64786	62867	68693	65673	70625
日均艘次	165	177	172	188	180	193
散杂货船	40.8%	40.6%	43.4%	45.4%	47.3%	46.5%
集装箱船	17.5%	17.4%	18.6%	19.5%	20.3%	19.9%
油船	6.4%	6.1%	6.5%	6.5%	5.8%	6.5%
危险品船	7.8%	9.8%	10.0%	9.6%	9.9%	11.0%
客船	0.6%	0.6%	0.6%	0.9%	1.2%	1.4%
其他	26.8%	25.6%	20.9%	18.1%	15.6%	14.7%

从通航船舶载重吨位结构来看，船舶吨级集中在1万~5万吨级，2010年以来船舶艘次数所占比重维持在70%左右；5万~7万吨级，艘次数所占比重较小，每年不到2%；7万吨级以上船舶艘次数仅占不到10%，但由2010年的6.2%增长到2015年的8.0%，船舶大型化趋势明显。详见表8.2。

表8.2　　　　　　北槽深水航道分吨级船舶变化表　　　　　　单位：艘

载重吨	船宽	2010年	2011年	2012年	2013年	2014年	2015年
合计		60153	64786	62867	68693	65673	70625
≤1万吨	≤20m	26.7%	23.8%	23.7%	22.8%	23.4%	21.2%
1~2万吨	20~25m	29.7%	30.5%	28.5%	26.0%	25.2%	25.0%
2~3万吨	25~30m	20.5%	21.4%	20.0%	21.7%	18.3%	18.4%
3~5万吨	30~35m	16.2%	17.9%	20.9%	22.7%	24.7%	25.7%
5~7万吨	35~40m	0.6%	0.7%	0.8%	1.0%	1.4%	1.8%
7~10万吨	40~45m	4.4%	3.6%	3.6%	3.2%	3.4%	3.7%
10~20万吨	45~50m	1.6%	1.9%	2.0%	2.3%	3.2%	4.0%
≥20万吨	≥50m	0.2%	0.2%	0.5%	0.3%	0.3%	0.3%

从通航船舶吃水结构来看，吃水 7~9 米的船舶占到了近一半，2010 年以来一直维持在 45%~50%；其次为 10~11 米吃水船舶，近几年维持在 20% 左右；位居第三的为 9~10 米吃水船舶，占比 15% 左右；吃水大于 11 米的船舶的比重呈增长趋势，由 2015 年的 2% 增长到 2015 年的 4.5%。详见表 8.3。

表8.3　　　　　北槽深水航道船舶分吃水变化　　　　　单位：艘

吃水 m	吨级	2010 年	2011 年	2012 年	2013 年	2014 年	2015 年
合计		60153	64786	62867	68693	65673	70625
<7m	5000 吨	22.4%	23.3%	16.4%	15.6%	15.6%	15.4%
7~8m	5000~1 万吨	26.1%	22.4%	26.6%	27.7%	27.1%	26.8%
8~9m	1~1.5 万吨	19.4%	21.9%	20.6%	19.2%	19.4%	20.4%
9~10m	1.5~2.0 万吨	17.3%	15.8%	14.8%	14.1%	12.9%	13.3%
10~11m	2.0~2.5 万吨	**12.7%**	**13.7%**	**17.6%**	**19.2%**	**20.7%**	**19.6%**
11~12m	2.5~3 万吨	**1.6%**	**2.2%**	**2.9%**	**2.7%**	**3.2%**	**3.6%**
>12m	>3 万吨	**0.4%**	**0.6%**	**1.0%**	**1.4%**	**1.2%**	**0.9%**

2. 大型船舶总体发展特点

根据长江口 12.5 米深水航道通航管理规定，对于大型船舶进出北槽深水航道，需要进行交通管制进出，应通过上海海事局 VTS 电子申报网站申请。本部分内容是通过平台申报的数据，重点分析大型船舶变化情况。

需要编队和报告的船舶如下：①淡吃水大于 11.5 米的船舶；②最大宽度 32.5 米以上的油船、化学品船、液化气船；③最大宽度 40 米以上的集装箱船和其他船舶；④主管机关认为需要或可以编队航行的船舶。

从申报平台数据来看，北槽航道 2014 年、2015 年申报的船舶分别达到了 23369 艘次、25907 艘次。申报的船舶类型以散货船和集装箱船为主。船舶吨级以船宽 30~40m 船舶（3 万~7 万吨级）为主，占比 40% 以上，超过 40 米船宽船舶艘次占到了 22%。船舶的实际营运吃水以 8~11 米的船舶为主，占比 70% 以上，大于 11 米吃水的船舶占 15%。

表8.4　　　　　北槽航道申报船舶分船种分船宽现状　　　　　单位：艘

船种	2014年 合计	<25	25~30	30~40	>40	2015年 合计	<25	25~30	30~40	>40
散货船	12752	1953	2095	6514	2190	13820	1949	1961	7447	2463
集装箱船	7613	2316	1559	1111	2627	8392	2293	1817	1212	3070
液货船	1287	501	190	540	56	1831	658	295	818	60
杂货船	921	268	192	373	88	812	237	199	317	59
特种船	74	0	0	11	63	41	2	0	1	38
客滚船	312	31	46	213	22	313	30	70	213	0
滚装船	263	2	29	231	1	299	0	21	274	4
邮轮	147	2	25	115	5	399	6	47	280	66
合计	23369	5073	4136	9108	5052	25907	5175	4410	10562	5760

表8.5　　　　　北槽航道申报船舶分船种分吃水现状　　　　　单位：艘

船种	2014年 合计	<8	8~10	10~11	11~12	>12	2015年 合计	<8	8~10	10~11	11~12	>12
散货船	12754	684	3350	6821	1164	735	13819	712	3865	7059	1673	510
集装箱船	7611	1843	2962	1669	1067	70	8384	1805	3646	1795	1101	37
液货船	1288	240	922	113	12	1	1831	310	1279	221	19	2
杂货船	922	159	420	318	20	5	812	112	424	246	30	0
特种船	81	8	68	5	0	0	41	9	32	0	0	0
客滚船	312	47	69	3	193	0	313	34	28	4	247	0
滚装船	263	79	179	5	0	0	299	57	239	1	2	0
邮轮	147	21	21	2	103	0	399	10	82	0	306	1
合计	23378	3081	7991	8936	2559	811	25898	3049	9595	9326	3378	550

3. 分船型发展变化特点

（1）散货船

从通航船舶吨级结构来看，其中 3 万~5 万吨级船舶是主力船型，占比

29%，1万~2万吨级船舶和5万吨级以上船舶占比21%，紧随其后。从不同吨级船舶承运的货物比重看，载重吨级越大承运份额越高，其中5万吨级及以上船舶艘次份额为21%，运输份额高达38%；3万~5万吨级艘次份额为29%，运输份额占34%；1万吨级以下船舶艘次份额为11%，运输份额仅占2%。

从通航船舶吃水结构来看，其中7~9米吃水船舶占比35%，位居第一；7米以下船舶及10~11米船舶，占比23%；吃水11米以上船舶仅占7%，从承运比重看，运输份额接近20%。

表8.6　　　　2015年散杂货船吃水、吨级与货运量分布　　　　单位：艘

载重吨级 吃水	<1万吨	1~2万吨	2~3万吨	3~5万吨	>5万吨	合计	艘次份额	货运量份额
<=7m	2635	1939	1355	1282	704	**7913**	24%	9%
7~9m	774	4649	1626	2534	2065	**11646**	35%	28%
9~10m	9	240	1745	830	464	**3290**	10%	11%
10~11m	66	63	1304	4482	1761	**7676**	23%	33%
11~12m	0	2	3	319	828	**1153**	4%	8%
>12m	1	7	21	169	936	**1132**	3%	10%
合计	**3485**	**6900**	**6054**	**9615**	**6759**	**32810**	**100%**	**100%**
艘次份额	11%	21%	18%	29%	21%			
货运量份额	2%	11%	15%	34%	38%			

（2）集装箱船

从通航船舶不同箱位结构来看，其中1000~3000TEU集装箱船艘次最多，占比34%，承运份额仅有17%；4000TEU以上集装箱船艘次份额为42%，运输份额达到了65%，为最主要运输船型。其中7500TEU及以上的船舶的艘次份额为20.3%，运输份额近40%。

从通航船舶吃水来看，其中7~9米吃水船舶占到了近50%，承运份额34%；9~11米吃水船舶，艘次份额29%，承运份额43%；11米吃水以上船舶，艘次份额占7%，承运份额占15%。详见表8.7。

表8.7　　　　2015年集装箱船分箱量、分吃水结构现状表　　　　单位：艘

箱量 吃水	<1000 TEU	1000~3000 TEU	3000~4000 TEU	4000~7500 TEU	>7500TEU	合计	艘次 份额	箱量 份额
	<2万吨	2~3万吨	3~5万吨	5~10万吨	10万吨级			
<=7m	508	1711	229	84	49	**2582**	18%	7%
7~9m	358	2973	1338	1288	619	**6576**	47%	34%
9~10m	1	95	541	905	831	**2374**	17%	23%
10~11m	3	13	291	553	774	**1632**	12%	20%
11~12m	0	0	14	263	392	**668**	5%	10%
>12m	1	0	0	38	192	**231**	2%	5%
合计	**871**	**4791**	**2413**	**3130**	**2858**	**14062**	**100%**	**100%**
艘次 份额	6%	34%	17%	22%	20%			
箱量 份额	2%	17%	15%	27%	39%			

对于大型集装箱船的发展变化情况，根据从相关部门获取的部分资料，重点进行分析。

——从上海海事局申报平台的数据看，船宽大于40米（7万吨级/5600TEU）的大型集装箱船，由2014年的2627艘次增长到2015年的3070艘次，增速为17%。

——从进出外高桥港区集装箱船到港船型资料看，10万吨级（6600TEU）以上大型船舶呈快速增长趋势。2010年以来，以年均约100艘次的速度递增，2010年仅为180艘次，2015年增长到480艘次。详见表8.8。

表8.8　　　　上海港外高桥港区进出港集装箱船型变化表　　　　单位：艘

年份	总计	<1万吨	1~2万吨	2~3万吨	3~5万吨	5~7万吨	7~10万吨	>10万吨
		<1000 TEU	1000~ 2000 TEU	2000~ 3500 TEU	3500~ 4500 TEU	4500~ 5500 TEU	5500~ 6600 TEU	>6600 TEU
2010	48773	34060	5258	2916	3193	2122	1044	180
2013	61489	48352	6205	2111	1987	1674	863	297
2014	62390	49502	6239	2091	1788	1514	859	397
2015	63904	49893	6325	2306	2224	1429	1247	480

注：资料含长江内支线船舶，与表8.7不是同一口径。

(3)油气化工品船

从通航船舶吨级结构来看,3万~5万吨的油气化工品船是主力船型,艘次份额高达41%,其次是1万~2万载重吨级,艘次份额35%,大于5万吨级船艘次份额仅占4%。

从船舶吃水结构来看,吃水7~9米的油气化工品船是主力船型,占到了近50%。其次为吃水7米以下船舶,占比26%,吃水10米以上船舶仅占10%。详见表8.9。

表8.9　　　　2015年北槽航道油气化工品船结构现状表　　　　单位:艘

载重吨级 吃水	<1万吨	1~2万吨	2~3万吨	3~5万吨	>5万吨	合计	比重
≤7m	937	1405	288	513	98	**3240**	26%
7~9m	722	2573	288	2139	294	**6016**	48%
9~10m	32	301	146	1383	28	**1889**	15%
10~11m	9	63	22	896	25	**1016**	8%
11~12m	9	9	0	98	22	**139**	1%
>12m	0	0	0	22	82	**104**	0.8%
合计	1709	4351	744	5051	551	**12405**	
比重	14%	35%	6%	41%	4%	**100%**	

(4)大型邮轮

进出长江口大型邮轮中,7万吨级及以上的邮轮均停靠在吴淞口国际邮轮码头。因此,本部分重点分析吴淞口国际邮轮港大型船舶进出情况。

吴淞口国际邮轮港自开航以来,停靠邮轮总艘次数呈快速增长趋势,由2011年的10艘次增长到2015年的216艘次,2016年达到了471艘次,增长势头迅猛。通航邮轮船型大型化趋势明显,每年都有新增船型,目前主力通航船型在7万~17万吨(约2000~5000客位),最大通航船型为2015年新开航的"海洋量子号",定期靠泊船舶已达到了15艘。根据船公司的计划,2017年还将新增2条大型邮轮。

吴淞口国际邮轮港停靠邮轮艘次数及靠泊邮轮船型变化情况详见表8.10、表8.11。

表8.10　　　　吴淞口国际邮轮港停靠邮轮艘次数变化　　　　　　单位：艘

年份	始发港	挂靠港	合计
2011	9	1	10
2012	48	12	60
2013	121	6	127
2014	206	10	216
2015	272	6	278
2016	457	14	471
合计	1113	49	1162

资料来源：吴淞口国际邮轮母港。

表8.11　　　　吴淞口国际邮轮港停靠邮轮船型变化

年份	船名	总吨（吨）	船长（米）	船宽（米）	载客量（人）
2011新增	海洋神话	69130	264	32	1960
2012新增	歌诗达维多利亚	75166	252.9	32.2	2394
	海洋航行者	137276	311.1	38.6	3840
2013新增	歌诗达大西洋	85619	292.5	32.2	2680
	海洋水手	137276	311.1	38.6	3840
	千禧年	90963	294	37.4	2454
2014新增	蓝宝石公主	115875	288.3	35	3168
	海娜	47678	223	31	1965
2015新增	海洋量子	168666	348	41	4985
	歌诗达赛琳娜	114147	290.2	35.5	3780
	天海新世纪	72458	217.1	32	2119
	中华泰山	24427	161.6	25.5	2000
2016新增	歌诗达幸运	102669	272.2	35.5	3470
	地中海抒情	65591	251.28	32.25	2370
	辉煌	24782	181.4	30	1275
2017即将新增	诺唯真喜悦 盛世公主	新船在建，预计总吨均约在160000吨，长度约333米，船宽约41米，载客人数4000人左右			

资料来源：吴淞口国际邮轮母港。

二、南槽航道通航船舶现状

1. 总体情况

近几年南槽航道船舶流量平稳增长。通过 2011～2015 年南槽航道 AIS 通航船舶数据分析，近几年南槽航道船舶通过总量平稳微增，由 2011 年的 14.5 万艘增长到 2015 年的 15.3 万艘。从通航船舶结构上，南槽航道以 1 万吨级及以下船舶为主，占比 85% 左右，1 万～2 万吨级船舶占比约 10%，2 万吨级以上船舶占比仅为 5% 左右。

近几年来，通航船舶吨级结构变化不大。其中，3 万吨级以上船舶所占比重维持在 3% 左右，2015 年达到了 3.6%；5 万吨级以上船舶所占比重维持在接近 1%，2015 年达到了 1128 艘次，日均 3 艘次左右。南槽航道通航的 3 万吨级以上船舶主要是空船出航道。详见表 8.12～表 8.14。

表8.12　　　　南槽航道通航船舶分吃水结构变化　　　　单位：艘

年份	合计	<5.5 米	5.5～6 米	6～7 米	7～8 米	≥8 米
2011 年	145583	70.4%	13.1%	11.2%	4.4%	1.0%
2012 年	147141	68.2%	12.3%	12.8%	5.8%	1.0%
2013 年	155669	70.5%	11.7%	11.6%	5.6%	0.7%
2014 年	152976	70.3%	11.8%	11.6%	5.4%	0.9%
2015 年	153205	70.0%	11.7%	11.6%	5.9%	0.8%

表8.13　　　　南槽航道通航船舶分船宽结构变化　　　　单位：艘

年份	合计	≤20 米 ≤1 万吨	20～25 米 1～2 万吨	25～30 米 2～3 万吨	30～35 米 3～5 万吨	35～40 米 5～7 万吨	40～45 米 7～10 万吨	45～50 米 10～20 万吨	>50 米 >20 万吨
2011	145583	123169	15166	3514	2549	212	297	204	472
2012	147141	124623	14219	4086	3185	188	224	299	317
2013	155669	133583	13682	4206	3031	200	172	345	450
2014	152976	130957	13475	3972	3485	220	236	349	282
2015	153205	129517	14110	4118	4332	417	252	318	141

表8.14　　　　　　　南槽航道通航船舶分船长结构变化　　　　　　　单位：艘

年份	合计	<50米	50~110米	110~150米	150~180米	180~200米	200~240米	240~300米	>300米
2011	145583	8.8%	61.6%	20.1%	6.1%	2.3%	0.61%	0.28%	0.13%
2012	147141	8.3%	63.1%	18.6%	6.1%	2.7%	0.66%	0.36%	0.10%
2013	155669	9.1%	64.1%	17.8%	5.5%	2.6%	0.58%	0.27%	0.13%
2014	152976	7.8%	65.2%	18.1%	5.0%	2.9%	0.63%	0.27%	0.14%
2015	153205	7.5%	64.1%	18.9%	5.2%	3.0%	0.89%	0.26%	0.13%

2. 发展特点

南槽航道中、小船舶混杂通航，通航环境较为复杂。目前主要通航吃水7.0米以下船型。其中疏浚段航道尺度为5.5米×250米，实际吃水6.5米及以上的船型需乘潮通航，上行过浅滩持续时间7.1小时，乘潮累计频率80%和90%对应的乘潮水位分别为2.20米和2.11米；下行过浅滩持续时间3.4小时（17艘船编队），乘潮累计频率80%和90%对应的乘潮水位分别为3.02米和2.85米。因此，实际吃水7.0米以上船舶通过南槽航道进出存在通航的时间窗口。当北槽深水航道处于非管制时段时，部分下行空载的1万吨级以上船舶就会选择从北槽深水航道通行。

南槽航道作为中小船舶进出长江口航道的主力航道，在上海港集装箱内支线运输、沿江省市与南方沿海地区物资交流等运输中发挥着主力军作用。2015年，进出南槽航道的船舶为15.3万艘，占进出长江口航道船舶总艘数的68%，其中，小于等于1万吨级船舶艘数占长江口航道同吨级船舶总艘数的比重高达90%。

南槽航道在保障部分大型空载船舶下行任务中发挥了重要的补充作用。随着北槽深水航道通航密度的不断加大，加之交通管制的因素，部分原本走北槽航道的大型空载船舶选择了南槽航道进出。因此，南槽航道在保障大型船舶（部分空载散货船、工程船等）进出长江口航道中发挥了重要的补充作用。近年来，南槽航道大型超宽船舶（船宽大于等于40米）艘数均保持在700艘以上。

第二节 长江口分航道船舶流量预测

在长江口海运总量预测的基础上，结合长江口航道现状及规划、综合考虑重点货类运输组织分析，首先明确南、北槽航道地位作用及承担的主要运输功能，然后分析预测南、北槽航道承担的主要货类运输量，最后分析预测南、北槽航道海运量，预测南、北槽航道船舶流量。

进出长江口航道的船舶主要是指进出上海港、江苏沿江港口及少量安徽以上段中游地区的船舶。依据预测的海船运量、不同吨级船舶承运的货运量比例，并同时考虑船舶大型化发展趋势、航道条件和港口规划等因素进行预测。

根据《长江口航道发展规划》，北槽深水航道主要满足5万吨级以上大型船舶通航要求。南槽航道规划定位主要是为小型船舶、空载大型船舶服务。预测2020年、2030年，长江口北槽深水航道海船流量分别为7.9万艘次、9.4万艘次，南槽航道海船流量分别为17.7万艘次、22.6万艘次。预测详情见表8.15、表8.16。

表8.15　　　　北槽深水航道船舶流量预测　　　　单位：艘次/年

船种	份	合计	1~2万吨	2~3万吨	3~5万吨	5~7万吨	7~10万吨	10~15万吨	15~20万吨	>20万吨
合计	2015	**70625**	17491	10112	21131	1249	2631	1637	1005	382
	2020	**78960**	21550	12510	26600	1770	3380	2220	1190	460
	2030	**94350**	26170	15650	34790	2740	4530	3060	1520	570

续表

船种	份	合计	1~2万吨	2~3万吨	3~5万吨	5~7万吨	7~10万吨	10~15万吨	15~20万吨	>20万吨
散货船	2015	32810	8796	5523	12366	461	1119	912	424	311
	2020	36540	10400	6530	14690	550	1390	1140	520	380
	2030	42100	11260	7580	17900	680	1750	1450	660	480
集装箱船	2015	14061	5123	1804	4510	198	479	653	41	12
	2020	18580	6860	2530	6470	290	710	920	60	20
	2030	27030	9670	3750	10050	470	1180	1360	90	20
油化品船	2015	12405	2993	1855	3876	326	938	67	469	31
	2020	13440	3550	2260	4830	400	1140	80	540	30
	2030	15580	4250	2750	5770	470	1360	90	630	40
杂货船	2015	10353	340	816	216	8	64	5	7	28
	2020	8750	430	1040	280	10	80	10	10	30
	2030	6580	580	1370	360	10	100	10	10	30
客船	2015	995	239	114	163	256	31	0	64	0
	2020	1650	310	150	330	520	60	70	60	0
	2030	3060	410	200	710	1110	140	150	130	0

表8.16　　　　　南槽航道船舶流量预测表　　　　　单位：艘次/年

船种	份	合计	≤1万吨	1~2万吨	2~3万吨	3~5万吨	5~7万吨	7~10万吨	10~20万吨	>20万吨
合计	2015	153205	129517	14110	4118	4404	466	296	153	141
	2020	176600	150130	16100	4620	4820	500	220	110	120
	2030	225990	194030	19930	5550	5480	540	230	110	130
散货船	2015	64817	52531	7181	2038	2375	330	180	88	94
	2020	67700	54940	7470	2120	2460	340	190	90	100
	2030	73110	59490	8010	2250	2610	360	190	90	100
集装箱船	2015	42984	35021	4788	1358	1583	76	86	48	24
	2020	54810	45120	6110	1650	1840	80			
	2030	79960	66790	8620	2220	2240	90			

续表

船种	份	合计	≤1万吨	1~2万吨	2~3万吨	3~5万吨	5~7万吨	7~10万吨	10~20万吨	>20万吨
油化品船	2015	30383	27600	1754	519	381	59	30	17	23
	2020	36040	32780	2070	600	440	70	30	20	20
	2030	48260	44050	2730	770	530	80	40	20	30
杂货船	2015	14615	14023	328	202	62				
	2020	17430	16740	390	240	70				
	2030	23610	22710	510	300	90				
客船	2015	406	342	59	1	3	1			
	2020	620	550	60	10	10	10			
	2030	1050	990	60	10	10	10			

注：表中现状数据主要是根据现有统计得出，2015年散货船、集装箱船、油气化工品船7万~10万吨、10万~20万吨、20万吨以上的都有一定数量，部分是造船厂新船舶出海，也可能存在部分的统计误差。在未来的预测中，考虑到部分下行的大型干散货空船有走南槽的可能和需求。

第4篇
效益评价

　　本篇以2012年开展的《长江南京以下12.5米深水航道二期工程运量预测与经济分析专题研究》中经济费用效益分析、区域经济影响分析、经济风险分析和2016年开展的《长江口航道货运量及船舶流量预测研究》中必要性分析为主要依托,分别将上述主要研究过程和研究结论在第9章、第10章、第11章和第12章进行论述。

第 9 章　经济费用效益分析

第一节　评价方法与依据

1. 评价方法

本项目属公益性的基础设施项目，由国家财政全额拨款，不能依靠收取通行费之类的办法来回收投资，因此不做财务评价，只进行国民经济评价。其效益主要体现在运输条件的改善对腹地内国民经济的拉动作用，将从国民经济的角度对工程所产生的直接效益进行评价，以更好地分析本项目对社会经济的贡献。

根据相关规定，国民经济评价一般采用经济费用效益分析法，在对项目所消耗的资源和产生的效益进行测算后，从合理配置资源角度，分析项目投资的经济效率和对经济社会产生的贡献，评价本项目的经济合理性，为水运建设项目决策提供依据。本次分析将进行经济内部收益率、经济净现值、经济效益费用比等主要评价指标的测算。

2. 评价原则

①资源合理配置原则：国民经济评价是按照资源合理配置的原则，从国

家整体角度考虑项目的效益和费用。

②效益和费用统一的原则：费用效益计算应按照口径一致和可比原则，在计算层次、边界范围和时间期限上保持一致，防止扩大或重复计算。

③"有—无"对比原则：通过对"有项目"情况和"无项目"情况的对比，按照增量分析的原则，确定项目的经济效益和费用。其中，"无项目"状态是指不实施本工程时，现有运输系统在评价期内与工程有关的费用与收益的预计发展情况；"有项目"状态是指实施本工程后，在评价期内费用与收益的预计情况。

具体到本项目，"无项目"是指长江口 12.5 米深水航道向上延伸到南通后，不再继续实施向上延伸工程的情况下，按照目前的航道、港口条件以及船型和运输组织方式，完成现有的货物运输需求时所产生的直接运输费用效益情况；"有项目"是指长江南京以下 12.5 米深水航道延伸全线贯通，按照当时的航道、港口条件以及船型和运输组织方式，完成同样的货物运输需求时所产生的运输费用效益的实际情况。

3. 工程概况及评价范围

长江南京以下 12.5 米深水航道工程是在长江口深水航道的基础上，将 12.5 米水深从太仓上延至南京，全长约 280 公里。拟分三期进行，一期工程对太仓至南通段的 56 公里航道进行整治；二期工程将对南通至南京段的 227 公里航道进行治理，力争于 2015 年底前实现南京以下 12.5 米深水航道全线贯通的建设目标；三期工程将根据一、二期工程的建设效果和局部河段河势变化等情况，在"十二五"期以后适时实施太仓至南京段航道治理后续工程，进一步改善航道条件，全面建成长江南京以下 12.5 米深水航道。

综上所述，确定本工程直接经济效益计算范围为长江深水航道航道南通至南京段。

4. 评价依据

①《投资项目可行性研究指南》，国家发展改革委，2002 年；

②《建设项目经济评价方法与参数》（第三版），国家发展改革委、建设部，2006年；

③《建设项目经济评价案例》，建设部标准定额研究所，2006年；

④《水运建设项目经济评价方法与参数》，交通运输部，2009年；

⑤《航道建设项目预可行性研究报告和工程可行性研究报告编制办法》，交通运输部，2009年；

⑥《长江口深水航道治理工程评估报告》，中国工程院，2011年；

⑦相关港口吞吐量、船舶流量统计资料，全国及地方统计年鉴等。

第二节　方案和参数

1. 评价方案设立

①"有项目"情况。实施长江南京—南通段12.5米深水航道工程，可满足5万吨级集装箱船和5万吨级其他海船减载双向通航要求，兼顾10万吨级散货船减载通航，其中江阴长江大桥以下兼顾10万吨级以上散货船减载通航。

②"无项目"情况。不实施12.5米深水航道南京—南通段工程，南通至南京段航道维持10.5米水深，南通以下段12.5米水深航道全线贯通。3万吨级以下船舶可满载通航，3万吨级以上船舶可减载通航，部分货物通过沿海港口中转运输。

2. 评价参数

①社会折现率。依据《建设项目经济评价方法与参数》（发改委2006

版），结合当前实际情况，取社会折现率8%。

②评价期。由此，本次评价工作的计算期为26年（2015～2040年），其中建设期3.5年（2015年7月～2018年12月），营运期22.5年（其中试营运期1年，营运期2020年1月～2040年12月）。

第三节 受益货运量预测

1. 航道货运量现状

长江深水航道南通—南京段2000年以来海运量呈快速增长态势，由2000年的4713万吨，增长到2005年的1.4亿吨，2011年已达到了4.4亿吨。"十五"和"十一五"以来年均增速24.3%和20.8%，与"九五"期13%的增速相比，明显提高。海运量中，海进江运量占主导地位，2005年以来占总运量比重维持在75%～80%左右。

海运量构成中以煤炭、铁矿石等能源、原材料等大宗物资占主导，所占比重由2005年的43%增长到2011年的55%；但随着基建规模的加大以及沿江石化、建材、粮油加工等产业的发展，矿建、钢铁、成品油、木材、粮食等货物海运量也呈现快速增加趋势；另外，南京以下沿江港口一直承担着为长江中上游地区中转的任务，2011年中转量达到了5200万吨，以煤炭、铁矿石为主。

2. 航道海运量预测

未来，煤炭、矿石、集装箱仍然是长江江苏段海运量增长的主体，占总量的比重保持在50%以上。原油则以管道运输为主，水运作为补充，将维持在一定的运量水平。粮食、非金属矿石、钢材等货类有望保持更快的增长，成为新的增长点。预测本期工程段海运量2015年、2020年和2030年分别为5.5亿吨、7.0亿吨和8.8亿吨。分货类海运量现状及预测详情见表9.1。

表9.1　长江深水航道（南通—南京段）海运量现状及预测　单位：万吨、万TEU

	2011年	2015年	2020年	2030年
总计	43589	55000	70000	88000
1.煤炭	13738	18000	20500	22500
2.石油及制品	2873	3200	4300	6100
3.铁矿石	10259	11000	13500	15300
4.其他	18278	18400	25500	36000
5.集装箱箱量	217	350	500	700

3. 参与效益计算货运量的识别

本项目的国民经济效益主要体现为航道条件改善后的航运效益，航道条件改善后，煤炭、铁矿石、石油及制品、散粮、钢铁、木材、水泥、集装箱等需要大船运输的散杂货等都将不同程度的受益，但受益最大的是可采用大船直达运输的货种。

另外，按照工程推荐方案，12.5米水深航道在福姜沙河段选择福中+福北的组合方案，福南水道将保持10.5米水深，因此经过福南水道的部分货运量将不因本工程受益。由此，综合考虑各因素，预测各货类参与效益计算的货运量详见表9.2。

表9.2　参与效益计算分货类运量预测表　单位：万吨、万TEU

货种	2016年	2020年	2030年
合计	20000	26500	31000
1.原油及外贸成品油	1000	1400	1700
2.北方粮食	300	400	800
3.外贸进口粮食	400	600	600
4.北方沿海来煤	8500	10700	11700
5.外贸进口煤炭	700	1050	1400

续表

货种	2016年	2020年	2030年
6. 外贸进口铁矿石	2300	3800	4600
7. 二程中转铁矿石	5300	6300	7000
8. 其他散杂货	1350	2000	2800
9. 近洋及内贸集装箱	15	25	40

第四节　通航船舶现状及发展趋势分析

1. 进出海运船舶现状

随着长江口12.5米深水航道向上延伸工程的实施，进出江苏沿江港口船舶大型化趋势明显。船舶平均载重吨位由2005年的7523吨/艘次增长至2011年的11280吨/艘次。2011年进出江苏沿江港口3万吨级以上和5万吨级以上船舶艘次分别达到了15180艘次、3688艘次，与2005年相比年均增长速度分别为24.4%和19.7%；大型船舶集中在江阴以下港口，从沿江各港到港船舶吨级构成看，其中3万～5万吨级船舶在各港分布相对均匀，各港所占比重在5%～10%左右；5万～10万吨级以上船舶则几乎全集中在江阴以下港口，以江阴港、张家港和南通港为主。

10万吨级以上大型减载船，随着长江口深水航道向上延伸工程实施以来增长迅猛，由2005年的仅为120艘次增长到2010年的782艘次，而自2011年初12.5米深水航道延伸到太仓试运行以来，增长趋势更为明显，2011年已达到了1072艘次。10万吨级以上大型船舶主要是减载进江的矿石运输船，主要集中在南通港、苏州港太仓港区，2011年两港分别达到了的514艘次和380艘次。

2. 通航船型发展趋势

长江南京以下 12.5 米深水航道全线贯通后，煤炭、石油及制品、铁矿石、粮食、集装箱等主要货类运输组织及船型将发生较大变化：外贸铁矿石和煤炭外海中转运输比例将下降，10 万～20 万吨级大型散货船减载后直达沿江港口的比例将提升，同时，货物实载率也将提升 15%～20%；煤炭、粮食外贸直达运输 5 万～10 万吨级船型比例进一步加大，货物实载率将提升 15%～25%；外贸进口原油二程中转及国内海洋油运输船型将以 5 万～8 万吨级船为主，外贸进口成品油运输将以 3 万～5 万吨级船为主；集装箱内贸及近洋航线将出现 3000～4000TEU 船。

第五节　经济费用的识别和计算

1. 工程投资及工期

本工程自 2015 年 7 月工程建设起至 2018 年 12 月完工，历时 3.5 年，总投资 79.8 亿元。

鉴于本工程的主要投入物已基本市场化，不再对投资进行影子价格调整。测算后的分年经济费用详见表 9.3。

2. 航道维护费用

根据工程投资估算，建设期工程完工后，每年航道维护费用约为 30585 万元。

表9.3　　　　　二期工程分年度投资安排及年维护费用汇总表

费用	合计	施工期（3.5年）				试运行期（1年）	营运期
		第1年	第2年	第3年	第4年	第5年	2020年之后
		2015年	2016年	2017年	2018年	2019年	
总投资（万元）	798486	111785	214325	203870	233515	34991	
年维护费用（万元/年）	30585						30585

第六节　航运经济效益的识别和计算

本项目的国民经济效益主要体现为航道条件改善后的航运效益、港口效益、航运服务业（货代、船代、引水等）、物流业等等。对于港口效益，航道条件的改善促进了码头吨级能力的提高，但码头单位装卸成本下降并不明显，因此，体现出的港方效益并不明显；同时港口效益的实现还需要增加相应的港口投资，这部分投资并未包括在本工程范围内，本着效益费用一致的原则，本次评价不考虑港口效益。对于航运服务业、物流业等相关产业的效益，由于很难量化而且其所需的投资也不包括在本工程中，因此本次评价也不考虑。

综上，本次直接经济效益仅计算航道条件改善后所产生的航运效益，暂不计入港口和其他效益。具体的航运效益主要体现为以下几方面。

①航道增深后船型增大带来船舶运输费用的节约；

②航道拓深后直达运输增加所产生的运输费用节约，即部分原先需要二程中转运输的货物改为直达运输而产生的运输费用节约；

③航道增深后船舶等候时间减少，相应产生的船舶艘天费用的节约；

④货物在途时间的减少产生的货物时间价值的节约。

1. 船舶大型化产生的运输费用节约

船舶运输费用（即船舶艘天费用），是指营运船舶平均每天所发生的各类费用之和，一般包括船舶资本费用、修理费、保险费、船员工资、燃润料费、物料费及其他费用等。

航道浚深后，运输船型将会增大，船舶的单位运输成本将会相应下降。在完成同样运量的条件下，将有更多的货物由更大型的船舶承运，从而会带来运输费用的节约。

根据对本段货运量构成和流量流向的分析，船舶大型化的效益主要体现在煤炭、铁矿石、石油及制品、粮食、其他散杂货和集装箱等需要大船运输的货类上。主要受益货类的航线构成如下。①煤炭：来自国内秦皇岛、黄骅等北方沿海港口的海进江煤炭以及来自澳大利亚等地的外贸进口煤炭；②铁矿石：来自澳大利亚、印度等地的外贸进口铁矿石及宁波—舟山等沿海港口二程中转的铁矿石；③石油及制品：外贸进口及海洋原油、来自新加坡等东南亚地区的外贸进口成品油；④粮食：来自美洲等地的外贸进口粮食及北方粮食；⑤集装箱：内贸及近洋航线集装箱；⑥钢铁、水泥等需要大船运输的件杂货。

参考实际营运中大型船舶所占的比重以及船舶大型化发展趋势，通过"有—无"对比，典型年份分货类分航线的船舶大型化运输效益测算结果详见表9.4。

表9.4　　　　　　　船舶大型化运输费用节约　　　　　　单位：万元

货种	2016年	2019年	2020年	2030年
北方煤炭	6861	36976	54421	76469
二程铁矿石	894	4966	7457	10648
原油及外贸成品油	409	2528	4074	5118
北方及外贸粮食	1879	11790	19204	27084
其他散杂货	799	4807	7611	13484
近洋及内贸集装箱	147	996	1711	3344
合计	10990	62064	94478	136147

2. 减少中转产生的运输费用节约

减少中转所产生的运输费用节约主要体现在外贸进口铁矿石、外贸进口煤炭运输两个方面。其中，在"有项目"情况下，原先需要在长江口外中转的外贸进口铁矿石、外贸进口煤炭可以通过亏载、减载直达运输完成，从而节约了在沿海港口中转费用和部分二程运输费用。测算结果详见表9.5。

表9.5 　　　　　　　　减少中转运输费用节约　　　　　　　单位：万元

货种	2016年	2019年	2020年	2030年
外贸进口煤炭	674	3445	6660	11892
外贸进口铁矿石	2293	14422	23526	39143
合计	**2967**	**17867**	**30185**	**51035**

3. 船舶等候时间减少产生的停泊艘天费用节约

在航道水深为10.5米情况下，部分3万吨级以上大型船舶需要候潮进港，当航道水深达到12.5米后，船舶等候的时间将有很大的节省；同时，在完成同样运量的情况下，船舶年航行艘次数将会下降，相应也会减少船舶的等候时间，直接会带来船舶停泊艘天费用节约。测算结果详见表9.6。

表9.6 　　　　　　　船舶等候时间减少费用节约　　　　　　　单位：万元

货种	2016年	2019年	2020年	2030年
石油	31	194	313	437
粮食	16	101	164	304
煤炭	266	1449	2145	3391
铁矿石	188	1090	1689	2729
散杂货	27	165	261	513
集装箱	9	59	101	219
合计	**537**	**3057**	**4673**	**7593**

4. 货物在途时间价值节约

货物在途运输时间的节省，将带来经济费用的节约，货物时间价值的确定是基于货物价值来测算的，按货值利息测算。本次主要考虑外贸进口煤炭、铁矿石因减少中转以及候潮时间减少带来货物时间价值的节约。参考最近一段时间我国外贸进口煤炭约 650 元/吨、铁矿石 900 元/吨的市场价格来测算货物时间价值节约。测算结果详见表 9.7。

表9.7　　　　　　货物在途时间价值节约　　　　　　单位：万元

货种	2016 年	2019 年	2020 年	2030 年
外贸进口煤炭	15	94	150	269
外贸进口铁矿石	50	317	517	861
合计	**66**	**411**	**668**	**1130**

第七节　经济费用效益分析

国民经济评价采用动态指标体系，动态指标是考虑货币的时间价值，要根据资金占用时间，按一定的折现率计算资金的价值，它能较全面真实反映整个经济寿命期内的经济效果。国民经济主要动态评价指标为：经济内部收益率（EIRR）、经济净现值（ENPV）、经济效益费用比（BCR）等指标。

①经济内部收益率（EIRR），是反映项目对国民经济净贡献的指标。它是项目在计算期内经济净效益流量的现值累计等于 0 时的折现率，其表达式为：

$$\sum (B-C)_t (1+ EIRR)^{-t} = 0 \quad （9-1）$$

式中：B 为经济效益流量；C 为经济费用流量；$(B-C)_t$ 为第 t 期的经济净效益流量。

经济内部收益率大于或等于社会折现率，表明项目对国民经济的净贡献达到或超过了要求的水平，认为项目从经济资源配置的角度是可以被接受的。

②经济净现值（ENPV），反映项目对国民经济净贡献的指标。是指项目按照社会折现率将评价期内各年的经济净效益流量折现到建设初期的现值之和。其表达式为：

$$ENPV = \sum (B-C)_t(1+i_s)^{-t} \tag{9-2}$$

式中：i_s 为社会折现率。

经济净现值等于或大于零表示国家为拟建项目付出代价后，可以得到符合社会折现率的社会盈余，这时就认为项目是可以接受的。

③经济效益费用比（BCR），是反映项目对国民经济的全部贡献与国民经济为项目付出的代价的比例关系。等于用社会折现率折算的项目的全部效益现值与全部费用现值之比。其表达式为：

$$BCR = \frac{\sum_{t=1}^{n} B_t(1+i_s)^{-t}}{\sum_{t=1}^{n} C_t(1+i_s)^{-t}} \tag{9-3}$$

式中：B_t 为第 t 期的经济效益；C_t 为第 t 期的经济费用。

在经济费用效益识别和计算的基础上，通过编制现金流量表，计算得出本工程的经济内部收益率（EIRR）、净现值（ENPV）、经济效益费用比（BCR）分别为：

内部收益率（EIRR）：14.1%；

经济净现值（ENPV，i=8%）：442847 万元；

经济效益费用比（BCR）：1.6。

经济内部受益率大于社会折现率 8%，经济净现值大于 0，经济效益费用比 1.6，项目在经济上可行。

国民经济效益费用流量表见表 9.8。

表9.8　经济费用效益流量表

	建设期				营运期								
	2015年 第1年	2016年 第2年	2017年 第3年	2018年 第4年	2019年 第5年	2020年 第6年	2021年 第7年	2022年 第8年	2023年 第9年	2024年 第10年	2025年 第11年	2026年 第12年	2027年 第13年
1. 国民经济效益													
1.1 船舶运输费用节约		10990	11439	11913	62064	94478	95604	110579	125920	127475	129070	130705	132383
1.2 减少中转运输费用节约		2967	3165	3361	17867	30185	30697	35677	40818	46123	46907	47704	48515
1.3 减少船舶候潮时间费用节约		537	561	585	3057	4673	4740	5495	6272	7070	7173	7279	7386
1.4 货物时间价值节约		66	71	76	411	668	776	789	903	1021	1038	1056	1074
效益合计		14559	15235	15936	83399	130004	131817	152541	173913	181690	184188	186744	189357
2. 国民经济费用													
2.1 工程投资	111785	214325	203870	233515	34991								
2.2 航道维护费						30585	30585	30585	30585	30585	30585	30585	30585
费用合计	111785	214325	203870	233515	34991	30585	30585	30585	30585	30585	30585	30585	30585
3. 净效益流量	-111785	-199766	-188635	-217579	48408	99419	101232	121956	143328	151105	153603	156159	158772
4. 累计净现金流量	-111785	-311551	-500185	-717764	-669356	-569937	-468705	-346749	-203422	-52317	101286	257445	416217

经济内部收益率（EIRR）：14.1%；经济净现值（ENPV）：44.3亿元；经济效益费用比：1.6。

经济费用效益流量表

营运期

	2028 年 第 14 年	2029 年 第 16 年	2030 年 第 17 年	2031 年 第 18 年	2032 年 第 19 年	2033 年 第 20 年	2034 年 第 21 年	2035 年 第 22 年	2036 年 第 23 年	2037 年 第 24 年	2038 年 第 25 年	2039 年 第 26 年	2040 年 第 27 年
1、国民经济效益													
1.1 船舶运输费用节约	134103	135869	136147	136147	136147	136147	136147	136147	136147	136147	136147	136147	136147
1.2 减少中转运输费用节约	49341	50181	51035	51035	51035	51035	51035	51035	51035	51035	51035	51035	51035
1.3 减少船舶候潮时间费用节约	7495	7606	7593	7593	7593	7593	7593	7593	7593	7593	7593	7593	7593
1.4 货物时间价值节约	1092	1111	1130	1130	1130	1130	1130	1130	1130	1130	1130	1130	1130
效益合计	192031	194767	195905	195905	195905	195905	195905	195905	195905	195905	195905	195905	195905
2、国民经济费用													
2.1 工程投资													
2.2 航道维护费	30585	30585	30585	30585	30585	30585	30585	30585	30585	30585	30585	30585	30585
费用合计	30585	30585	30585	30585	30585	30585	30585	30585	30585	30585	30585	30585	30585
3、净效益流量	161446	164182	165320	165320	165320	165320	165320	165320	165320	165320	165320	165320	165320
4、累计净现金流量	577663	741845	907164	1072484	1237804	1403124	1568444	1733764	1899084	2064404	2229723	2395043	2560363

第 10 章　区域经济影响分析

第一节　思路和方法

区域经济影响分析系指从区域经济的角度出发，分析水运建设项目对所在区域乃至更大范围的经济发展的影响。特大型水运建设项目将对区域经济发展产生较大影响时，应进行区域经济影响分析。

长江南京以下 12.5 米深水航道二期工程（以下简称"工程"）属于大型航道建设项目，该工程建设不仅对江苏省沿江地区经济产业发展产生重要影响，同时也将辐射长江中上游的广大中西部地区，对区域开发开放、产业布局和优化调整等方面均具有重要的促进作用。

由于本工程对区域经济的影响范围大、涉及面广、作用突出，本部分重点从工程与区域发展战略和长远规划的关系，对区域产业、外贸、城镇化、区域就业、环境效益等方面的影响进行分析。

其中，工程对区域经济、产业发展的定量贡献，采用投入产出分析方法进行测算；工程对区域发展规划、产业发展、外贸、综合运输体系等发展的影响，以相关发展规划为参考，采用定性分析方法为主。

经济影响定量测算和经济影响分析分别在第二节、第三节进行阐述。

第二节 区域经济影响定量测算

一、对区域经济发展的贡献作用

作为特大型建设项目，本工程将对区域经济增长产生较大的直接和间接贡献，主要体现在以下方面：由工程投资产生的直接 GDP 贡献和工程诱发货运量增加带动的直接 GDP 贡献、GDP 后向拉动效应、前向推动效应以及消费乘数效应等。

表10.1　　　　　　　工程宏观经济效益汇总表

效益分类		效益含义
工程投资拉动 GDP 增长（E_i）		工程投资增加对 GDP 的直接贡献
诱发货运量对 GDP 贡献	直接 GDP 贡献（E_d）	由港口相关经济活动自身创造的增加值对地区经济和国民经济的经济贡献
	后向拉动效应（E_b）	由于港口需要其他部门的产品作为其中间投入而对社会净产值所作的贡献，表现为间接创造的一系列净产值之和
	前向推动效应（E_f）	由于港口生产充当其他部门的中间投入而对社会净产值所作的贡献，表现为间接创造的一系列净产值增量之和（一般不计入对 GDP 的贡献）
	消费者乘数效应（E_c）	指港口的直接效益、后向拉动效应由于消费对生产的反作用而使社会净产值进一步增加
诱发货运量的总 GDP 贡献（E_t）		$E_t = E_d + E_b + E_c$

1. 计算方法

对经济发展的贡献主要利用投入产出表，构建相关数学模型进行测算。投入产出表是表示一个经济系统中所有部门各种投入来源和所有各类产品去向数量关系的棋盘状表格。根据投入产出表建立相关数学模型，可以定量刻画和计算出各个部门之间联系的紧密程度和相互依存关系。按照单位来划分可以将投入产出表分为价值型和实物型投入产出表。本次计算采用价值型投入产出表（见表10.2），是将整个国民经济（可以指一个国家或地区）划分为 n 个部门，编制出的一份价值型投入产出表。

表10.2　　　　　投入产出表基本样式

投入＼产出		中间产出					最终产出			总产出
		部门1	部门2	…	部门n	合计	积累	消费	合计	
中间投入	部门1	x_{11}	x_{12}	…	x_{1n}	$\sum_j x_{1j}$	y_{11}	y_{12}	Y_1	X_1
	部门2	x_{21}	x_{22}	…	x_{2n}	$\sum_j x_{2j}$	y_{21}	y_{22}	Y_2	X_2
	⋮	⋮	⋮	I	⋮	⋮	⋮	II	⋮	⋮
	部门n	x_{n1}	x_{n2}	…	x_{nn}	$\sum_j x_{nj}$	y_{n1}	y_{n2}	Y_n	X_n
	合计	$\sum_i x_{i1}$	$\sum_i x_{i2}$	…	$\sum_n x_{in}$	$\sum_{i,j} x_{ij}$	$\sum_i y_{i1}$	$\sum_i y_{i2}$	$\sum_i Y_i$	$\sum_i X_i$
最初投入	折旧	D_1	D_2	…	D_n	$\sum_j D_j$		IV		
	劳动报酬	V_1	V_2	…	V_n	$\sum_j V_j$				
	生产净额	M_1	M_2	…	M_n	$\sum_j M_j$				
				III						
	营业盈余	R_1	R_2	…	R_n	$\sum_j R_j$				
	合计	G_1	G_2	…	G_n	$\sum_j G_j$				
总投入		X_1	X_2	…	X_n	$\sum_j X_j$				

根据上述投入产出表，可得到以下方程组：

$$\begin{cases} x_{11} + x_{12} + \ldots + x_{1n} + Y_1 = X_1 \\ x_{21} + x_{22} + \ldots + x_{2n} + Y_2 = X_2 \\ \quad\quad\quad\ldots\ldots \\ x_{n1} + x_{n2} + \ldots + x_{nn} + Y_n = X_n \end{cases} \quad (10\text{-}1)$$

上述方程组用矩阵表示为:$AX+Y=X$,其中,

$$A = \begin{bmatrix} a_{11} & a_{12} & \cdots & a_{1n} \\ a_{21} & a_{22} & & a_{2n} \\ \vdots & & \ddots & \vdots \\ a_{n1} & a_{n2} & \cdots & a_{nn} \end{bmatrix}$$

$$X = (X_1 X_2 X_3 \ldots X_n)^T$$

$$Y = (Y_1 Y_2 Y_3 \ldots Y_n)^T$$

A 为直接消耗矩阵,

$$a_{ij} = \frac{x_{ij}}{X_j}(i,j=1,2,\ldots,n) \quad (10\text{-}2)$$

根据上述方程组,可得到投入产出行模型:

$$X = (I - A)^{-1} Y \quad (10\text{-}3)$$

其中,方程 $B = (I - A)^{-1}$ 为列昂惕夫逆矩阵。

$$C = (I - A)^{-1} - I = (c_{ij})_{n*n} \quad (10\text{-}4)$$

C 为完全消耗系数矩阵,c_{ij} 表示提供第 j 部门单位产品对第 i 部门产品的完全消耗量。

在计算过程中,要用到一个基本概念,就是 GDP 增加值系数:

$$Z_j = \frac{g_j}{x_j} \quad (10\text{-}5)$$

其中,

$$Z = (z_1 z_2 \ldots z_n)^T$$

2. 工程投资对 GDP 的贡献

根据投资理论，工程投资本身会带来较大的国民经济效应。主要表现为：固定资产投资本身将直接导致 GDP 的增长，同时 GDP 增长又会带动其他行业的发展、居民收入水平的提高以及消费的增长，进一步推动 GDP 增长。根据凯恩斯乘数原理，投资乘数（用 k 表示）表示单位投资能带来 GDP 的增加量，因此求出投资乘数，结合工程实际投资，即可求出对 GDP 的贡献。工程主要在江苏沿江地区，同时又主要是对江苏省 GDP 的贡献，因此采用江苏省的投资乘数进行测算。根据江苏省最新投入产出表，计算得出 2007 年江苏省边际消费倾向（用 c 表示）为 0.2761。一个地区边际消费倾向短期内一般变化不大，考虑到 2012 年最新投入产出表要在 2015 年才能编制出来，故暂用 2007 年的边际消费倾向来代替当前的消费倾向值。

主要公式为：

$$E_i = I \cdot k \tag{10-6}$$

其中，I 为项目投资额，

$$k = \frac{1}{1-c} \tag{10-7}$$

$$c = \frac{\sum_i y_i^2}{\sum_j g_j} \tag{10-8}$$

经计算，投资乘数为 1.3815。

根据推荐方案的工程投资 798486 万元，将投资分摊到 2015 年至 2019 年各年末，计算出相应年份对 GDP 的贡献折现后分别为 12.3 亿元、21.8 亿元、19.2 亿元、20.3 亿元和 2.8 亿元，合计为 76.3 亿元。即通过投资乘数方法测算，工程投资对区域 GDP 的贡献约 76.3 亿元。

同时，工程每年的维护费用为 30585 万元，从 2020 年开始，计算期截止到 2030 年，计算相应年份维护费用投入对 GDP 的拉动，折现共计为 17.6 亿元。即通过投资乘数方法测算，工程建成后每年的维护费用投入对区域 GDP

的贡献为 17.6 亿元。

综上，工程建设期间（2015～2018年）投资和工程建成后（2020～2030年）每年的维护费用投入对 GDP 的贡献共计约为 93.9 亿元。

3. 工程诱发货运量增加对 GDP 的贡献

工程实施完成后，航道条件将明显改善，货运量会明显增加。货运量的增加对 GDP 的贡献和拉动主要体现在以下几个方面。一是货运量增加本身带动 GDP 增长（称为直接 GDP 贡献效应）。二是水运货运量增加，水运行业发展，会拉动水运业上游产业发展，即上游如造船、燃油销售等作为水运行业中间投入的相关产业发展，进而带动 GDP 增加（称为后向拉动效应）。三是水运业发展，会推动并保障把水运业作为中间投入的相关下游产业的发展，如电力行业、冶金行业等，进而促进 GDP 的增长（称为前向推动效应，对 GDP 的贡献一般不将其计入）。四是诱发货运量对 GDP 增长的贡献将对区域消费需求产生较大的带动作用。

总体计算思路：

根据最新出版的江苏省投入产出表，以 144 个细化行业构成的 144×144 投入产出基本流量表（含 20736 个数据单元），建立投入产出模型，计算出直接消耗矩阵、完全消耗矩阵和列昂惕夫逆矩阵，直接 GDP 贡献可以根据 144 个细化行业的投入产出基本流量表得出，根据后向拉动贡献和前向推动贡献的投入产出模型方程，计算得出后向拉动效应和前向推动效应，进一步计算出消费乘数效应。

工程诱发运量测算过程：

目前对水运工程诱发运量的测算尚未有较为精确的定量测算方法。本文借用公路行业区域间诱发运量的测算公式，进行初步改进，对本工程诱发运量进行测算。针对现状区间水运货运量不为零时，工程诱发运量的测算采用如下形式：

$$Q_{ij}' = \left[\left(\frac{C_{ij}}{C_{ij}'}\right)^{\gamma} - 1\right] \cdot Q_{ij} \qquad (10\text{-}9)$$

其中：Q_{ij}' 为 i 到 j 区域的诱增交通量，在这里指区外到江苏沿江区域的诱发水运量，C_{ij} 为没有本工程时总体水路运输费用，C_{ij}' 为有本工程时总体水路运输费用，Q_{ij} 为 i 到 j 区域的趋势水运量，γ 为重力模型参数，水运量预测值等于 Q_{ij}' 与趋势水运量的之和。

根据相关研究成果和相关历史数据拟合标定，γ 在 2018～2020 年和 2020～2030 年间分别取值 0.325 和 0.425，结合相关货类运输成本综合测算，由于本工程实施，总体运输费用节约为 15% 左右，同时结合已有水运量预测值，测算 2018～2020 年和 2020～2030 年间诱发运量分别占相应期间新增运量的 25% 和 35%，即可求出工程诱发货运量分别为 3750 万吨和 6300 万吨。

直接 GDP 贡献效应计算过程：

根据投入产出基本流量表以及江苏省水运业增加值与水运货运量的关系，直接计算每增加 1 吨水运货运量对 GDP 的直接贡献为 91 元（已按照通货膨胀率，将 2007 年价格折算成 2011 年价格，下同）。

后向拉动效应计算过程：

根据完全消耗系数矩阵，可以得到每单位水运业产值完全需要其他中间投入部门投入的产品价值为：$(c_{1j} c_{2j} \ldots c_{nj})^T$，如果水运业增加产值 ΔX，由此引起其他中间投入部门的产值增值分别为：

$$k = (c_{1j} c_{2j} \ldots c_{nj})^T \cdot \Delta X \qquad (10\text{-}10)$$

矩阵形式为：

$$k = C \cdot \Delta X$$

其中，C 为完全消耗系数矩阵，ΔX 为各部门产值增值向量。根据上述完全消耗系数矩阵公式，可求出水运业产值增加 ΔX 后所引起其他部门 GDP 增加，即水运业的后向拉动效应模型方程为：

$$E_b = z \cdot (I - A)^{-1} \cdot \Delta X - \Delta X \qquad (10\text{-}11)$$

根据后向拉动模型方程，利用 EXCEL 或 MATLAB 矩阵分析工具，对其进行矩阵计算，同时结合江苏省水运业增加值与水运货运量的关系，计算得出每增加 1 吨水运货运量对 GDP 的后向拉动效应为 42 元。

因此，1 吨水运货运量（通过直接贡献和后向拉动贡献，不含前向推动效应）对 GDP 的贡献为 133 元。据测算分析，2018～2020 年和 2020～2030 年工程带来的诱发货运量对 GDP 的贡献为 50 亿元和 84 亿元。

4. 对区域消费需求的间接带动作用

指工程诱发货运量增加，带动了区域 GDP 的增长，进而产生了消费乘数效应。水运业对 GDP 的贡献使有关部门扩大生产，提高效益，进而带动相关部门工作人员收入的增加。收入增加后，必然将一部分所增加的收入用于消费，进而带动全社会最终需求的增加。最终需求增加将刺激有关部门进一步扩大生产，导致收入的进一步增加。在这个循环中，由于消费的作用而产生的各生产部门效益之和称为消费乘数效应。根据凯恩斯乘数原理，每增加一个单位 GDP，上述循环产生的最终消费需求是 $c \times 1/(1-c)$（c 为边际消费倾向），对 GDP 的拉动方程为：

$$E_c = (E_d + E_b) \cdot c \cdot \frac{1}{1-c} \qquad (10\text{-}12)$$

根据 GDP 贡献方程，计算得出 2018～2020 年和 2020～2030 年，由于诱发货运量对 GDP 的贡献而产生的消费乘数效应分别为 7 亿元和 12 亿元。

综上分析，2018～2020 年和 2020～2030 年，本工程诱发货运量对 GDP 的总贡献为 57 亿元和 96 亿元。即到 2030 年因本工程诱发货运量增加对 GDP 的总贡献约为 153 亿元。

表10.3　　　　本工程诱发货运量对GDP总贡献汇总　　　　单位：亿元

年份区间	新增货运量（万吨）	诱发货运量（万吨）	诱发货运量GDP贡献	后向拉动效应	消费乘数效应	GDP总贡献
2018～2020	15000	3750	34	16	7	57
2020～2030	18000	6300	57	27	12	96

二、对区域产业发展的积极拉动作用

沿江水运业发展将带动相关基础设施建设、船舶建造等相关水运业上游产业的发展，这些都需要耗费大量的原材料如水泥、钢铁、机械设备等，在水运业的营运过程中还需要消耗电力、燃料等资源，进而拉动相应产业的发展。因此水运生产本身会不断扩大对这些中间投入的需要量，从而促使这些产品的生产部门扩大生产，为这些部门带来效益。上述作用称为水运业对区域相关产业的后向拉动作用。

根据投入产出表产业关联性分析，利用后向拉动模型方程，计算水运业对江苏省144个细分产业的拉动效果，并进行拉动效果排序（见表10.4）。根据计算结果综合分析显示，由于工程实施带动水运业的发展，进而带动相关产业的扩大再生产，其中对石油、船舶制造、电力、装卸搬运、钢铁等产业的拉动效果非常明显。其中，对排名前10位产业的拉动效果是，每增加1吨水运货运量，将带动十大产业对GDP的贡献增加22元，拉动效果较为明显。据测算，2018～2020年和2020～2030年，由于工程实施带动水运量增加，拉动十大产业对GDP的贡献分别为8.4亿元和14.2亿元。

表10.4　　　　工程实施对相关产业后向拉动效果　　　　单位：亿元

效果大小排序	相关产业名单	2018~2020年GDP贡献	2020~2030年GDP贡献
1	石油和天然气开采业	2.98	5.01
2	石油及核燃料加工业	1.40	2.35
3	船舶及浮动装置制造业	0.77	1.30
4	电信和其他信息传输服务业	0.61	1.02
5	银行业	0.56	0.95
6	批发业	0.56	0.94
7	电力、热力的生产和供应业	0.51	0.85
8	装卸搬运和其他运输服务业	0.36	0.61
9	钢压延加工业	0.35	0.58
10	零售业	0.33	0.55

三、对区域产业发展的支撑保障作用

水路运输业是生产过程在流通领域的继续。工程实施带动水运业发展，将会把更多的产品送达消费地，同时也把更多的原材料运至生产地，这为相关产业部门的扩大再生产创造了有利条件，从而为相应生产企业和部门带来效益。对这些产业发展来说，水路运输业实质上是一种必不可少的中间投入。根据国民经济平衡发展原理，水运业的发展，为那些以水路运输服务作为中间投入的相关产业部门进一步扩大生产创造了条件，间接保障了GDP的增长。上述这种作用关系充分体现了水运业在产业发展中的支撑保障作用和有力的推动作用，又称为水运业对其他相关产业发展的前向推动作用。

前向推动效应计算模型：

假定投入产出表中各个生产部门保持原有计划按比例协调发展，即每一个部门需要的水运产值比例不变，则部门 j 需要水运产值 u 为：

$$u_j = \begin{cases} \dfrac{x_{ij} \cdot \Delta x}{(X_j - x_{ij})} & j=1,2,\ldots,n(j \neq i) \\ 0 & j=i \end{cases} \quad (10\text{-}13)$$

这些部门得到运输产值的一部分产值投入以后，就可以扩大生产，增加产值。这时，部门 j 所能增加的产值为：

$$\Delta x'_j = \begin{cases} \dfrac{u_j}{a_{ij}} & a_{ij} \neq 0 \\ 0 & a_{ij} = 0 \end{cases} \quad (10\text{-}14)$$

故由水运部门前向联系导致的各部门产值的增值相应为：

$$\Delta X' = (\Delta x'_1, \Delta x'_2, \ldots, \Delta x'_n)^T$$

此外，上述各部门扩大生产，除了以水运部门为其中间投入以外，还需要其他部门的产品作为中间投入。这些相应部门也存在着各自的前向推动效应，即为 CΔX'。因此，前向推动效应模型方程为：

$$E_f = z\Delta X' + zC\Delta X' = z\Delta X' + z\left[(I-A)^{-1} - I\right]\Delta X'$$

$$= z(I-A)^{-1}\Delta X' \qquad (10\text{-}15)$$

根据前向推动模型方程,对其进行矩阵运算,结合江苏省水运业增加值与水运货运量的关系,计算得出每增加1吨水运货运量对GDP的前向推动效应为1343元。据此测算,2018~2020年和2020~2030年,本工程诱发货运量前向推动效应分别为504亿元和846亿元(一般不计入对GDP的贡献)。

根据投入产出表产业关联分析,利用前向推动模型方程,计算水运业对江苏省144个细分产业的前向推动效果,并进行推动效果大小排序(见表10.5)。经计算和综合分析显示,由于工程实施带动水运业的发展,进而为沿江相关产业的扩大再生产创造了有利条件,起到了非常明显的支持保障效果,其中对农业、批发业、电子制造业、电力、石化、钢铁等产业的保障作用非常显著。对排名前10位产业的推动效果是,每增加1吨水运货运量,将保障前十大产业对GDP的间接推动效应为501元。根据模型测算,2018~2020年和2020~2030年,工程实施带动水运业发展,间接导致十大产业对GDP的前向推动效应分别达188亿元和316亿元。

表10.5　　工程实施对相关产业发展的保障作用效果　　单位:亿元

效果大小排序	相关产业名单	2018~2020年 GDP贡献	2020~2030年 GDP贡献
1	农业	25	42
2	批发业	22	37
3	电子元器件制造业	22	37
4	电力、热力的生产和供应业	21	35
5	石油和天然气开采业	20	34
6	银行业	20	34
7	废品废料	17	28
8	基础化学原料制造业	15	25
9	钢压延加工业	14	24
10	煤炭开采和洗选业	13	21

第三节　区域经济影响分析

一、对区域发展规划的保障作用

1. 促进江苏省沿江发展总体规划的顺利实施

根据《江苏省沿江发展总体规划》，本工程对于该规划实施的促进作用主要体现在：一是本工程将使沿江地区水运条件明显改善和通江达海的区位和交通优势更加突出，运输成本更低，与国际市场和长江中上游地区的联系更加紧密；二是随着工程的实施，沿江地区运输成本将明显降低，该区域对国际产业、资本、技术等要素的吸引力将进一步增强，对中上游地区的辐射能力也逐步提升，为实现规划提出的"沿江经济带""沿江城市带"和"现代化港口群"的发展目标提供有力保障；三是工程的实施，可充分发挥水运对经济的带动效应、对产业的聚集功能和对沿江开发环境的优化功能，为规划提出的打造"全球先进制造业和现代服务业基地""长江流域对外开放的重要门户""促进区域协调发展的纽带""江苏基本现代化建设的先行示范区""长三角世界级城市群的核心区"等战略定位提供有力支撑。

2. 对实施《长江三角洲地区区域规划》的保障作用

一是本工程有利于进一步发挥深水航道优势，为长三角地区经济实现新一轮发展提供运输保障服务。目前，长江三角洲地区已经形成了以上海港为龙头，由江苏、浙江沿海港口和江苏沿江港口共同组成的现代化港口群，在加强长三角地区不断承接国际产业转移、促进产业聚集发展、加快推进区域城镇化进程、增强对长江中上游地区的辐射作用等方面正发挥着重要作用。本工程的实施，将明显完善上海国际航运中心集疏运体系和江苏沿江港口的发展条件，进一步发挥长江黄金水道水运优势，为长三角地区经济社会率先全面建成小康社会提供强有力支撑。

二是本工程有利于优化区域空间布局和推动产业结构优化升级。根据规划，今后长三角地区将形成"一核九带"的区域发展格局。其中，"沿江发展带"发展与本工程紧密相关。同时，在产业发展部分，规划提出了建设全球重要的现代服务业中心和先进制造业基地的总体要求。国内外港口发展经验表明，水运条件改善和港口功能提升对运输需求大的原材料、装备制造等临港工业的发展以及对促进区域贸易、金融、航运服务等相关服务业发展具有积极的影响。因此，本工程的实施，一方面，有利于进一步发挥沿江经济带核心纽带作用，推动区域空间布局的优化提升，另一方面，将通过推动港口和航运的发展，进一步带动长三角地区先进制造业和现代服务业的发展，对推动产业布局调整和优化升级具有重要意义。

3. 保障中上游地区相关发展规划的实施

在中部崛起、西部大开发等重大区域发展战略的总体要求和部署下，为加快长江中上游地区经济社会的转型发展和产业结构优化升级，国家先后出台了皖江城市带承接产业转移示范区、鄱阳湖生态经济区、武汉城市圈和长株潭城市群"两型社会"综合配套改革试验区、重庆两江新区以及成渝统筹城乡发展综合改革试验区等一系列新的区域发展规划和政策。而上述区域发展规划和战略的出台与实施，都需要进一步发挥长江黄金水道对沿线经济社会的支撑和促进作用。本工程的建设，有利于充分发挥长江水路运输大通道的优势，促进长江中上游地区承接长三角等沿海地区的产业转移，加强长江中上游地区与国际市场的联系，推动长江流域开发开放步伐，对中上游地区相关区域发展规划的实施具有积极意义。

可以预计，本工程的实施将在推动沿海产业自东向中西部地区梯度转移、中部崛起西部大开发等区域发展战略深入实施、东中西部地区经济协调发展等过程中发挥非常重要的作用，将为安徽、江西、湖北、湖南等中部地区和四川、重庆等长江上游地区经济实现新一轮跨越式发展提供强有力的支撑。同时，通过长江水运优势的发挥、综合运输成本降低、沿江产业带形成和加快发展等，工程将大大提高中西部地区经济发展的质量和效益，对区域经济结构战略性调整和产业转型升级也具有积极的推动作用。

二、对区域产业集聚发展的促进作用

首先，本工程的实施，将带来航道条件的明显改善，推动港口向大型化、专业化方向发展，引导产业围绕港口呈集聚发展态势。为降低企业运输成本，冶金、装备制造、化工等产业将依托主要港口或重要港区、作业区，集中布局和连片发展，进一步增强产业的规模化、集群化程度，加快产业结构转型和升级，提高产业发展的层次和水平，增强港口、产业之间良性互动。

其次，本工程的实施，将提高长江黄金水道的通过能力，进一步加快沿海产业向中西部地区转移的步伐。产业在中西部地区落地过程中考虑的两个重要因素就是运输成本和人力成本，而运输成本降低的重要途径就是通过长江水运，实现大宗原材料和产成品的低成本调进调出。为此，长江中上游沿线地区产业带开发建设将迎来新的机遇，长江水运在承接产业转移过程中将发挥重要作用。

第三，有利于进一步明确产业链分工，实现上下游地区不同的产业集聚发展模式。下游地区，将充分发挥深水航道优势，加快发展大宗能源物资进口、中转优势，在综合运输、现代物流和航运服务等方面不断形成竞争优势。中上游地区，将充分利用下游地区产业发展阶段及特征，结合本地区未来潜在需求，逐步承接下游地区部分产业转移，实现优势互补、各有特色的产业发展模式。

三、对区域外贸发展的促进作用

随着本工程的实施，长江下游地区航道明显改善，长江黄金水道的水运将进一步得到发挥，长江沿江地区对外资的吸引力将进一步增强。国际资本、产业等将会把长江沿线地区作为投资的重点地区，特别是长江中上游地区，资源优势突出，人力成本优势凸显，对产业的吸引力将会进一步加大。目前，一些外资企业已经看好长江水运的优势以及未来的巨大发展潜力，纷纷将加工企业内迁至江西、湖北、河南、重庆等能发挥长江水运优势的中西部地区。未来，这样的趋势还会加强，直接推动了这些地区外向型经济的发展，也带动了大量原材料的进口和大量产成品的出口，促进了对外贸易的快速发展。

四、对综合运输体系的改善作用

将优化重点物资运输组织方式，提高长江水运运输效率。本工程的实施，将使长江下游外贸进口铁矿石等重点物资运输组织方式发生改变：一是中转次数减少、直达运输比重增加；二是二程海进江船舶的吨级提高。这样，将大大减少长江沿线外贸进口铁矿石、煤炭等在长江口外中转的比例和相关大宗外贸进口物资的运输费用，不断提高长江水运效率。

将充分发挥长江水运优势，不断优化综合运输系统结构。本工程的实施将进一步提升长江下游航道通过能力，充分发挥长江黄金水道水运优势，加快推动船舶大型化，明显提高水路运输效率，进一步增强长江水运竞争优势，不断吸引大宗能源原材料等大宗物资向长江水运转移。有利于进一步贯彻"宜水则水、宜陆则陆"的运输原则，充分发挥多种运输方式优势，提高沿江地区综合运输组合效率和整体效益。

将有助于破解公路建设与发展面临的土地、环境等因素制约，实现各种运输方式协调、可持续发展。当前长江沿线地区，特别是江苏沿江地区公路建设面临的土地、环境制约较大。工程的实施，有利于充分发挥水运运能大、污染轻、占地少的比较优势，适度分担陆路运输压力，对于公路运输的可持续发展以及整个综合交通体系向资源节约型、环境友好型的转变具有积极意义。

五、对区域就业的带动作用

水路运输业的建设、经营和发展不仅自身产生了扩大就业的需求，而且由于带动了前向后向产业的发展从而进一步产生了扩大就业的需求。所以水运业对区域就业的带动作用，不仅仅是指本行业所吸纳的直接从事水运工作的人员，而且还包括水运业和其他部门直接和间接所需要的就业总人数。这里主要利用投入产出表，根据综合就业系数计算水运业对区域就业的贡献。主要计算方程如下：

水运业就业系数 L：

$$L = 水运业就业人数 / 水运业增加值 / 水运货运量 \quad (10\text{-}16)$$

水运业综合就业系数：

$$L_{综合} = L \times B (人/吨) \quad (10\text{-}17)$$

水运业总就业贡献：

$$L_T = L_{综合} \times 诱发货运量（人/吨）\quad (10\text{-}18)$$

根据计算方程和江苏省统计年鉴资料，计算得出水运业综合就业系数为 0.0022 人/吨，结合诱发货运量的测算，2018～2020 年和 2020～2030 年，因工程带来的水运货运量的增加，进而对区域就业的总贡献分别为 8.4 万人和 14.1 万人。

表10.6　　　　　　　本工程对就业的总贡献汇总

年份区间	新增货运量（万吨）	诱发货运量（万吨）	就业总贡献（万人）
2018~2020	15000	3750	8.4
2020~2030	18000	6300	14.1

六、对沿江地区城镇化发展的推动作用

首先，工程投资为城市和区域经济发展带来乘数效应，会为沿江城镇带来大量的引致性需求，引起相关行业的产出增加，居民收入提高，社会消费增长，进而促进产出的再次增加。这种影响会一直持续下去，并将主要在沿江城镇发生，进而带动城镇化进程加快推进。

第二，本工程的实施，将带动沿江水运业的发展。水运业发展将对城市经济发展产生直接影响，直接促进城市建设与发展。水运业包含港口服务业、航运服务业、仓储物流业等，具体包含水运日常维持性活动、货物装卸活动、货运仓储活动等，是沿江城市正常经济活动不可或缺的重要组成部分。同时，水运业的发展，将为城镇建设提供重要的矿建、水泥、钢材等大宗物资运输服务，为沿江城镇化进程提供重要支撑保障。

第三，工程实施带来的航道条件改善和水运业的加快发展，将直接带动沿江产业的集聚和连片发展。沿江城市，特别是重要港口城市节点，在区域中靠近运输节点，具有运输成本低的优势。因此，需要大量进口原材料或者产品出口的产业会首先选择在港口城市集聚。随着港口城市与区域内其他城市交通网络的加强和衔接程度的提高，产业集聚效应在区域内逐步扩散，并产生一定的扩散惯性，为城市带来更广阔的发展空间。

第四，工程实施将进一步增强城镇发展的辐射力。首先，水运业自身发展和沿江产业的集聚发展，推动了相关产业发展，带动了大量劳动就业，吸引人口向沿江城镇转移，扩大了城市规模。第二，水运业的发展，使得沿江

城镇联系更为紧密，资源、管理、技术、人才要素流动加快，有利于沿江城市集中连片发展，部分地区将形成大型城市群，引导城镇集中化、规模化发展，进一步增强城镇发展的辐射力和吸引力。

七、对船舶节能减排，提升环境效益的促进作用

本工程对航运最直接和最重要的影响是促进了运输船舶的大型化和船舶实载率的提高，从而产生了单位货物船舶燃油的节约。

以运输煤炭的散货船为例：工程实施前，从北方来的煤炭以3万吨级左右的散货船运输为主，其一个航次的燃油消耗为123.0吨，按90%实载率计算则每吨货物所用的燃油为6.83公斤；工程实施后，改用5万吨级左右的散货船运输，其一个航次的燃油消耗为221.4吨，同样按90%的实载率计算则每吨货物所用的燃油为4.92公斤。二者相比，5万吨散货船比3万吨散货船每运输1吨煤炭可节约燃油1.91公斤，下降了28.0%。

根据对货物流量流向、运输组织和承运船型的分析，本工程带来的燃油节约主要体现在煤炭、铁矿石箱运输方面。以2015年为例，根据对工程实施前后燃油消耗的计算和比较，本工程产生的船舶燃油节约为55.4万吨。

船舶燃油所排放的主要污染物为氮氧化物（NO_x）、碳氢化合物（HC）、一氧化碳（CO）和可吸入颗粒物（PM10）。根据相关研究对单位船舶燃油污染物排放量的分析结果，通过计算可以得到在上述燃油节约的基础上，本工程还可以减少污染物排放约165.5万吨。

由此可见，本工程的实施，能有效节约燃油消耗，并减少污染物排放，在节能减排和发展绿色交通方面都具有积极的现实意义。

第 11 章　经济风险分析

第一节　评价方法

长江南京以下 12.5 米深水航道治理工程建设规模宏大，建设环境复杂，社会影响广泛，投资规模巨大，建设周期长，在项目的建设和运营过程中存在许多不确定的因素，将对项目的顺利实施和运营维护产生重大的影响。该项目的风险分析研究意在识别项目建设和运营阶段潜在的风险因素，估计各风险因素发生的可能性及对项目的影响程度，从而揭示影响项目成败的关键风险因素，提出项目风险的预警、预报和相应的风险对策，以改进或优化长江南京以下 12.5 米深水航道工程建设方案，降低对项目风险的不利影响，提高项目经济效益，从而提高项目决策的科学化水平，避免出现重大决策失误。

项目风险分析包括风险识别、风险估计、风险评价、风险对策研究四个基本阶段。风险分析所经历的四个阶段，实质上是从定性分析到定量分析，再从定量分析到定性分析的过程。其基本流程如图 11.1 所示。

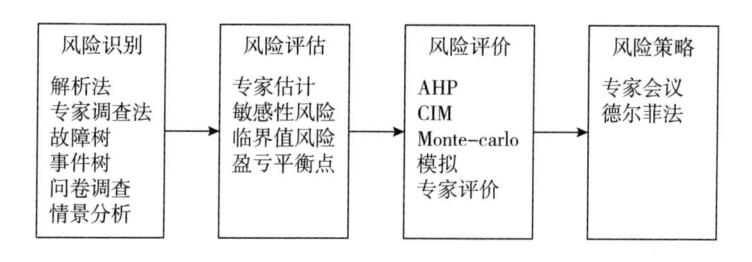

图 11.1　风险分析流程

第二节　风险识别

风险识别是风险分析的基础，投资项目可行性研究阶段涉及的风险因素较多，各行业和项目又不尽相同。风险识别要根据行业和项目的特点，采用适当的方法进行。风险识别是最费时的阶段。识别内部和外部的风险需要分析者富有经验、创建性和系统观念，但由于个人知识、经验和视野的局限性，个人难以完成风险识别任务，具体操作中大多通过专家调查的方式完成。在本项目中组成一个风险分析专业小组，包括工程、技术、经济、运营管理的专家，以弥补彼此专业的缺陷。

一般项目存在的风险因素主要有：工程风险、财务风险、市场风险、资源风险、资金风险、政策风险、外部协作条件风险、社会风险及其他风险。根据长江南京以下 12.5m 深水航道二期工程的特点，并充分借鉴相关项目实施的经验和教训，我们采用专家调查法（checklist）和解析法，按照《投资项目可行性研究指南》的要求，通过多轮调查分析，对本项目的主要风险因素进行逐级深入研究。经过专家调查和研讨，总体上项目的主要风险包括工程风险、投资风险、运营风险和环境风险四个方面，风险结构如图 11.2 所示。

```
                    项目风险
         ┌────────┬────┴────┬────────┐
      工程风险  投资风险  运营风险  环境风险
```

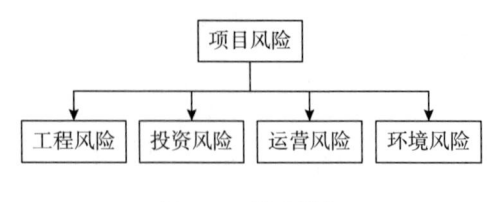

图 11.2　风险结构

基于层次分析法（AHP）的原理，对项目风险的四个主要方面进行剖析，逐级深入分析。

（1）工程风险

①工程量风险。由于航道泥沙淤积规律、河床演变、洪水预测的复杂性及环境的可变性，尽管在项目前期工作中对泥沙淤积等问题进行了相关的专题研究，对航道疏浚工程量进行了深入的研究和测算，但仍然难以全面准确地估算本项目的工程量，加上工程技术方案、施工方案、工期等存在的各种不确定性，都给本项目带来诸多工程风险。

②施工风险。包括施工技术和设备的可靠性、施工组织的合理性、施工能力与水平，对项目的顺利建设都将产生重大的影响，加上施工中意外事件的发生，也将影响项目的正常进行。

③水文气象风险。由于波浪、洪水、潮汐、小区域特殊气候的出现频率、强度和影响范围难以准确预测，它们对项目建设的影响较大。

有关本项目的工程风险，参见图 11.3。

（2）投资风险

①投资估算风险。由于工程量的估计可能存在一定的风险，包括工程量估算的模型可能的缺陷、参数确定的合理性、整治建筑物效果预计的准确性以及建设内容的调整、燃油价格、人工费、材料费、机械台班费和其他各种费率的可能变化，将带来投资估算变动的风险。

②工期变动风险。由于气候影响、航道维护、施工组织等方面的问题，将可能带来的工程量增加和工期延长，造成投资增加。

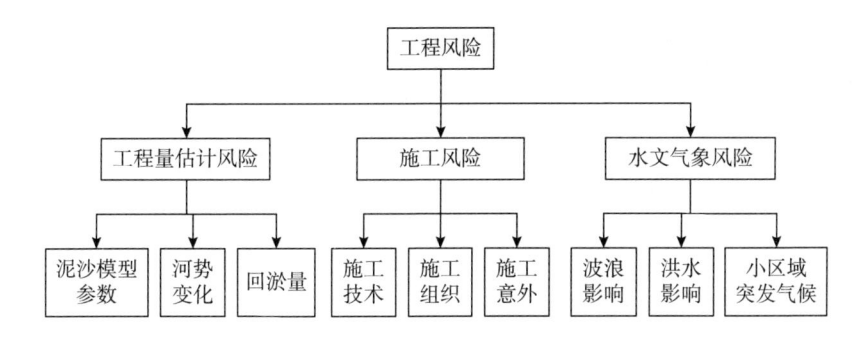

图 11.3　工程风险

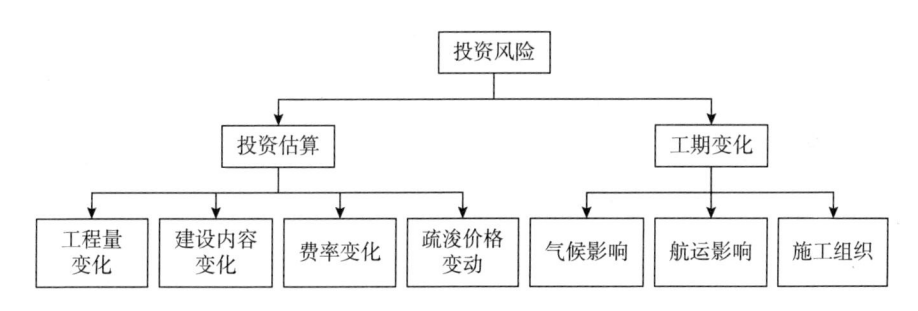

图 11.4　投资风险

（3）运营风险

①市场风险。市场风险主要表现为进出长江南京以下 12.5m 深水航道的船舶密度和大型船舶的比例，具体体现在港口货物吞吐量预测具有一定的不确定性。由于吞吐量受腹地经济发展速度、产业结构、外贸进出口形势、周边港口竞争等众多因素影响，准确地预测吞吐量是比较困难的。通常采用产运销平衡、回归分析、时间序列、弹性系数等多种方法进行预测，并结合腹地经济发展的实际情况和相关规划对各种预测成果进行综合分析提出预测量，以降低单一方法的预测误差。由于统计资料不完善和口径不一致等问题，本项目的市场预测难以采用多种定量数学模型，主要以腹地经济发展对主要货物的需求为基础进行预测。但我国特别是长三角地区当前面临着加快转变经济发展方式等问题，该区域未来的经济发展速度存在着不确定性，预测的基础可能存在一定的误差。

②维护成本。长江南京以下 12.5m 深水航道二期工程完成后整治建筑物的效果和航道的淤积情况将发生变化，实际可能发生的工程维护量尚待验证。目前预计长江南京以下 12.5m 深水航道二期工程完成后，航道每年的正常回淤量为 540 万 m^3，受各种有利和不利因素的影响，维护工程量可能存在一定的变数，将对项目的运营成本产生影响。

同时，由于近年来国内港口建设进入一个新的高潮，航道疏浚市场兴旺，而包括疏浚设备和疏浚企业在内的能力有限，有可能面临疏浚价格上涨的压力，对项目的维护成本影响较大。

③经济效益风险。经济方面的风险一是来自运输费用节约、运输时间节约、减少拥挤、提高安全等经济效益预测的不确定性，项目完成后船型、运输货物结构以及吞吐量存在一定的风险；此外，存在投资或运营费用增加的风险，使项目经济效益水平偏离预期目标。

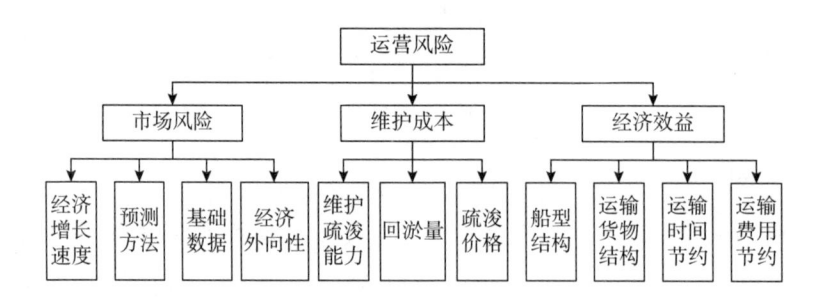

图 11.5 运营风险

（4）环境风险

包括自然环境、社会环境和政策环境风险。

①环境影响风险。环境影响方面的风险主要指工程建设和运营期内航道清淤的疏浚土抛填对周围水域的水资源、渔业资源、土地、岸线、自然环境等产生的负面影响，致使项目不能顺利实施或需要增加大量投资进行治理等。

②政策风险。当前交通运输行业正在深化管理体制的改革，新的经济政策不断出台，对拟建项目的实施会产生一些影响。

③社会环境风险。项目与所在地互适程度可能出现的问题，可能对社会

各利益群体、当地组织机构及文化环境带来负面影响，包括项目的实施与正常的航运组织安排、与航运公司的关系协调等问题。

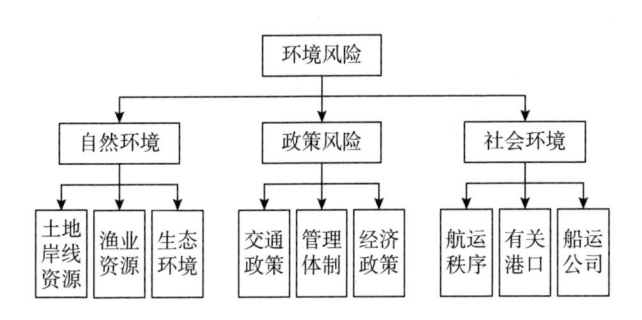

图 11.6　环境风险

第三节　风险估计

风险估计是对主要风险因素出现的可能性以及风险出现后对项目的影响程度进行估计，风险估计有定性估计和定量分析两类方法，定性估计方法主要有专家评估法、头脑风暴法和德尔菲法，定量分析方法包括敏感性分析、临界值分析等。由于本期工程的特殊性，这里主要通过专家评估法进行风险估计。

（1）风险等级

将风险因素对投资项目影响程度的大小，作为风险评价判别标准，将风险程度划分为较小风险、一般风险、较大风险和严重风险。具体风险归类包括：

①较小风险（N）：风险发生的可能性较小，或者发生后造成的损失较小，不影响项目的可行性。

②一般风险（M）：风险发生的可能性不大，或者发生后造成的损失较小，一般不影响项目的可行性，但应采取一定的防范措施。

③较大风险（H）：风险发生的可能性较大，或者发生后造成的损失较大，但造成的损失是项目可以承受的，必须采取一定的防范措施。

④严重风险（S）：风险发生的可能性大，风险造成的损失大，将使项目由可行转变为不可行性，需要采取积极有效的防范措施。

（2）风险估计结果

这里采用专家评估法帮助判断风险程度。请了若干位熟悉航道治理项目的专家就项目可能涉及的风险因素及其风险程度进行判断，对本项目存在的主要风险的等级进行了划分，最后统计结果如表11.1所示。

表11.1 风险因素和风险程度估计表

风险因素名称	严重（S）	较大（H）	一般（M）	较小（N）	说明
1. 工程风险					
工程量估计		◆			工程量预测存在较大不确定性，主要是施工期回淤量的估计。
施工风险			◆		由于长江口深水航道工程实施过程中积累了许多宝贵经验，为长江南京以下12.5m深水航道二期工程技术的改进提供了基础，但施工方案的风险仍存在，实施中可能会调整。
水文气象变化			◆		由于长江口深水航道工程多年施工的经验，长江南京以下12.5m深水航道二期工程对水文气象的变化，尤其是恶劣气象条件的出现给予了充分的考虑。
2. 投资风险					
投资估算		◆			主要存在工程量估算、燃油价格变动、定额参数调整等风险，其中工程量和燃油价格的变动将对投资估算带来较大影响。
工期变动			◆		由于气候影响、航运维护、施工组织问题等，将可能带来的工程量增加和工期延长。
3. 运营风险					

续表

风险因素名称	风险程度				说明
	严重(S)	较大(H)	一般(M)	较小(N)	
市场风险				◆	需求预测存在一定的不确定性。
维护成本		◆			由于航道治理后淤积条件发生变化，河势变化情况较难准确预测，回淤量较难准确预测。
经济效益			◆		吞吐量、船舶密度和维护成本的不确定性导致项目经济效益的不确定性。
4.环境风险					
自然环境				◆	项目对岸线、水土、渔业资源有一定影响。
政策环境				◆	新的经济政策的出台可能产生的影响。
社会环境				◆	项目的施工对正常航运组织有一定影响。

从表11.1可以看出，项目的工程风险和投资风险较大，而运营风险和环境风险较小。其中，工程量估计是工程风险的主要来源，由于有长江口等工程施工的经验，长江南京以下12.5m深水航道二期工程施工风险较小，水文气象变化的风险一般；投资风险主要来源于投资估算，工期变动和融资风险较小；运营风险主要产生于维护成本的变化，而市场需求和经济效益风险不大；在环境风险中，自然环境、政策环境和社会环境的影响不大。

从以上主要风险中筛出影响本项目的主要风险因素是工程量、维护成本、投资估算和经过长江南京以下12.5m深水航道货运量，这些因素可导致项目的建设投资、维护成本和经济效益存在一定的不确定性。经过进一步分析，上述主要风险的来源主要在于工程量估计、疏浚单价变动、维护工程量和货运量预测四大风险因素。

第四节　风险评价

风险评价是在风险识别和风险估计的基础上，运用各种方法分析计算各种风险因素在一定时间内发生的可能性和可能造成损失的严重程度。目前主要包括 AHP、Monte-Carlo 模拟和专家评价等方法。

为了定量评价主要风险因素对项目目标的影响，本项目主要采用风险概率分析方法，借助 Monte-Carlo 模拟技术，将主要风险因素工程量估计、疏浚单价变动、维护工程量和货运量四大风险因素对项目的建设投资、维护费用和主要经济评价指标——经济内部收益率（EIRR）和经济净现值（ENPV）的影响进行定量分析。

（1）风险概率分析

风险概率分析是通过数学模型，分析风险因素发生的可能性及其概率的区间（分布），对风险影响的程度进行定量测算。在风险估计中，运用概率估计风险称为定量分析或是称为定性分析的量化表达形式。风险概率分析包括概率树分析和蒙特卡罗模拟法（Monte-Carlo）等方法，这里采用蒙特卡罗模拟法。

项目决策评价中输入变量通常适用的概率分布为连续型概率分布。连续型概率分布是指当输入变量的取值充满一个区间，无法按一定次序一一列举出来时，这种随机变量称连续随机变量。例如市场需求量可能在某一数量范围内，无法按一定次序一一列举，列出区间内 a，b 两个数，则总还有无限多个数 x，b>x>a，这时的市场需求量就是一个连续型随机变量，它的概率分布用概率密度和分布函数表示。常用的连续概率分布类型有正态分布、三角分布、常数分布等等。

①正态分布。其特点是密度函数以均值为中心对称分布，如图11.7，这是一种最常用的概率分布，其均值为 $\bar{x}$，方差为 σ^2，用 $N(\bar{x}, \sigma)$ 表示，当 $\bar{x}=0$，$\sigma=1$ 时称这种分布为标准正态分布，用 $N(0, 1)$ 表示，适用于描述一般经济变量的概率分布。

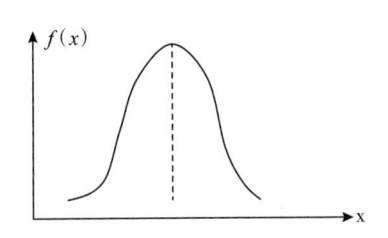

图 11.7　正态分布概率密度图

②三角形分布。其特点是密度数是由最悲观值、最大可能值和最乐观值构成的对称的或不对称的三角形（见图11.8）。适用描述工期、投资等不对称分布的输入变量，也可用于描述产量、成本等对称分布的输入变量。

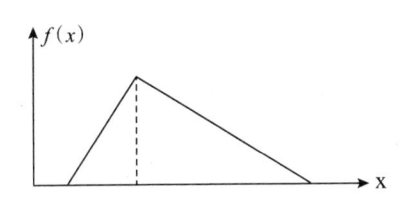

图 11.8　三角形分布概率密度图

（2）风险概率估计

由于长江南京以下12.5m深水航道建设工程的唯一性和不可重复性，难以对二期工程可能的主要风险因素进行客观概率估计，这里主要采用专家调查法，对主要风险因素进行主观概率估计。请相关专业的专家对熟悉领域的风险因素可能发生的概率进行估计，讨论风险因素可能的变化范围，最后确定风险变量的概率分布。

①工程量。本项目估算整治建筑物工程量85735米。据工程量提供单位估计，整治建筑物工程量估算相对比较可靠，工程量的风险主要在于疏浚

工程量的变动风险。估算疏浚工程量为 1389 万 m³，其中，福姜沙疏浚量为 737 万 m³，口岸直疏浚量为 155 万 m³，和畅洲疏浚量为 417 万 m³，仪征水道疏浚量为 80 万 m³。总体上，疏浚工程量服从三角分布，其最大值为 1667 万 m³，最小值为 1111 万 m³，最可能值为 1389 万 m³。见图 11.9。

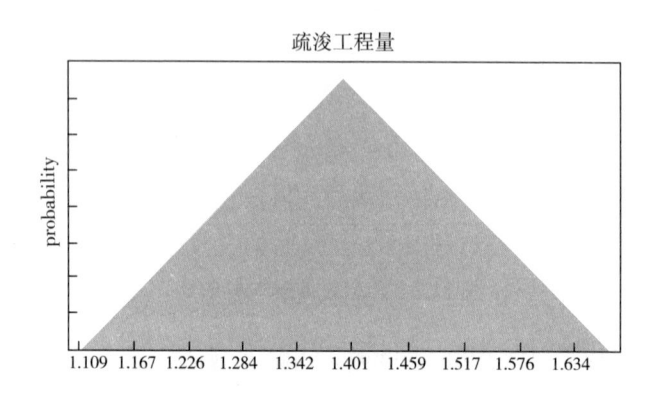

图 11.9　疏浚工程量概率分布

②疏浚单价。疏浚单价主要决定于疏浚市场供需状况、燃油价格、工况条件等因素。按照投资估算单位提供的数据，疏浚燃油市场价按 9130 元 / 吨计算，疏浚单价预计为 50 元 /m³。考虑目前全球能源结构的变化，未来燃油价格变化还有一定波动空间。因此，确定建设期和运营期疏浚单价变动范围在 ±15％ 之间，可能变动的范围在 43～58 元 /m³ 之间，最可能的单价为 50 元 /m³。见图 11.10。

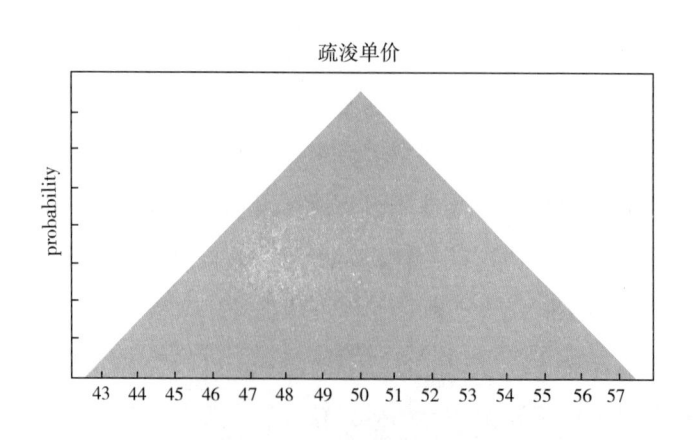

图 11.10　疏浚单价概率分布

③维护工程量。估算多年平均动力条件下的航道年维护量为 540 万 m^3/年。但在不同的水文条件下，年维护量会有变化，变幅在 ±20%。年维护量服从三角分布，其最大值为 648 万 m^3/年，最小值为 432 万 m^3/年，最可能值为 540 万 m^3/年。见图 11.11。

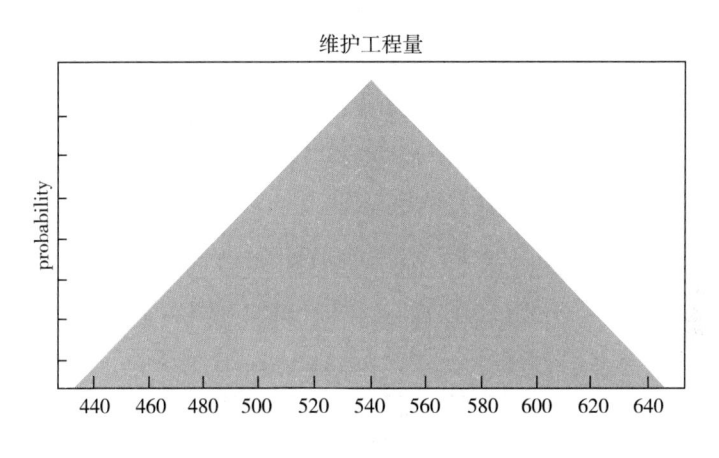

图 11.11　年回淤量概率分布

④货运量。对煤炭、矿石和油品等货运量的预测存在一定的合理误差，预测量的标准差为估算值的 10%，货运量服从正态分布 N（x，σ），其中 x 为期望值，σ 为标准差，货运量落在（$x-3\sigma$，$x+3\sigma$）区间的概率为 99.7%。见图 11.12。

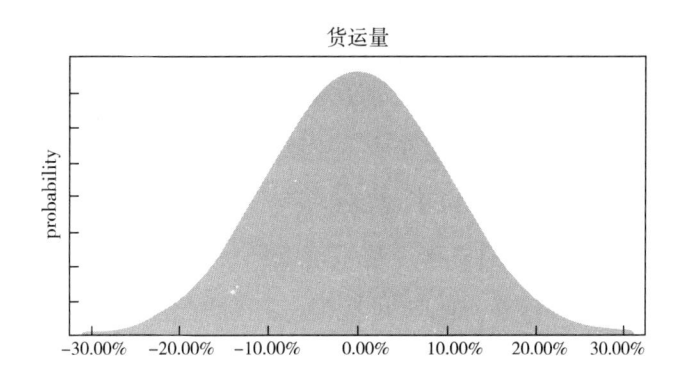

图 11.12　货运量概率分布

（3）Monte-Carlo 模拟

蒙特卡罗模拟法（Monte-Carlo）又称随机模拟法或统计试验法，是一种通过对随机变量进行统计试验和随机模拟，求解数学、物理以及工程技术等有关问题的近似的数学求解方法。这种方法首先由美国科学家提出，其特点是用数学方法在计算机上模拟实际事物发生的概率过程，然后对其进行统计处理并给出其概率统计分布。由于该方法可以随机模拟各变量之间的较复杂的，并难以用数学方法求解的动态关系，因此广泛在社会和经济领域中应用。模拟流程见图 11.13。

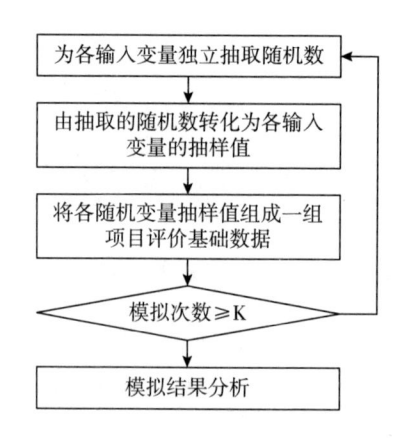

图 11.13　Monte-Carlo 模拟流程

（4）模拟结果

采用 Crystal Ball 模拟软件，分析项目的主要风险因素对建设投资、维护费用、经济内部收益率和经济净现值的影响，对推荐方案进行了模拟，模拟运算 10000 次，得到模拟结果如下。

建设投资。通过模拟计算，建设投资的期望值约为 80.6 亿元，标准差 1.7 亿元，超过 79.8 亿元的概率为 60%。因此，投资有超过估算值的风险，必须采取积极有效的措施，加强项目管理，强化投资控制。见图 11.14。

维护费用。维护费用的期望值为 3.11 亿元，标准差为 2232 万元，有 55% 的可能要超过 3.06 亿元。因此，维护费用也有超过估算的可能，需要采取各种策略，控制维护费用的上升。见图 11.15。

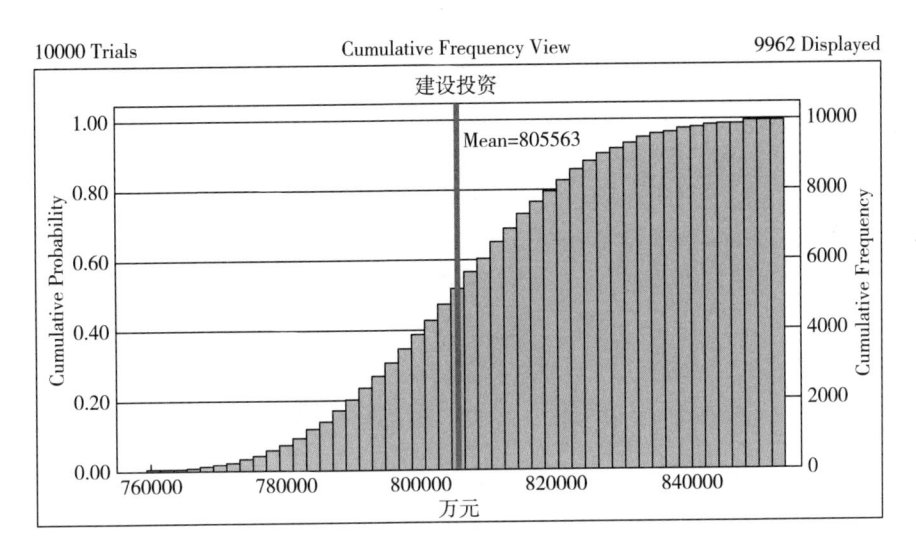

图 11.14　建设投资的累计概率分布

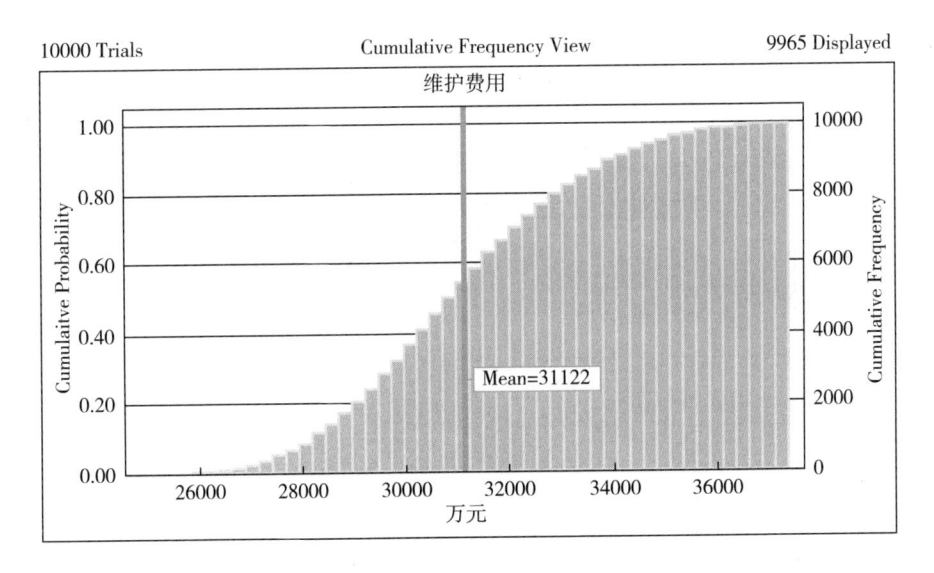

图 11.15　维护费用的累计概率分布

经济内部收益率。EIRR 的期望值 =17.94%，有 70% 的可能将大于 17.70%，表明项目的整体风险较低，项目在经济上是可行的。见图 11.16。

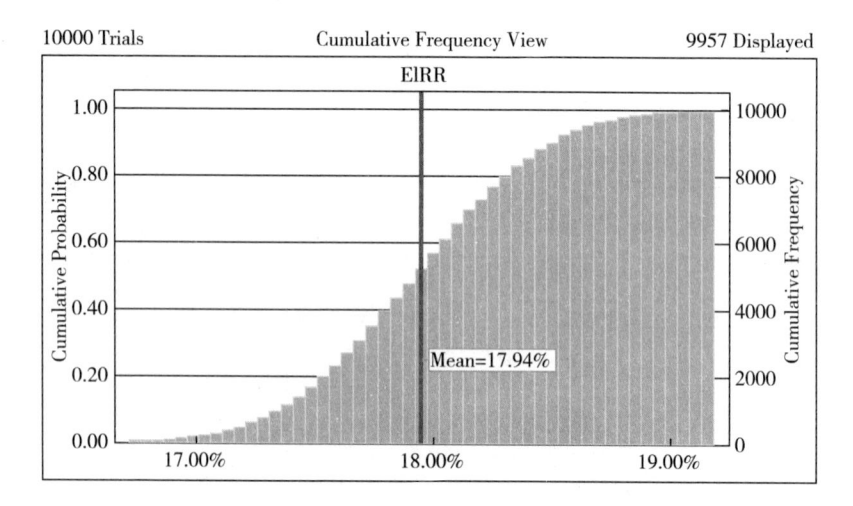

图 11.16　经济内部收益率的累计概率分布

经济净现值。ENPV 的期望值 =62.06 亿元，标准差 2.06 亿元，有 70% 的可能性经济净现值将超过 6.16 亿元。总体上，项目的经济效益较好。见图 11.17。

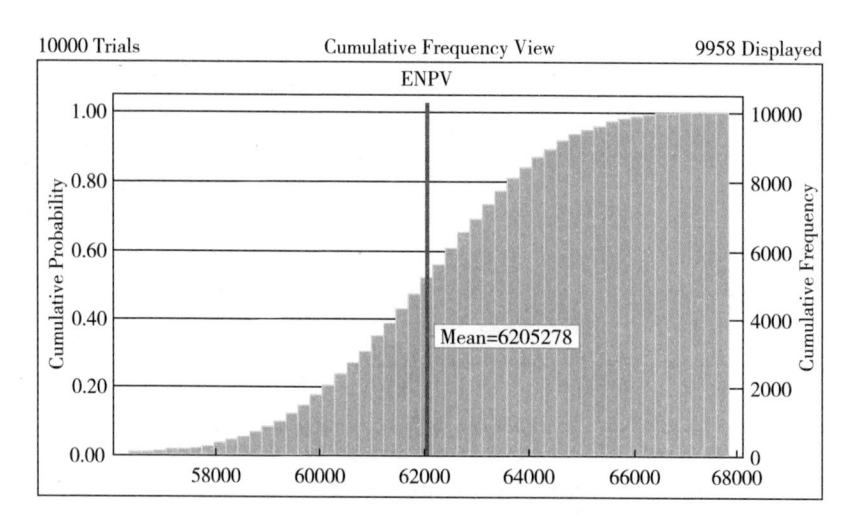

图 11.17　经济净现值的累计概率分布

（5）总体评价结论

经过 Monte-Carlo 模拟分析，从上述模拟结果可以得出，本项目的主要风险因素工程量估计、回淤量、疏浚单价和货运量对项目目标有一定的影响，其中建设投资和维护费用超过预估目标的风险较大，但在总体上项目的经济效益仍然较好，项目在经济上是可行的。

第五节　防范和降低风险对策

根据本项目存在的主要风险因素，提出以下建议。

①继续进行施工期和维护期的河床演变监测和分析工作；结合河床演变，探求施工期和维护期航道回淤机理，分析特殊气候条件下航道回淤强度；根据上述分析成果，不断优化泥沙数学模型等，发展适合长江南京以下航道特点的数学模型，提高预报精度。

②为了降低工程建设投资和项目维护成本，应采取有效措施加强工程管理。在航道治理中，邀请本行业内有实力的疏浚企业和行业外的专业疏浚队伍参加本项目施工的投标，通过公平竞争降低工程造价；工程完成后的正常维护也应采取招投标的办法选择设备状态好、施工经验丰富、责任心强的企业承担维护任务，努力提高维护质量，最大限度地降低维护成本。

③为了降低气象水文等自然条件突然变化对工程项目实施和航道维护带来到风险，应不断提高天气、水文和洪水预报水平；同时，还应设置应急预案，购置一定的技术含量高、效率高的大型疏浚设备，作为后备机动和应急施工船机，以提高疏浚效率，应对自然条件突然变化导致的航道骤淤和泥沙淤积量大幅度增加带来的风险。

④强化工程实施和航道维护疏浚过程中的监理工作，保证获取的有关数据的准确性，并通过相关数据及时掌握航道淤积情况的变化，采取有效措施调整施工组织，降低工程风险和航道运营风险。

第 12 章 建设必要性分析

本章主要从运输经济专业的角度，论证工程建设的必要性。一般分析思路是，从落实国家战略、支撑区域经济发展、满足腹地运输需求、完善区域交通格局、提升安全保障能力等方面切入，论证分析必要性。其中，国家战略方面的分析，要充分考虑国家重大区域发展战略对航道工程所在流域的总体发展要求和核心指向；腹地运输需求的分析，是工程必要性分析的关键，要充分依托运输需求和船型预测的专题分析结论。

本章以长江口南槽航道一期工程经济必要性分析为例，重点从国家战略要求、经济社会发展需求等方面分析提升长江口航道通过能力、加快南槽航道开发建设的必要性。具体来看，主要从加大力度实施长江经济带发展战略、满足长江持续增长的海运需求、推进供给侧结构性改革优化北槽航道通航环境、加快发展江海直达运输、保障上海国际航运中心建设、增强应对系统风险能力等方面阐述南槽航道开发建设的必要性。

第一节　落实国家战略

南槽开发建设是完善长江口航道通航体系、提升长江口航道总体通过能力、进一步发挥长江黄金水道水运优势、推进长江综合立体交通走廊建设、促进交通更顺畅、保障长江经济带等国家发展战略顺利实施、建设黄金经济带的客观需要。

一、是贯彻落实长江经济带等国家发展战略的需要

贯彻落实长江经济带等国家发展战略，实现东中西全方位开放，需要畅通高效、贯通东中西的长江航道作为基础保障。2014年，长江经济带建设正式上升为国家战略，长江经济带战略定位之一：发挥长江黄金水道的独特作用，构建现代化综合交通运输体系，推动沿江产业结构优化升级，打造世界级产业集群，培育具有国际竞争力的城市群，使长江经济带成为充分体现国家综合经济实力、积极参与国际竞争与合作的内河经济带。

"一带一路"建设也需要构建向东向西全方位开放格局。长江黄金水道作为贯穿东中西的水路运输大动脉，一端连接国际市场、对接世界需求，另一端连接着广大的中西部地区、辐射潜力巨大的中西部广大地区，区位优势明显，地位作用突出。上述条件客观上要求长江黄金水道提供畅通高效、大运量的运输保障能力，为中西部地区承接产业转移和外向型经济发展提供基础

依托，为国家战略顺利实施、加快向东向西全方位开放提供有力支撑。

未来，长江经济带将依靠改革创新，实现重点突破，保护好生态环境，将生态工程建设与航道建设、产业转移衔接起来，打造绿色生态廊道，重点解决长江航运瓶颈问题，充分利用黄金水道航运能力，构筑综合立体交通走廊，带动中上游腹地发展，引导产业由东向西梯度转移，形成新的区域增长极，为中国经济持续健康发展提供有力支撑。

十九大报告明确提出，加强水利、铁路、公路、水运、航空、管道、电网、信息、物流等基础设施网络建设。长江口航道通江达海，是完善江海联运设施网络的重要内容。长江口航道，作为长江黄金水道与外界连接的咽喉，是影响长江整个航道能力提升的关键因素之一。完善长江口航道通航体系、不断提升长江口航道总体通过能力，能够进一步发挥长江黄金水道的水运优势，有效支撑国家"一带一路"建设、长江经济带重大战略实施等。因此，开发建设南槽航道、提升长江口航道总体通过能力，战略意义和现实意义均十分明显。

二、是支撑沿江城市群建设的需要

贯彻落实长江经济带发展战略，加快沿江城市群建设，要求进一步发挥长江黄金水道基础性、先导性作用。《国务院关于依托黄金水道推动长江经济带发展的指导意见》明确：以沿江综合运输大通道为轴线，以长江三角洲、长江中游和成渝三大跨区域城市群为主体，以黔中和滇中两大区域性城市群为补充，以沿江大中小城市和小城镇为依托，促进城市群之间、城市群内部的分工协作。

《长江经济带发展规划纲要》指出，未来长江经济带将重点打造长江三角洲、长江中游和成渝三个城市群，充分发挥中心城市的辐射作用，打造长江经济带的三大增长极；发挥三大城市群以外地级城市的支撑作用，加强与中心城市的经济联系与互动，带动区域经济发展。

一方面，长江水运承担了大量矿建、砂石等城市建设亟需的原材料运输任务，在沿江城市群建设和城镇化推进过程中发挥了重要的基础性运输保障作用。另一方面，长江黄金水道沿线成为城市人口集聚的重点区域，人口集聚带动了产业集群，进一步促进了城市的发展和城镇化进程的推进。

上述背景客观上需要长江黄金水道进一步完善航道通航条件，进一步发挥水运优势，在沿江经济产业发展和城市群建设中进一步发挥基础性、先导性的作用。

三、是建设综合立体交通走廊的需要

贯彻落实长江经济带发展战略，建设综合立体交通走廊，需要充分发挥长江水运主骨架的优势。

《国务院关于依托黄金水道推动长江经济带发展的指导意见》明确指出，依托长江黄金水道，统筹铁路、公路、航空、管道建设，加强各种运输方式的衔接和综合交通枢纽建设，加快多式联运发展，建成安全便捷、绿色低碳的综合立体交通走廊，增强对长江经济带发展的战略支撑力。

《长江经济带综合立体交通走廊规划（2014—2020年）》明确，依托长江黄金水道，统筹发展水路、铁路、公路、航空、管道等各种运输方式，加快综合交通枢纽和国际通道建设，建成衔接高效、安全便捷、绿色低碳的综合立体交通走廊。

《长江经济带发展规划纲要》提出，长江经济带将打造"一轴、两翼、三极、多点"发展格局。即，发挥长江黄金水道的轴心作用，推进长江12.5m深水航道、长江中游航道浚深工程等项目建设，推动经济由沿海溯江而上梯度发展。发挥长江主轴线的辐射带动作用，向南北两侧腹地延伸拓展，提升南北两翼支撑力，打造沪瑞和沪蓉南北两翼运输通道，增强南北两侧腹地重要节点城市人口和产业集聚能力。

长江黄金水道在沿江综合立体交通走廊建设中，具有运能大、成本低、能耗少、占地少、污染少等独特优势，能够发挥在沿江综合立体交通体系建设中的主骨架作用和低碳绿色发展的先行引领作用。因此，完善长江口航道体系、进一步提升长江黄金水道承载力、进一步发挥水运优势是综合立体交通走廊建设、实现交通更顺畅的重要内容和关键抓手。

四、是落实"共抓大保护、不搞大开发"的需要

贯彻落实长江经济带发展战略，共抓大保护、不搞大开发，需要进一步发挥长江水运绿色环保优势。经济发展，交通要先行；推进长江口航道建设，发挥黄金水道水运优势，进一步凸显绿色环保优势，是深入贯彻落实"共抓大保护、不搞大开发"理念的重要体现。

习近平总书记在深入推动长江经济带发展座谈会上强调，总体上看，实施长江经济带发展战略要加大力度。必须从中华民族长远利益考虑，把修复长江生态环境摆在压倒性位置，共抓大保护、不搞大开发，努力把长江经济带建设成为生态更优美、交通更顺畅、经济更协调、市场更统一、机制更科学的黄金经济带，探索出一条生态优先、绿色发展新路子。

随着国家生态、环保、土地资源保护等发展要求越来越高，对交通发展的土地需求、生态环保影响等方面的要求会越来高，长江水运低碳绿色的比较优势将更加凸显。长江水运作为绿色环保的运输方式，具有运量大、成本低、占地少、污染小、能耗低等优势，与当前长江经济带建设中生态优先、绿色发展的思路不谋而合。同时，加快长江水运发展，提高长江水运在综合运输体系中的比重，能够明显减轻沿江省市陆路交通的压力，进而减缓陆路运输带来的土地资源占用、生态环保等问题。

上述特点和要求，客观上需要加快推进长江口航道建设，提升长江口航

道通过能力，进一步强化长江黄金水道水路运输保障能力，为绿色生态发展战略提供坚实保障。

第二节　满足运输需求

工程建设是建设更顺畅交通体系、适应长江海运需求持续增长的需要。未来，长江沿线省市海运需求的持续增长与当前长江口航道通过能力不足的矛盾将逐步显现。因此，加快南槽航道开发建设，提升长江口航道总体通过能力，是满足长江海运需求持续增长的客观需要。

一、长江海运需求将持续增长

近年来，进出长江口航道海运量实现了快速增长，预计未来较长一段时期仍将保持持续增长，需要更大的通过能力来保障日益增长的海运需求。

未来较长时期，长江口海运量持续增长的趋势不会改变。2015年，长江口航道海运量完成12亿吨，与2010年相比年均增长5.5%，五年净增2.8亿吨。据预测，2020年、2030年将分别达到15亿吨和20亿吨，2015～2020、2020～2030年年均分别增长4.7%和2.9%，2015～2030年长江口海运量净增8亿吨。

未来，长江口航道大宗散货继续保持增长，集装箱成为未来新的增长点，杂货运输需求也将较快增长。从大宗散货海运量来看，2015年，长江口航道海运量为6亿吨，与2010年相比年均增长6.1%。据预测，2020年、2030年分别达到7.2亿吨和8.8亿吨，2015～2030年净增2.8亿吨。从集装箱海运量来看，2015年，进出长江口航道海运量为2.4亿吨，与2010年相比年均增长4.8%。据预测，2020年、2030年分别达到3.5亿吨和5.4亿吨，2015～2030年净增3000万TEU。从钢铁等件杂货海运量看，2015年，进出长江口航道海运量为2.9亿吨，与2010年相比年均增长4.3%。据预测，2020年、2030年分别达到3.5亿吨和4.8亿吨，2015～2030年净增1.9亿吨。

南槽航道海运需求将继续保持增长势头。南槽航道承担了大部分长江内支线集装箱、内贸杂货运输等任务，未来运输需求仍具有持续增长空间。2015年，长江口南槽航道海运量完成3亿吨，与2010年相比年均增长5.1%，2015～2010年净增7000万吨。预测2020年、2030年南槽航道海运量将分别达到3.5亿吨和5.0亿吨，2015～2030年净增2.0亿吨，2015～2020年、2020～2030年南槽航道海运量年均增速分别为3.7%和3.3%，南槽海运需求具备持续增长空间。

从船舶流量发展变化看，考虑船舶大型化等影响因素，预计未来较长时期长江口南北槽航道船舶流量仍将持续增加。

2015年，长江口南北槽航道船舶流量为22.4万艘次，预测2020年、2030年分别达到25.6万艘次和32.0万艘次，2015～2020、2020～2030年年均分别增长2.7%和2.3%。

其中，南槽船舶流量2015年为15万艘次，预计2020年、2030年分别达到17.7万艘次和22.6万艘次，2015～2030年净增船舶流量7.3万艘，2015～2020、2020～2030年年均分别增长2.9%和2.5%，南槽航道船舶流量增速高于北槽航道。

船舶流量持续较快增长对长江口航道总体通过能力提出更高要求。因此，南槽航道开发建设是适应长江海运需求持续增长，特别是南槽航道船舶流量持续增加的客观需要。

二、长江口航道通航紧张状况将逐步显现

在进出长江口航道海运需求持续增长的同时，船舶流量持续增加，长江口航道通航状况紧张的问题不断显现。

长江口北槽航道在长江口航道海运量中承担了较高比例。2015 年，北槽航道海运量为 8.9 亿吨，占南北槽总海运量的 75%。预计到 2020 年、2030 年这一比重仍将维持在 75% 左右。

在长江口北槽海运量中，主要运输货类是煤炭、铁矿石、集装箱等货类，以及邮轮客运。而船舶大型化趋势比较明显的也主要体现在上述运输船型。因此，大型船舶基本都从北槽航道通过。2015 年，北槽航道大宗散货、集装箱海运量占南北槽相应货类海运量的比例分别为 96% 和 87%，预测未来仍维持较高比例。预计未来，邮轮旅客人次将呈现快速增长势头。2015 年，进出北槽航道的大于等于 40 米的超宽船舶为 5655 万艘，与 2011 年相比，年均增长 11%，年均净增 500 艘左右。

未来，长江口北槽航道通航紧张状况将逐步显现。目前，北槽航道的利用率在 53% 左右。根据仿真模型测算，当北槽航道利用率在 50% ~ 65% 情况下，船舶等待时间随着利用率的提升缓慢增长，航道基本适应了船舶通航需求；当航道利用率在 65% ~ 75% 时，船舶等待时间随着利用率的提升相对较快增长，此时的航道已经呈现不太适应船舶通航需求的特征；在航道利用率超过 75% 时，船舶等待时间急剧增长，表现出北槽航道对船舶通航需求的明显不适应；对北槽航道而言，此时间点大概在 2030 年左右出现。

因此，加快南槽航道开发，更好满足不断增长的海运需求，同时分流部分北槽航道中小船舶，应对北槽航道通航日益紧张的状况，从总体上缓解长江口航道通航矛盾，促进长江黄金水道交通更顺畅，显得十分必要。

第三节　优化通航环境

南槽航道开发建设,能够进一步优化南北槽航道通航船舶结构,使得大船主要选择在北槽航道航行,北槽航道水深条件较好的优势进一步发挥;使得小船尽量选择在南槽航道航行,发挥南槽航道水深条件相对较浅、航道断面相对较宽的优势;使得南北槽航道分工进一步明确,南北槽航道通航船舶结构进一步优化,航道深水深用的优势进一步发挥,北槽航道通航环境进一步优化,北槽航道通航效率进一步提高。上述变化,有利于进一步提升长江口航道服务质量和服务效率,充分体现了当前供给侧结构性改革的要求。

具体看,南槽航道的开发建设可以较大程度上改善北槽航道的通航条件,提高北槽航道的通航效率和通航便利性。一是能够分流北槽吃水相对较浅的船舶从南槽航道进出;二是分流北槽航道下行的部分大型散货船和上下行邮轮。

一、分流北槽航道中小船舶

南槽航道开发建设,航道通航条件进一步改善,北槽吃水相对较浅的大型船舶能够从南槽航道进出,因此,能够分流部分进出北槽航道的中小船舶,一定程度上降低北槽航道船舶通航密度,改善北槽航道通航条件和通航效率。

据统计,2015年,进出北槽航道吃水7米以下的船舶为1.1万艘次,吃水7～8米的货运船舶为1.9万艘次,吃水8～9米的船舶为1.4万艘次。假设，如果吃水 7 米以下的货运船舶 50% 分流到南槽，北槽航道的船舶流量与未分流前相比，将下降 7.7% 左右；如果吃水 8 米以下的货运船舶 50% 分流到南槽，北槽航道的船舶流量与未分流前相比，将下降 21% 左右；如果吃水 9 米以下的货运船舶 50% 分流到南槽，北槽航道的船舶流量与未分流前相比，将下降 31% 左右。因此，仅从分流中小型船舶看，南槽航道的开发对北槽航道船舶的分流具有较为明显的效果。

根据系统仿真测算，如果南槽航道浚深至 7.0 米，北槽航道的利用率将比目前降低 34%，北槽航道船舶流量下降 34%，北槽航道船舶等待时间下降 13%；如果南槽航道浚深至 8.0 米，北槽航道的利用率将比目前降低 47%，北槽航道船舶流量下降 47%，北槽航道船舶等待时间下降 18%；如果南槽航道浚深至 9.0 米，北槽航道的利用率将比目前降低 74%，北槽航道船舶流量下降 75%，北槽航道船舶等待时间下降 73%。仿真模型结果表明，南槽航道工程实施，在分流北槽中小型船舶方面具有很大的潜在空间。

二、分流北槽航道部分下行空载大型船舶和上下行邮轮

从目前南北槽航道实际通航情况看，在北槽航道进出的大型超宽船舶主要集中在散货船、集装箱船和邮轮三大类。从实际吃水看，集装箱船无论是空载还是重载均需从北槽航道进出；上行的重载散货船舶由于吃水较深，也难以从南槽航道进出。结合调研和船舶实际通航状况，南槽航道可能分流北槽航道的大型船舶主要集中在两类：一是下行的部分大型散货船舶，二是上下行的部分邮轮。

南槽航道开发建设，通航水深进一步增加，将有可能分流北槽航道部分下行的散货空船和部分上下行的邮轮。上述两类船舶有很大的比例是超宽船舶（目前邮轮均按照超宽船舶进行交通管制），对北槽航道通航效率提升形成较大的制约。因此，分流上述两类船舶后，北槽超宽船舶通航的矛盾可得到

一定缓解，通航条件相应得到一定程度改善。

据统计，2015 年，散货船舶超宽船舶有 2500 艘左右，占超宽船舶总艘次的 43%；集装箱船舶超宽船舶有 3100 艘左右，占超宽船舶总艘次的 53%；邮轮超宽船舶有 66 艘次，占超宽船舶总艘次的 1.1%。

考虑散货船舶的上下行统计，如果按照大约 50% 下行散货船、液货船、杂货船、特种船、客滚船、滚装船空船和上下行邮轮从北槽改道走南槽，北槽超宽船舶艘次将会减少 1300 艘左右，减少 23%。超宽船舶对北槽航道船舶通航的影响将会有较大程度的降低。

根据系统仿真测算，假设南槽分流北槽航道 30% 的下行散货船和上下行全部邮轮后，北槽航道利用率将降低 7% 左右，船舶等待时间降低 25% 左右；南槽分流 50% 的下行散货船和上下行全部邮轮后，北槽航道利用率降低 10% 左右，船舶等待时间降低 30% 左右。

综上所述，南槽航道开发建设，一方面可以分流吃水相对较浅的船舶，另一方面可以分流部分下行空载大型船舶和上下行邮轮，减缓北槽超宽船舶通航会遇的矛盾，一定程度上改善北槽航道的通航环境，提高北槽航道的通航效率和通航便利性，使北槽深水航道更好地深水深用，充分体现了供给侧结构性改革的要求。因此，南槽航道开发具有较强的现实意义和必要性。

第四节　加快江海联运发展

南槽航道开发建设能够更好支撑舟山江海联运服务中心建设，更好满足宁波舟山港与长江沿线港口之间持续增长的江海直达运输需求，是推进舟山江海联运服务中心建设、加快发展江海直达运输的需要。

一、是推进舟山江海联运服务中心建设的需要

2016年，国务院正式批复同意设立舟山江海联运服务中心，国家发展改革委印发了《舟山江海联运服务中心总体方案》（以下简称《方案》）。《方案》明确了江海联运服务中心的功能定位是，国际一流的江海联运综合枢纽港、国际一流的江海联运航运服务基地、国家重要的大宗商品储运加工交易基地、我国港口一体化改革发展示范区。《方案》提出未来的发展目标是，到2030年，全面建成现代化的江海联运服务中心，成为我国乃至世界重要的大宗商品转运、交易和定价中心。

交通运输部《关于推进长江经济带江海直达运输发展的意见》（征求意见稿）提出，到2020年基本形成长江和长三角地区至宁波舟山港和上海港洋山港区江海直达运输系统，水水中转率进一步提升，江海直达运输效益和比较优势明显提升，有力支撑上海国际航运中心和舟山江海联运服务中心建设。

2016年《浙江省政府工作报告》指出，结合舟山群岛新区、江海联运服务中心、绿色石化基地建设，加快规划建设以油品储备、加工及投资贸易自由化为特色的舟山自由贸易港区。《浙江省国民经济和社会发展第十三个五年规划纲要》将舟山江海联运服务中心建设工程纳入浙江参与长江经济带建设工程序列。

浙江省政府出台的《舟山江海联运服务中心建设实施方案》也提出，以江海联运为主要方式，统筹海铁联运、海河联运等多种联运模式，打造国际一流的江海联运综合枢纽港。加快建设海洋港口综合信息平台，建设全省统一的集船、港、物流信息与政府管理服务于一体的海洋港口信息服务中心，并明确将舟山江海联运服务中心打造为长江经济带和21世纪海上丝绸之路的战略支点，到2020年，江海（河）联运运量的目标是4亿吨，集装箱水水中转比重达25%以上。

因此，推进长江口南槽航道开发建设，不断完善宁波舟山港与长江沿线港口之间的江海运输通道，实现江海直达，有利于减少货物转运次数，降低物流成本，更好支撑舟山江海联运服务中心建设。

二、是适应江海直达运输需求持续增长的需要

未来，宁波舟山港与长江沿线港口之间的江海直达运输需求将保持持续增长的态势。2015年，宁波舟山港完成长江江海直达运输量1.4亿吨，占长江口海运量的12%，其中，金属矿石是最主要的货种，当年完成0.9亿吨，金属矿石、石油制品、煤炭三大货类运量占总量的78%。预测2020年、2030年宁波舟山港江海直达运量为2.1亿吨和3.4亿吨，占长江口运量比重提高到14%和17%。分区段来看，未来宁波舟山港与南京以上段交流江海直达运量增速最快，2015～2020年、2020～2030年年均增速分别达10.8%和7.2%。因此，未来较长一段时期，以矿石、油品、煤炭等为主要货类构成的江海直达运输量仍能保持持续增长。

未来，上海港洋山港区与长江沿线各港的集装箱江海直达量仍将保持稳步增长，并将通过南槽运输。结合长江沿线外向型经济发展趋势分析，考虑长江口各集装箱港口之间的功能定位，预测2020年、2030年上海港洋山港区集装箱江海直达量分别为400万TEU、500TEU，2015～2020年、2020～2030年年均增速为5.2%和2.3%，仍将采用适应相应条件的江海直达船型通过南槽航道运输。

交通运输部《关于推进长江经济带江海直达运输发展的意见》(征求意见稿)明确提出，加强江海直达系列船型研发设计，有序推进长江马鞍山至宁波舟山港2万吨级江海直达散货船和长江干线至洋山港区700TEU、长三角地区无锡至洋山港区124TEU、嘉兴至洋山港区64TEU江海直达集装箱船等船型研发及应用。充分考虑港口、航道等基础设施条件的不断改善，研究长江

重庆以下 5000 吨级、武汉以下 10000 吨级、芜湖以下 15000 吨级江海直达船舶运输，研发长江和长三角地区至宁波舟山港、洋山港区的江海直达船型系列。上述船型绝大部分需要通过南槽航道进出。

交通运输部《深入推进水运供给侧结构性改革行动方案（2017-2020年）》明确提出，优化江海运输组织，落实推进特定航线江海直达运输发展的意见，制定特定航线江海直达船舶配员标准及船舶监管要求，建立健全特定航线江海直达船舶法规规范体系，推进特定航线江海直达船型研发；继续推进江海联运、干支直达发展，提高水水中转比重。到 2020 年，长江经济带江海直达运输经济社会效益得到显现。

因此，预计未来江海直达运输需求将持续增长，江海直达特定船型将陆续研发及投入使用，为南槽航道货运量及船舶流量增长提供了较大的需求支撑。

第五节　推进国际航运中心建设

南槽航道开发建设能够更好支撑上海国际航运中心建设，强化其对长江沿线腹地的辐射力，进一步提升上海国际航运中心的竞争力，同时，也有利于上海港岸线资料的高效利用。

一、有利于提升上海国际航运中心竞争力

上海国际航运中心规划和上海城市总体规划均把集装箱水水中转、水路集疏运、江海联运等提到非常重要的位置，并明确提出要推进长江口南槽航道开发建设。

《上海国际航运中心"十三五"规划》提出：基本形成规模化、集约化、快捷高效、结构优化、与全球枢纽节点地位相匹配的现代化航运集疏运体系，集装箱水水中转比例力争达到50%以上。促进水路集疏运发展，推进长江口南槽航道开发建设，深化利用自然水深开通北港航道的前期研究，推动长江口通航管理政策、技术创新，研究推进长江口深水航道大船双向通航，提升航道通航效能。推动长江集装箱运输服务标准化和市场一体化，推动江海直达船型的研发应用，积极发展江海联运、江海直达运输。依托洋山深水港区的区位优势和上海自贸试验区平台的政策优势，拓展水水中转和国际中转集拼业务。

《上海市城市总体规划（2017-2035年）》明确，上海城市的性质是，上海是我国的直辖市之一，长江三角洲世界级城市群的核心城市，国际经济、金融、贸易、航运、科技创新中心和文化大都市，国家历史文化名城，并将建设成为卓越的全球城市、具有世界影响力的社会主义现代化国际大都市；目标愿景是，2020年建成具有全球影响力的科技创新中心基本框架，基本建成国际经济、金融、贸易、航运中心和社会主义现代化国际大都市；提高港口国际、国内中转能力，培育船舶经纪、航运金融、海事法律等高端航运服务功能，拓展国际邮轮航线，建成亚太地区规模最大的邮轮母港。上海港形成以洋山深水港区、外高桥港区为核心，杭州湾、崇明三岛等港区为补充的总体格局。其中洋山深水港区是上海国际航运中心集装箱深水枢纽港区、国际远洋集装箱班轮的主靠港。逐步调整黄浦江沿线、长江口货运码头功能，构建以长江黄金水道为干线、高等级航道为支线、内河港区为转运枢纽的内河航运网络。提升长江黄金水道的水运能力，推进江海联运，加快高等级航

道和配套港区建设，至2035年，水水中转比例达到55%以上。

南槽航道开发建设有利于进一步完善上海国际航运中心的集装箱长江内支线运输体系，优化上海港后方集疏运体系，进一步提升集装箱水水中转比例，缓解陆路集疏运的压力。

因此，南槽航道开发建设，一方面，有利于进一步提升国际航运中心对长江沿线地区的辐射服务能力和水平，增强上海国际航运中心的竞争力，另一方面，有利于缓解上海市城市交通状况，改善城市环境，间接促进上海全球城市建设。

二、有利于上海港岸线资源高效利用

南槽航道开发建设，航道条件进一步改善，有利于上海港外高桥港区岸线资源高效开发和利用，增加上海港集装箱码头岸线资源，提升上海港未来可持续发展能力和整体竞争力。

《上海市综合交通"十三五"规划》提出，进一步提升海空枢纽辐射能力，优化提升国际集装箱枢纽港功能，加快推进洋山港区四期工程建设，建设外高桥港区八期工程。完善港口集疏运设施，重点强化海铁联运、江海直达运输，结合沪通铁路建设，同步建设外高桥铁路货场和进港铁路。充分利用长江黄金水道，加快发展内河运输，提高集装箱水水中转比例。根据城市工业发展和上海港业务布局调整的需要，未来将推进外高桥港区八期建设。研究其发展定位，用于发展汽车滚装、件杂货和集装箱业务。

目前，上海港集装箱岸线资源已经非常紧张，外高桥八期是上海港目前仅有的能够开发利用的长江沿线集装箱码头岸线资源。未来，随着南槽航道开发建设，很大一部分集装箱船舶可以从南槽直接进出外高桥八期集装箱码头，避免集装箱船舶从北槽进出并在南港航道掉头进出港区的问题。同时，通过南槽进出港区，使得运输距离明显缩短，有助于降低外高桥八期码头的集装箱运输成本，提高其竞争力。

因此，从推进上海国际航运中心建设、加快上海港岸线资源开发利用等方面看，推进南槽航道开发建设也十分必要。

第六节　优化通航格局

开发建设南槽航道，实现与北槽航道的优势互补，是优化长江口通航格局、增强长江口应对系统风险能力、确保长江经济带经济社会平稳发展和国防安全的需要。

长江口航道是长江黄金水道的咽喉，对长江经济带经济社会稳定发展具有重大意义。目前，长江口 12.5 米深水航道（即北槽航道）是大型船舶进出长江口的唯一通道，保障绝大多数大型集装箱、散货船、邮轮、油船等重载船舶的安全进出，关系到长江沿线经济社会发展稳定和产业安全。特别是在超宽船舶不断增加的背景下，在交通管制期间，实际上北槽航道变成限制性双向航道，大大限制了诸多船宽在 20～40 米左右的船舶进出。在每天的两个涨潮时段，航道异常繁忙，此时一旦出现大雾、台风、重大交通事故、安全事件等突发情况，北槽航道平稳运行将受到极大挑战，进而可能影响整个长江黄金水道运输船舶的平稳有序进出，乃至长江经济带的安全发展。从国防安全角度考虑，依靠单一的运输大通道来保障整个长江经济带经济社会发展所需要的能源原材料等大宗物资运输需求，也存在一定的风险。

因此，从长江流域经济社会平稳运行和国防安全角度考虑，开发建设南槽航道，实现与北槽航道的优势互补，提高整个长江口航道的保障能力和服务的稳定性，具有较强的战略意义。

第5篇
航道工程实施效果影响分析

2013年，为深入研究长江南京以下12.5米深水航道工程对港口、航运、临港产业及流域经济等方面的影响，提前研究应对策略，受江苏省交通运输厅港口管理局委托，规划院开展了《长江12.5米深水航道对沿江港口和产业发展影响及对策研究》研究工作。

本篇主要依托上述项目，首先研究了长江深水航道工程对沿江经济社会发展的影响机理，然后在分析长江深水航道工程已经对江苏沿江港口、航运、产业等产生影响的基础上，重点研究了长江南京以下深水航道工程实施将对江苏沿江航运、港口和产业等方面带来的影响，并提出应对策略，从而为江苏沿江港口和产业的发展提供参考和依据。

鉴于上述项目研究任务安排，本篇重点分析工程对江苏沿江的影响及应对策略，暂没有涉及对上海市的影响分析。

本篇在第13、第14、第15章分别分析深水航道的影响机理、长江口深水航道工程已经产生的影响、长江南京以下深水航道工程将要产生的影响。

第 13 章 影响机理分析

长江深水航道工程的实施，直接改善了航道通航条件，保障并促进了船舶大型化的发展和运输组织的优化，运输格局发生明显变化，降低了海运成本，增加了航运效益；同时，促进了沿江港口大型专业化码头加快建设，提升了港口综合服务能力，沿江港口布局也相应发生变化，部分港口作为物流节点的地位进一步提升。

随着航运条件和港口设施的改善，沿江地区的交通物流条件将更加优越，有力推进产业聚集和布局优化，对经济社会发展产生明显的外部溢出效应。深水航道对沿江港口和产业发展影响机理如图 13.1 所示。

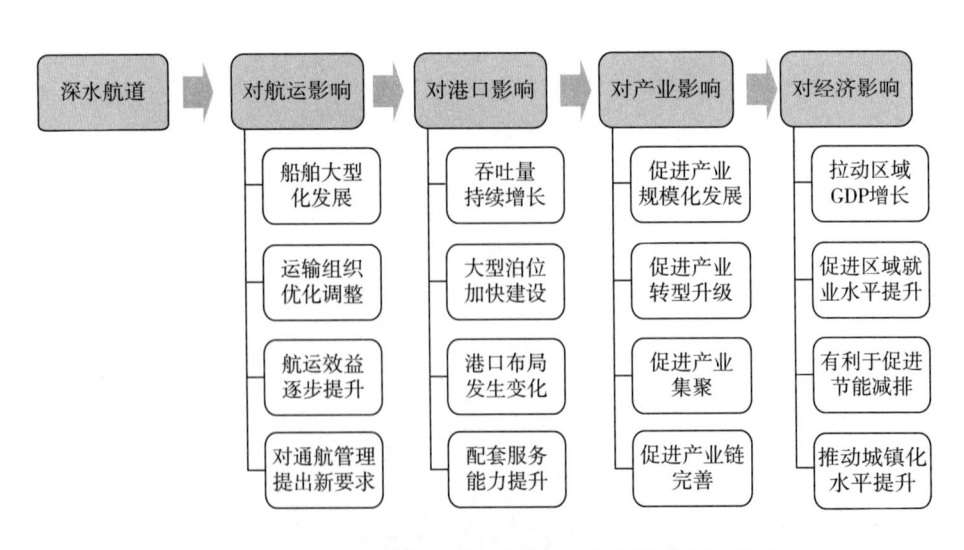

图 13.1　长江深水航道对沿江港口和产业发展影响机理图

第一节 影响机理分析的考虑因素

通过对过去几年深水航道已产生的影响分析和对未来经济产业发展的阶段性判断，可以看出，在进行深水航道影响分析时要充分考量以下外部条件及变化。

——在各个方面的影响分析中，充分考虑外部宏观经济产业变化的作用和影响。通过采用国内外经验对比、产业变迁等思路，详细分析外部宏观环境阶段性特征和变化趋势可能对沿江航运、港口发展的需求变化和对沿江经济、产业变化的影响。

——在各个方面的影响分析中，充分考虑沿江地区经济结构调整和产业转型升级的变化，结合中上游地区经济发展和承接产业转移的发展趋势，与深水航道对沿江产业、经济的影响进行结合分析。

——在各个方面的影响分析中，充分考虑江苏沿江岸线资源和航道条件的现状实际，进行深水航道对沿江航运、港口的影响分析。

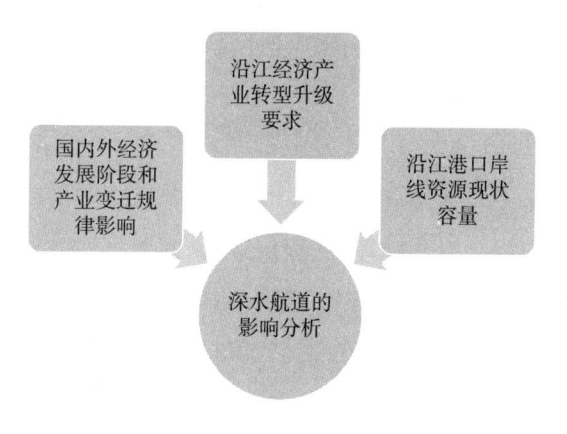

图13.2　深水航道影响分析的外部条件考量

第二节　影响机理及传导路径

第一层次，长江南京以下 12.5 米深水航道工程的实施，直接效果是航道通航条件改善，从而带来船舶大型化，船舶大型化使得海运成本下降，推动沿江物流运输成本的降低，运输组织产生相应的变化和调整。航运公司在降低运费、提高航运效益的预期下将更多选择更加合理的运输方式，如更多采用直达运输、减少中转或改变中转港点，加快运输组织方式优化和调整，沿江航运效益明显提升。

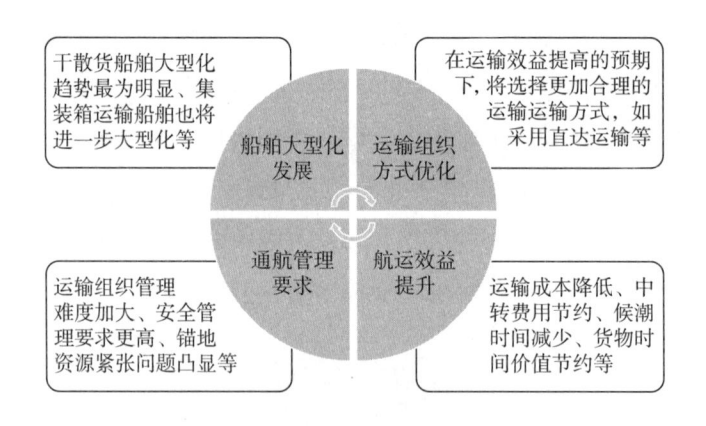

图 13.3　长江深水航道对航运影响的主要方面

第二层次，在上述变化及预期下，港口吞吐量持续增长，大型化、专业化泊位建设步伐加快，原有码头升等改造力度加大，岸线资源整合的步伐进一步加快，运输组织方式优化调整，港口功能、港口综合配套服务水平相应扩展和提升。一方面，部分港口在区域港口群中的竞争力不断提升，另一方面，沿江港口在综合运输体系中的竞争力不断增强，部分货物运输将更多选择水运，从而带来港口诱增吞吐量的增长。

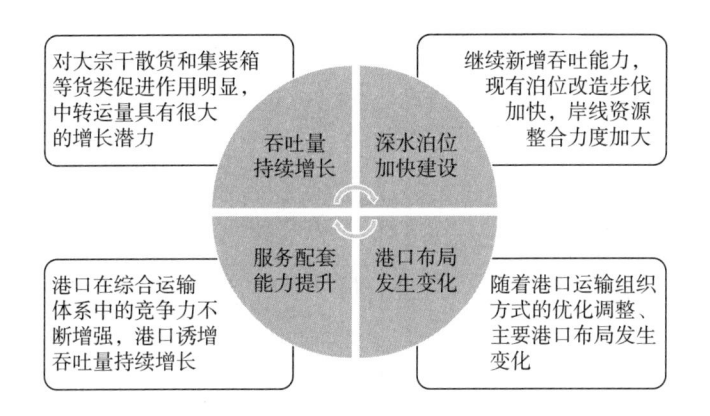

图 13.4　长江深水航道对港口影响的主要方面

第三层次，运输保障和服务能力的提升，加之未来沿江经济产业转型升级变化，沿江产业将在集聚发展中加快转型升级步伐。航道条件改善和物流运输成本降低将为电力、石化、冶金等产业在结构调整中规模化发展提供重要支撑，促进造船工业加快向装备制造业转型，促进港口物流、现代航运服务等产业加快发展，间接拉动区域金融、保险等其他业态发展，推动化工和装备制造等产业园区化发展。

在上述影响下，港口作为综合物流节点的地位将进一步提升，港口产业链不断完善。主要表现在两方面：一是与后方产业互动性将进一步增强（横向联合），二是港口开始加快业务纵向延伸，在巩固传统的装卸、中转、储存等传统业务的同时，不断向原材料采购、加工、制造、配送、交易等整个物流链条的综合业务转变。

第四层次，在上述影响路径全过程中，均会对沿江经济社会发展产生明显的外部溢出效应，拉动 GDP 增长，保障经济平稳运行，同时将产生积极的社会效益。一是航道投资、维护投资直接拉动区域 GDP 增长；二是航道诱增运输量增长，拉动 GDP 增长，主要体现在拉动其上游炼油、造船、装备制造等上游产业的发展，以及保障冶金、石化、电力等下游行业发展以及外贸发展、城镇化进程推进等；三是在节能环保、就业等方面也产生诸多正的外部性。

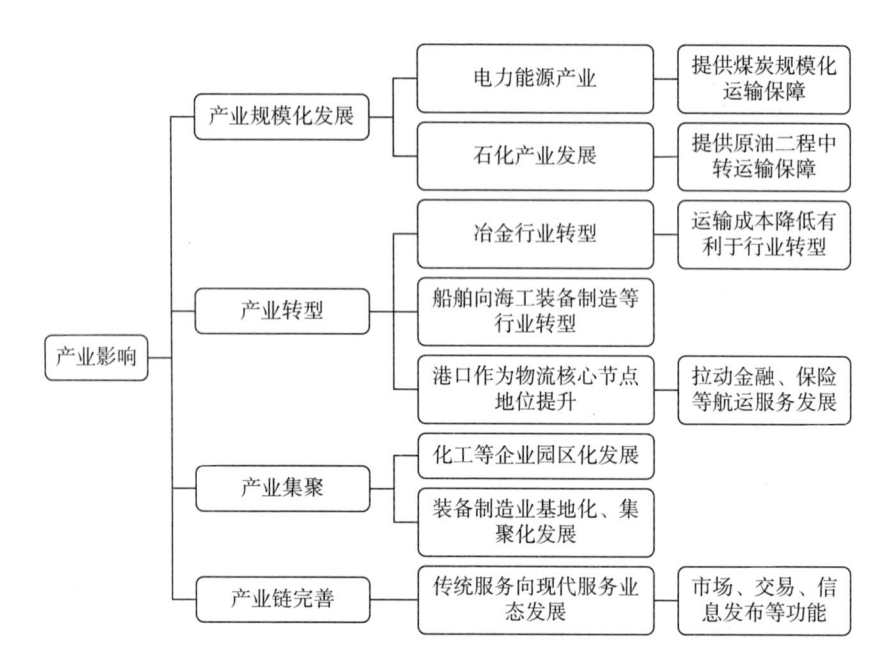

图 13.5　长江深水航道对产业影响的主要方面

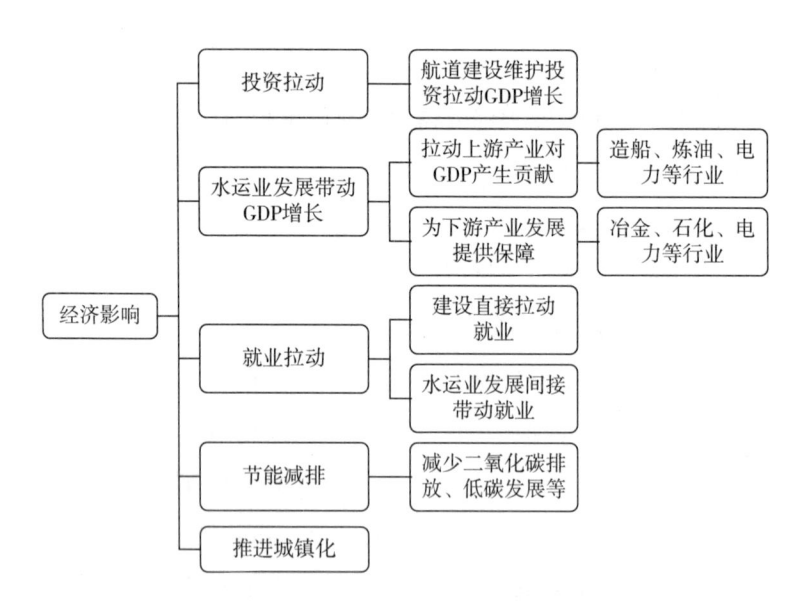

图 13.6　长江深水航道对经济和社会影响的主要方面

第三节 影响机理分析技术与方法

在对航运、港口和产业、经济等方面的影响机理分析中，采用了相关理论和方法进行了专门分析，考虑报告篇幅详细论证从略。

——在合理船型论证和对沿江航运影响的分析中，采用系统工程、运筹学等理论分析方法，综合考虑运输、中转等成本要素，进行动态优化，选择最佳运输路线，并推选合理运输船型。

——在对港口影响分析中，采用有无深水航道影响下的对比分析，对港口发展基本趋势进行模拟，测算了深水航道对港口吞吐量的定量影响。同时，结合沿江港口发展现状和岸线资源利用实际，借鉴国内外发达港口经验，分析了可能对未来港口设施建设和服务能力等方面产生的影响。

——在对沿江产业的影响分析中，采用工业区位论、投入产出产业关联模型等计量经济、经济地理学分析方法，从原材料运输、产品消费市场、沿江144个细分产业关联等综合因素影响的角度，分析了深水航道对沿江产业的定性和定量方面的影响。

——在对经济社会影响分析中，采用投入产出模型，应用计量经济学方法，详细分析了工程对区域宏观经济的作用机理以及拉动效果，对GDP拉动和就业拉动进行定量测算，同时，分析了深水航道工程对节能减排、城镇化进程推进等方面的积极作用。

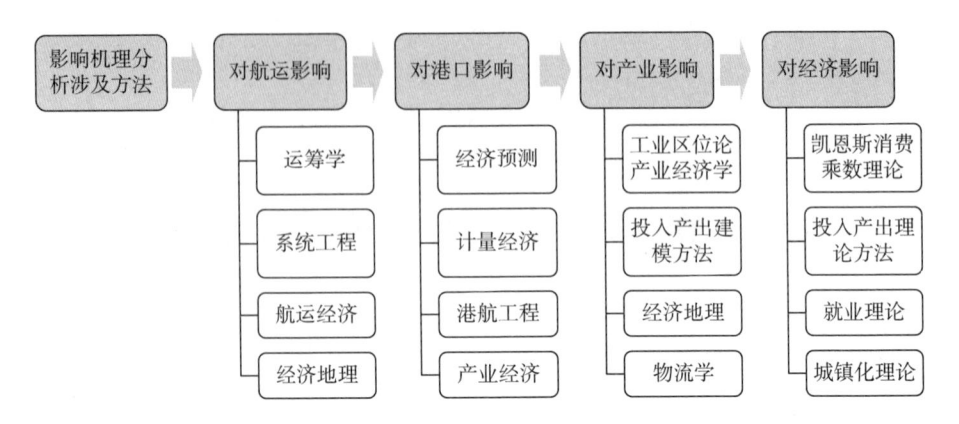

图 13.7 深水航道影响机理分析涉及的理论方法

第 14 章 长江口深水航道工程实施效果及影响分析

长江口深水航道治理工程分三期实施，1998年1月一期工程开工，2011年5月三期工程竣工，航道水深由7米提高至12.5米。2005年长江口10.5米航道水深延伸至南京，2010年底长江口12.5米航道水深上延至太仓荡茜闸。整治后，南京以下航道长江口—太仓荡茜闸航段航道维护尺度为12.5×500×1050米；该航段进港船舶吃水一般控制在11.7米，5万吨级船舶可以满载进港，10万吨级散货船可乘潮进港，10万～20万吨级散货船需要减载进港。太仓荡茜闸—南京段航道280公里，吃水控制在10.5米，航道维护尺度为10.5×500×1050米（局部河段最小航宽为200米）；该航段吃水一般控制在10.5米，3万吨级船舶可满载直达，5万～8万吨级船舶需要减载进港。

自1998年长江口深水航道整治工程实施以来，特别是2005年10.5米深水航道延伸至南京以来，江苏沿江通航条件不断改善，船舶大型化趋势明显，海进江运量增长迅速，大型专业化码头建设步伐明显加快，港口吞吐量快速增长，沿江经济产业快速发展。深水航道工程对沿江航运、港口和经济、产业发展等多方面已产生非常明显的影响。

特别是江苏沿江港口海港特征日趋明显，在长江三角洲港口群中的吞吐量份额不断提升，运输组织方式和港口格局发生了明显的变化，江阴以下港口外贸直达运输功能和为长江中上游地区中转功能不断增强，煤炭、铁矿石等货类海进江、江海转运运输体系逐步完善，苏州港在沿江港口集装箱运输体系中的枢纽地位逐步确立。

第一节　船舶大型化明显

深水航道的实施，最直接效果是航道水深增加、通航条件改善，进而保障并促进了船舶大型化的发展。在大型船舶航运效益推动下，航运企业对航道水深要求的极致利用进一步推动船舶大型化发展。

2005年10.5米深水航道延伸到南京后，3万吨级船舶能够满载直达南京港，2010年以后12.5米深水航道延伸到太仓荡茜闸，5万吨级船舶可以满载直达太仓港。因此，从2005年以后，船舶大型化趋势十分明显。据统计，长江江苏段进出海船艘次由2005年的8.2万艘次增长到2013年的14.6万艘次，年均增长7.4%。万吨级以上船舶由2005年的1.3万艘次增长到2013年的5.4万艘次；其中，3万吨级以上船舶由2005年的4090艘次增长到2013年的2.1万艘次，5万吨级以上船舶则由2005年的1256艘次增长到2013年的5143艘次，10万吨级以上大型船舶由2005年的120艘次增长到2013年的1272艘次，年均分别增长19.4%、22.3%、19.3%和34.3%。

具体变化特点主要体现在以下几个方面。

（1）干散货运输船舶大型化最为明显，液体散货船次之

干散货运输主要指煤炭和铁矿石运输。上述两大货类运输主要服务沿江电厂用煤需求和沿江钢厂炼钢需要，单批次需求量较大，适合规模化运输。因此，船舶大型化重点体现在煤炭和矿石运输船型上。2013年，干散货船占到了3万吨级以上船舶艘次的67%、5万吨级以上船舶艘次的93%；从干散货船型结构上看，3万吨级以上船舶占干散货船总艘数的28%，比2005年提升近10个百分点。

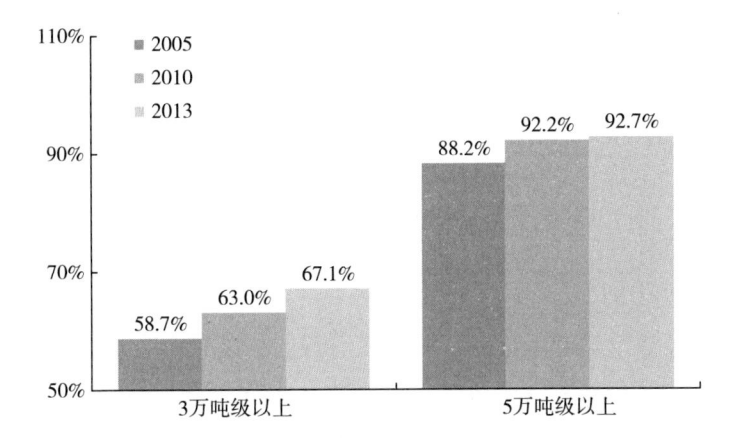

图 14.1 沿江港口分吨级干散货船艘数占船舶总艘数比重变化

目前，沿江港口接卸二程中转外贸进口原油运输船型主要为 1.5 万～3 万吨级油船，3 万吨级以上船舶所占比重越来越大，外贸进口油气化工品以 1 万～3 万吨级船舶为主；油品运输船舶沿海内贸运输以 1000～5000 吨级为主，少量 1 万吨级，江内成品油及化工品运输以 1000～3000 吨油船及驳船队运输为主。因此，液体散货运输船型大型化重点体现在接卸外贸进口油气化工品船舶上。2013 年，液体散货船占到了 3 万吨级以上船舶艘次的 24%、5 万吨级以上船舶艘次的 5%；从液体散货船型结构上看，3 万吨级以上船舶占液体散货船总艘数的 16%，比 2005 年提高近 13 个百分点。

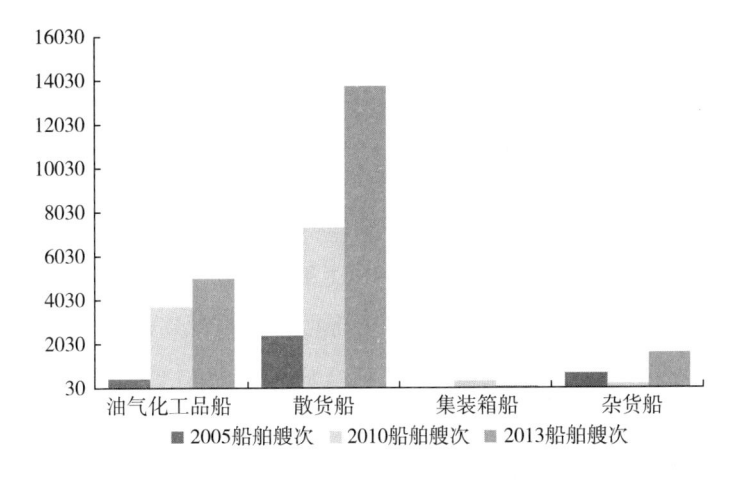

图 14.2 沿江港口分货类运输船舶艘数变化情况

（2）其他运输船型变化相对不大

目前，沿江近洋及内贸航线集装箱运输主要为 300～600TEU 集装箱船，内支线主要为 100～200TEU 集装箱船；其他散杂货船，外贸粮食、散化肥、钢铁运输船以 3 万～5 万吨级灵便型散货船为主，少量 6 万～8 万吨级巴拿马散货船减载进江；内贸散杂货运输船以 1 万～2 万吨级散杂货船为主；其他件杂货以万吨级以下船舶运输为主。

从运输经济合理性考虑，江苏沿江航行的集装箱和杂货等运输船舶船型不是很大，一般都在万吨级以下，主要受单批次运输需求规模小、货类品类多样化等因素影响。因此，深水航道的实施，虽然长江南京以下具备了全线通航 3 万吨级满载船舶的通航要求，但集装箱、杂货船等运输船型仍没有出现非常显著的变化。2013 年，万吨级以上集装箱和杂货船舶分别占集装箱和杂货船舶总艘数的比重为 3% 和 11%，比 2005 年下降 6 个和提升 5 个百分点。相比较而言，杂货船大型化趋势比集装箱船明显。

表14.1　　2005-2013年沿江港口到港船舶艘数增长情况

船艘数年均增速	1～3万吨	3～5万吨	5～10万吨	≥10万吨
油气化工品船	2.3%	36.9%	15.3%	—
散货船	24.5%	27.5%	17.6%	33.0%
集装箱船	10.7%	12.1%	3.1%	23.8%
杂货船	5.6%	12.1%	-4.0%	—

注：①表中集装箱和杂货船总艘数，2005～2013 年年均增速分别为 25.9% 和 -1.2%，因此，集装箱船舶大型化并不明显，万吨级以上船艘数增加主要受总艘数增加的影响。②表中，1～3 万吨含 1 万吨，不含 3 万吨，以下类同。

（3）5万吨级以上船舶主要集中在江阴以下港口

目前 5 万吨级船舶能够满载直达沿江最上游的港口是太仓港，乘潮可达江阴、张家港等港口，所以，5 万吨级以上船舶主要集中在江阴以下港口。同时，由于部分 3 万～5 万吨级船舶可在江阴以下港口减载后（或者是在外海二程江海船舶）直达江阴以上港口，所以太仓以上港口 3 万～5 万吨级船舶也保持较快增长，特别是近两年所占比重有所提升。

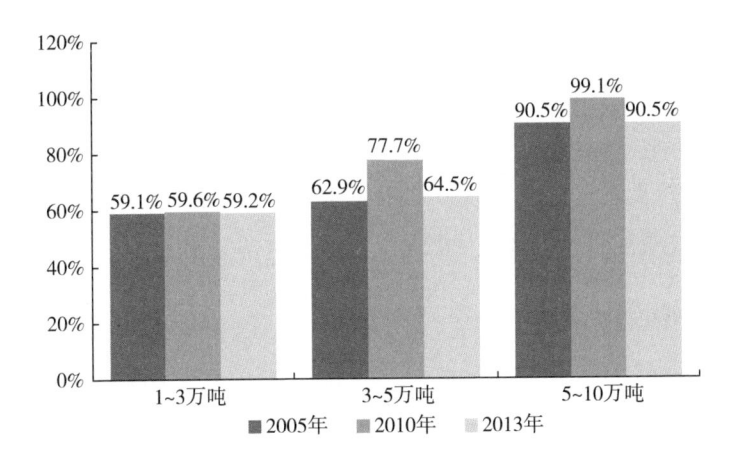

图 14.3　江阴以下（含江阴）港口分吨级船舶艘数占总艘数比重变化

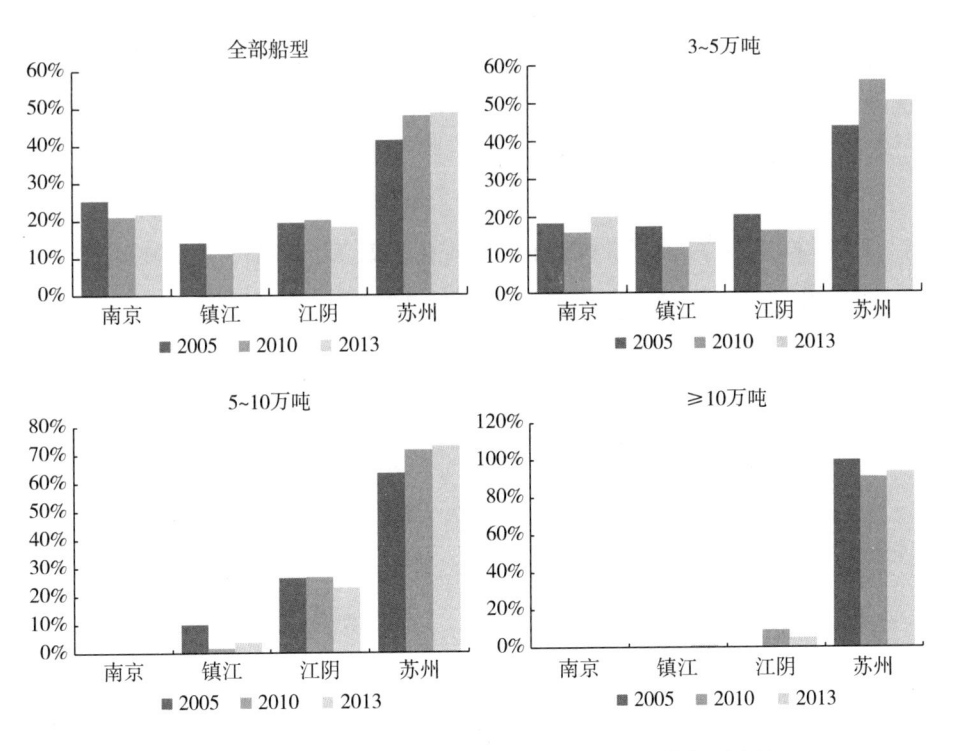

图 14.4　南京、镇江、江阴和苏州港到港船舶艘数相对占比

（4）沿江港口到港船舶呈现分区段差异化特征

以南京、镇江、江阴、苏州四个典型港口为例分析。随着航道条件的改

善以及航道水深的变化，港口到港船舶呈现明显的差异性。2005年，10.5米深水航道延伸至南京港，3万吨级船舶能够直达南京港，因此，3万~5万吨级船舶在江阴以上港口中总体呈现相对均匀分布的特征。受航道限制，5万~10万吨级船舶主要集中在江阴港以下（含江阴港）。10万吨级以上船舶主要靠乘潮或减载直达方式进入长江，主要集中在苏州港。

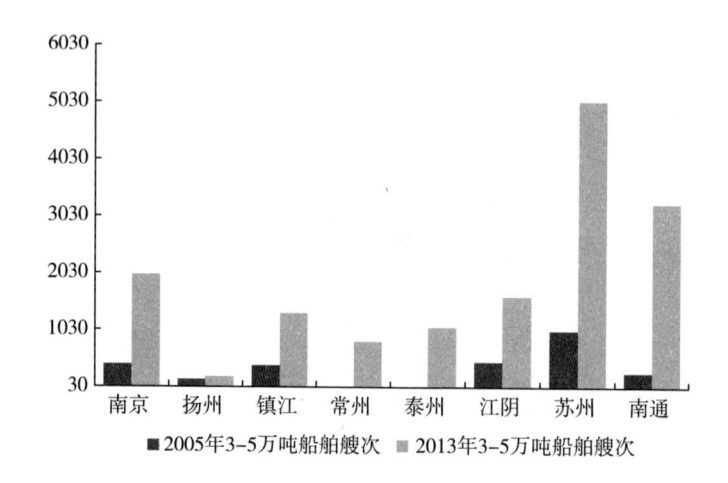

图14.5　长江沿线港口到港船舶艘数变化情况（3万吨≤船型<5万吨）

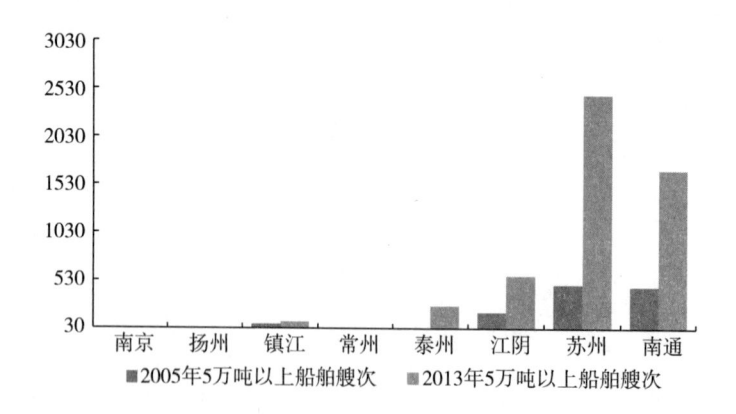

图14.6　长江沿线港口到港船舶艘数变化情况（5万吨≤船型）

第二节　沿江航运组织方式不断优化

（1）海运量快速增长

近年来，长江江苏段海运量（指经太仓浏河口—南京段深水航道进出的海运船舶承担的货物运输量，包括满足江苏省沿江港口运输需求产生的海运量和为满足南京以上港口运输需求产生的过境海运量）快速增长，由 2000 年的 0.7 亿吨，发展到 2005 年的 1.4 亿吨，2013 年达到 7.6 亿吨，"十五"和 2006～2013 年期间年均增速分别为 23.6%、18.2%，与"九五"期 13% 的增速相比，2000 年以后增速明显提高。海运量在南京以下深水航道水运量的比重也由 2000 年的 31% 增加到 2013 年的 63% 左右。

其中，海进江运量占主导，2005 年海进江比重最高达到 80%，2013 年为 77.6%。海运量构成以能源、原材料等大宗物资占主导，比重由 2000 年的 49% 增长到 2013 年的 57%。

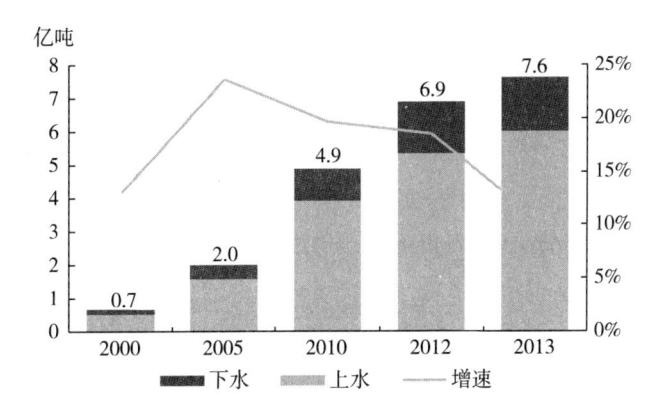

图 14.7　长江江苏段海运上下水比重图

（2）为中上游地区中转运输功能增强

航道条件的改善，大型船舶不断选择直达沿江港口的运输方式，由以前在外海二程中转、沿江三程中转逐步向在沿江港口进行二程中转运输转变，沿江港口为长江中上游地区中转海运量快速增长。2005年中转海运量约为3600万吨，较2000年翻了一番多；近几年煤炭、铁矿石运量增长较快，2013年较2005年分别增长了5.8倍和1.5倍，2013年煤炭、铁矿石中转总量达1亿吨左右。中上游港口外贸煤炭、铁矿石进港快速增长，铁路来煤、公路来煤占比减少，优化了运输结构，促进了运输成本的降低。

江阴以下港口外贸直达运输功能及为长江中上游地区中转运输功能不断增强，2013年中转吞吐量约2亿吨。

（3）海进江外贸直达运输量迅速增长

航道条件的改善，大型外贸船舶由以前在外海中转逐步向直达沿江港口的运输组织方式转变，外贸物资直达沿江港口的运输比重明显提升。2000年以来，沿江八港外贸货物直达运输量年均增长速度达18%。尤其是煤炭和铁矿石增速最快，外贸进口煤炭直达江内运输量从1.2万吨增长到1394万吨，外贸进口铁矿石直达运输量从435万吨增长到5680万吨，年均增速分别为80%和24%。进港航道条件的改善为大型外贸船舶直达沿江港口创造了条件。

（4）内贸集装箱运输进一步向太仓港区集聚

航道条件的改善、集装箱码头设施能力的不断提升以及腹地集装箱运输需求的不断增长，太仓港区在沿江港口中的枢纽港地位逐步确立。2000年太仓港区内贸集装箱吞吐量仅1.1万TEU，占沿江港口内贸集装箱吞吐量的4.0%，太仓港区正处于起步发展阶段。2013年太仓港区内贸集装箱吞吐量达到214万TEU，占沿江八港内贸集装箱吞吐量的33.5%。

（5）货物运输组织不断优化，航运效益十分明显

初步测算，截至目前深水航道实施为江苏沿江地区每年仅运输费用节约达15亿元。

沿江航运在综合运输体系中的地位不断增强，海运量在综合运输货运量中的比重不断提升。2000年江苏海进江货运量占江苏全社会货运量的比重为

6%，目前提升到30%左右。海进江煤炭运量较快增长，京杭运河来煤和长江上游煤炭出江量所占比重不断减少，长江沿线煤炭运输方式发生调整，运输组织不断优化。

第三节　沿江港口发展格局加快调整

（1）沿江港口总吞吐量在长三角地区港口中的比重提升

近年来，随着腹地经济的快速发展以及长江航道的深水化，江苏沿江港口吞吐量快速增长。2013年沿江港口货物吞吐量、外贸吞吐量分别为13.8亿吨、2.4亿吨，2000以来年均增速分别高达18.0%和17.0%。2013年沿江港口货物吞吐量占长三角地区港口货物吞吐量的比重为42%，分别比2000年、2005年、2010年提高13个、10个和1个百分点，沿江港口货物吞吐量份额提升明显。

表14.2　　2000～2013年江苏沿江港口主要指标　　单位：万吨

	2000年		2013年		2000~2013年均增长（%）	
	总量	外贸	总量	外贸	总量	外贸
沿江八港	16657	3000	137500	24039	18	17
南京港	6679	853	20201	2204	9	8
江阴港	666	133	12590	1477	25	20
常州港	379	35	3067	534	17	23
苏州港	2861	1043	45435	10949	24	20
南通港	3110	491	20494	4538	16	19
扬州港	419	56	6189	404	23	16
泰州港	187	48	15425	1280	40	29
镇江港	2356	342	14098	2653	15	17

（2）沿江港口海港特征明显

随着深水航道的实施，外贸直达运输比重提升，沿江港口外贸货物吞吐量保持快速增长，海港特征日益明显。2013年沿江港口完成外贸货物吞吐量2.4亿吨，与2000年相比，年均增长17%，年均净增1618万吨。外贸物资在宁波—舟山等外海二程中转的比重有所减少，沿江港口外贸货物吞吐量在长三角地区港口外贸货物吞吐量中的比重不断提升，2013年比重为21%，与2000年相比提升5个百分点。

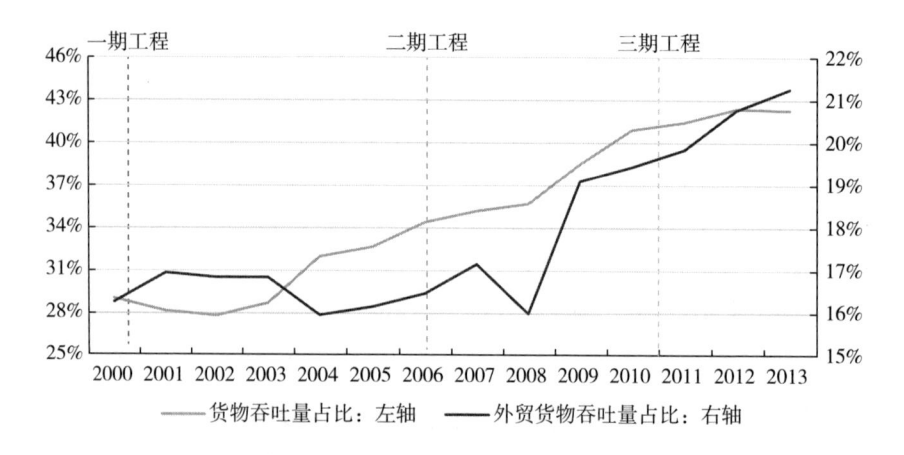

图14.8　沿江港口吞吐量在长三角港口中的比重变化

（3）沿江港口之间运输格局不断调整

深水航道的实施，使得苏州、江阴、泰州等港口区位优势不断显现，中转功能提升明显，直接带动了港口货物吞吐量的增长，2000年上述三港货物吞吐量占比仅为30%，2013年提升到53%。

集装箱运输功能由深水航道实施初期的相对分散布局开始加快向苏州港集聚，苏州港集装箱运输枢纽地位在沿江港口中初步确立。2000年苏州港集装箱吞吐量占比仅为29%，2012年提升到54%，2013年有所下降，降至48%。

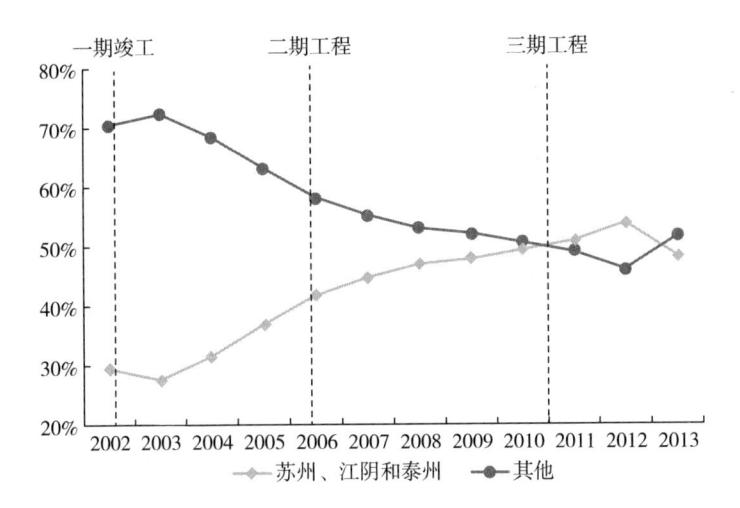

图 14.9　沿江港口货物吞吐量占比变化

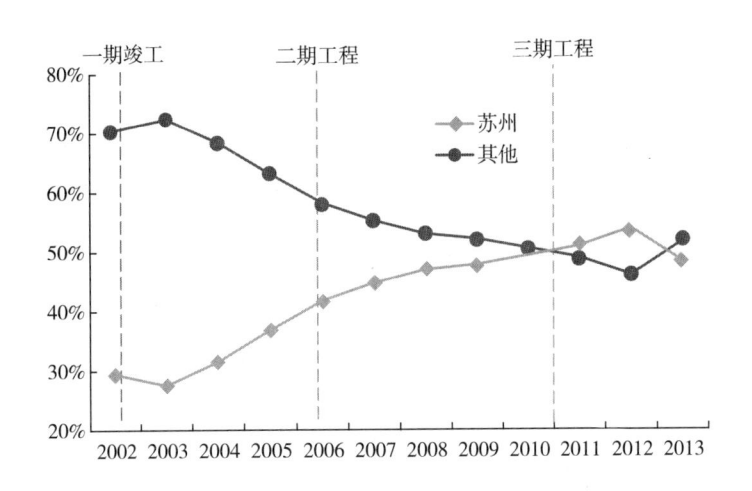

图 14.10　苏州港集装箱吞吐量占比变化

（4）大型泊位建设加快推进

2000 年，航道水深不足 8.5 米，江苏沿江港口万吨级以上泊位 113 个，5 万吨级仅有 8 个，港口码头集中在南通、张家港、镇江和南京港。随着长江口深水航道的建设，江苏沿江大型码头的建设步伐明显加快。截止到 2013 年底，江苏沿江共有万吨级以上深水泊位 401 个，其中 5 万吨级以上泊位 108 个，分别为 2000 年的 4 倍和 12 倍左右。同时，在南通狼山、苏州太仓、苏州张家港、江阴石利、镇江大港、南京仪征和南京龙潭等形成了一批规模化港区。

新建码头等级的提升,大幅提高了岸线资源利用效率。据初步测算,5万吨级散货泊位比2万吨泊位岸线长增加约35%,但能力通常可提高50%以上。

表14.3　　　　　　　　沿江深水泊位发展情况表

	泊位总数（个）	万吨级以上（个）	万吨级占比（%）	5万吨级（个）	5万吨级占比（%）	航道水深（米）	备注
2000年	338	113	33	8	2	8.5	
2005年	516	189	37	32	6	10.5	长江口至南京10.5米
2010年	736	315	43	74	10	10.5	长江口至太仓12.5米
2013年	803	401	55	108	13	10.5	长江口至太仓12.5米

由于码头一次性资金投入较大,改造升级成本较高,同时由于对12.5米深水航道的预期,港口企业报批码头时大都采用较高标准等级（5万吨级）,部分码头在建设中进一步提高标准（水工结构预留至7万~10万吨级）。"十五"期新建5万吨级以上泊位占新建深水泊位32%,"十一五"至今比重继续增大,达到40%。

表14.4　　　　　2000年以来沿江新建码头泊位等级对比表

	深水泊位（个）	3万吨级（个）	占深水泊位比重（%）	5万吨级（个）	占深水泊位比重（%）	备注
2000年以前	113	26	23	8	7	
2001~2005年	76	50	66	24	32	长江口至南京10.5米
2006~2010年	170	122	72	65	38	长江口至太仓12.5米
2011~2013年	86	73	85	34	40	

（5）大型泊位建设主要集中在四大主要港口

截至2013年底,沿江八港（不包括南通吕泗、洋口港区）共有生产性泊位803个,通过能力10.3亿吨。其中,万吨级以上深水泊位401个,通过能力7.7亿吨；3万吨级以上泊位共有235个，其中苏州港居首，达76个，占比32%，常州港仅有9个，仅占4%；5万吨级以上泊位共有108个，主要集中在镇江、苏州、泰州和南通港，占全部5万吨级以上泊位76%。

（6）码头泊位通过效率不断提升

码头货类结构方面，煤炭、矿石、集装箱及油品等专业化泊位共计311个，占沿江全部泊位数的39%，但通过能力占比达55%。

表14.5　　　　　2013年沿江各港深水泊位基本情况表

港口	万吨级以上 泊位数	万吨级以上 能力（万吨）	3万吨级以上 泊位数	3万吨级以上 能力（万吨）	5万吨级以上 泊位数	5万吨级以上 能力（万吨）
南京港	60	12600	24	5902	8	2955
镇江港	45	8483	27	6344	15	3912
常州港	9	1597	5	1262	1	300
江阴港	42	7275	25	5486	7	2040
苏州港	126	25029	76	18934	37	12300
扬州港	24	5601	21	5490	10	3635
泰州港	52	8905	34	6882	13	3375
南通港	43	7586	23	5380	17	4415
合计	401	77076	235	55680	108	32932

表14.6　　　　　2013年沿江码头结构（按主要货类用途分）

码头性质	泊位数（个）	占比（%）	能力（万吨）	占比（%）	深水泊位（个）	占比（%）	能力（万吨）	占比（%）
煤炭	75	9.3	16978	16.4	34	8.5	12170	15.8
矿石	29	3.6	9505	9.2	11	2.7	5870	7.6
集装箱	37	4.6	12050	11.7	35	8.7	11650	15.1
油品	170	21.2	18658	18.1	105	26.2	15654	20.3
其他	492	61.3	46134	44.6	216	53.7	31732	41.2
合计	803	100.0	103325	100.0	401	100.0	77076	100.0

注：油品码头中包括10个原油泊位；沿江相当数量通用码头从事煤炭、矿石等货类运输。

第四节 沿江产业布局和结构不断优化

（1）推动了江苏省产业结构调整

20世纪90年代以来，江苏省抓住我国改革开放和国际分工调整浪潮的重大机遇，主动承接发达国家劳动密集型产业的转移，大力发展制造业，特别是石化、冶金、电力、建材等基础产业和各类装备制造工业。1990～2005年期间，江苏省GDP年均增速13.7%，高于全国10.2%的平均水平，工业占比不断上升，三次产业结构逐步由1990年的25.1∶48.9∶26调整为2005年的7.9∶56.6∶35.6。

"十五"期以来，以苏锡常为核心的组团式外向型加工园区和以重化工业为主的沿江基础产业带逐步形成规模，制造业重心开始向高新技术工业转移，技术、知识密集型产业快速发展，三次产业结构逐步由2005年的7.9∶56.6∶35.6调整为2013年的6.1∶49.2∶44.7。在此阶段，江苏省GDP年均增速12.3%，高于全国10.2%的平均水平，2013年江苏省GDP达到5.9万亿元，位居全国第二。

深水航道有力支撑了沿江八市工业化进程。"十五"期间，沿江八市第二产业占比上升9.8个百分点（比全省高4.9个百分点）。"十一五"期及目前阶段，江苏沿江地区以第三产业快速发展为主导。逐步迈入工业化中后期，重化工业发展逐步向资金、技术密集型转变。2005年以来，沿江八市三产占比提升9.7个百分点，二产占比下降8.1个百分点。深水航道在继续为沿江能源、原材料运输需求提供支撑保障外，对加快港口物流、现代航运服务、生产性服务业等现代服务业发展起到重要推动作用。

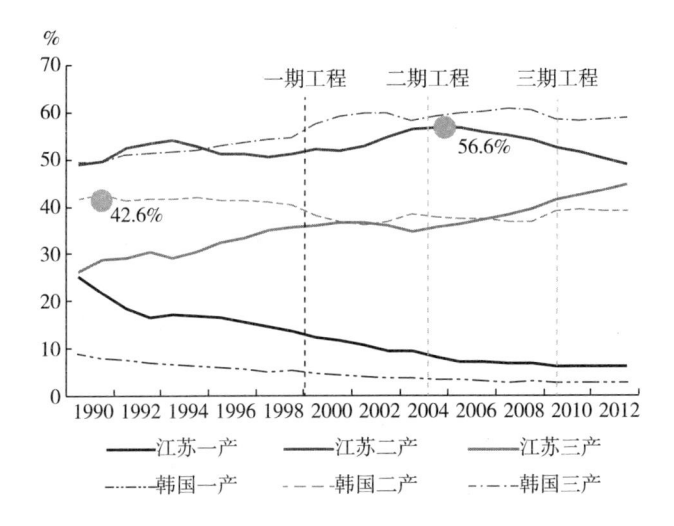

图 14.11　1990～2012 年江苏省与韩国三次产业结构变化图

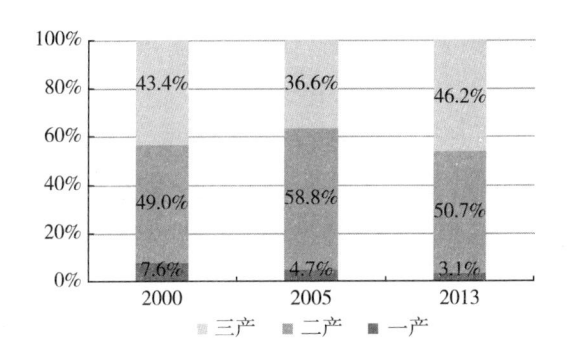

图 14.12　沿江八市产业结构变化情况

（2）支撑了沿江重化工业快速发展

"十五"期以来，随着航道条件的不断改善，沿江地区依托良好的运输优势，以基础工业为主，冶金、炼化、电力等原材料和能源型工业成为发展主体，沿江地区对能源和原材料的运输需求快速增长，沿江港口铁矿石、煤炭等大宗散货运量显著增加。航道工程的实施，一方面支撑了沿江重化工业快速发展，另一方面为重化工业结构转型升级和布局优化提供了支撑。

从图 14.13 可看出，伴随着航道条件改善，海进江煤炭在保障江苏省电力工业运行中的作用愈发明显。

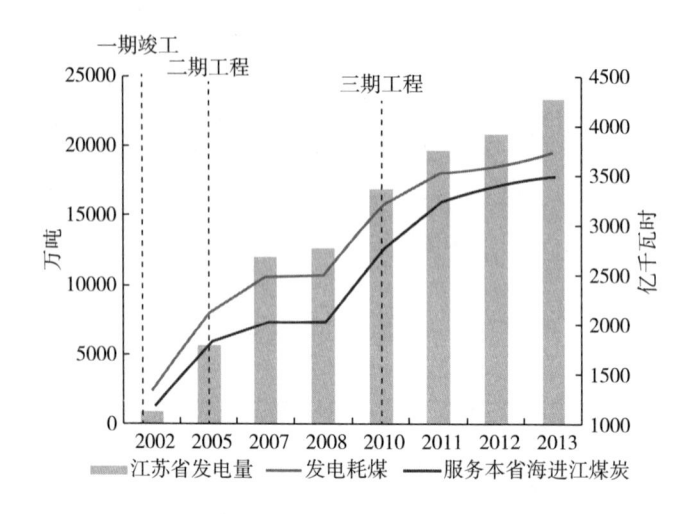

图 14.13　江苏海进江煤炭与发电量的关系

（3）推动了重工业占比不断提升

重工业产值占规模以上工业总产值的比重由 2000 年的 56.8% 逐年提升至 2012 年 75% 以上。此外，重工业内部结构也逐步优化。2002 年以来，江苏省钢铁和金属加工业等以原材料和基础工业占工业比重先上升后下降，同时高加工度和技术密集型的电气制造业、交通制造业等产业占工业比重逐步提升，重化工内部结构转型趋势明显。

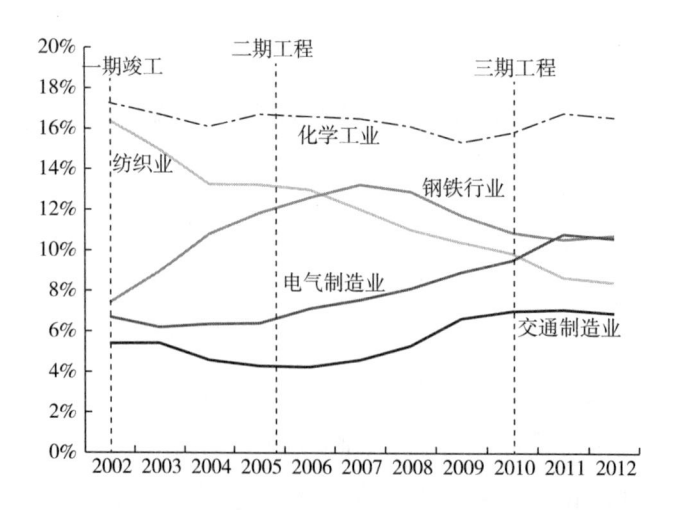

图 14.14　长江口一期竣工以来江苏重点产业占工业比重变化图

（4）促进了沿江产业集聚化发展

航道条件的改善，港口竞争力的提升，为沿江产业集中布局、规模化发展提供了重要基础平台。江苏沿江地区已成为外商投资的集聚地和我国对外开放的前沿阵地，产业集聚效益逐步显现。2012年江苏沿江原油加工能力3060万吨，占全省94%；化工企业数7696家，占全省84%；钢生产能力约7110万吨，占全省76%；电力装机5390万千瓦，占全省72%；水泥、玻璃产量分别占全省的70%和90%以上。

此外，沿江地区充分发挥产业集聚及产业分工的特点，对沿江地区资源进行空间整合，形成各具特色的工业园区，同时围绕产业链上下游延伸，提高产业集聚化水平。2005年沿江国家级开发区有12个，2012年达到31个，2012年沿江地区集聚了全省84%的国家级开发区、60%的省级开发区。

沿江主要布局了与水运密切相关的产业，如大型石化、冶金、电力、装备制造等重化产业和与港口相关的第三产业等，沿江各地产业结构特点也充分说明了上述行业发展与沿江区位的密切相关性。

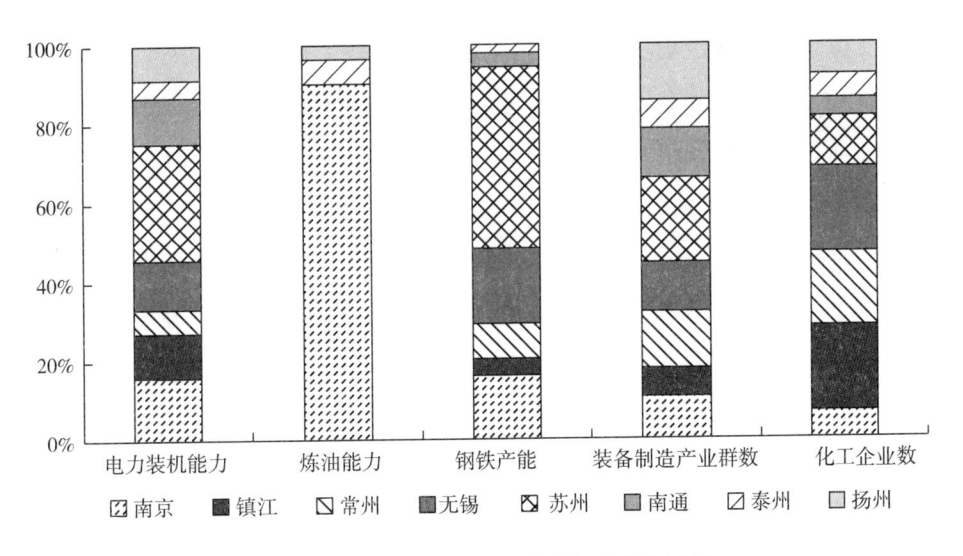

图 14.15　2012 年沿江八市重点行业分布情况

深水航道工程的实施，推进了沿江开发开放，提升了沿江地区经济发展的集聚度和总体国际竞争力，沿江开发区域[①]经济和外贸占全省的份额均有相应提升。沿江开发区域完成的 GDP 占沿江地区 GDP 的比重由 2005 年的 49% 提高到 2012 年的 51%，外贸额由 34% 提高到 2012 年的 40%。

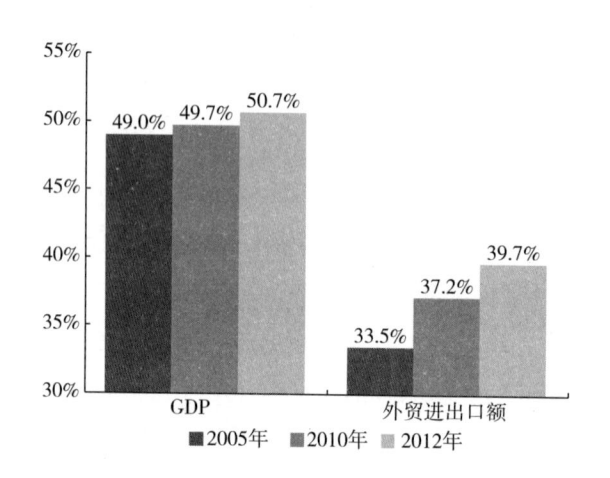

图 14.16　江苏省沿江开发区域主要指标占全省比重变化

（5）推动了沿江物流业快速发展

航道条件改善带动了沿江航运业的快速发展，推动了集中采购、中转、仓储、配送等相关业务发展，并促进了沿江专业化、特色化物流园区的建设，直接推动了沿江物流业的发展。同时，通过航运物流的发展，优化了综合运输结构，提高了运输效率，降低了综合运输成本。2005 年以来，江苏省物流业规模不断扩大。"十一五"期间，江苏省物流业增加值由 1361 亿元扩大到 2660 亿元，占 GDP 比重由 6.3% 提高到 6.5%。同时，物流运行效率也明显提高，社会物流总费用与 GDP 的比率由 17.8% 下降到 15.5%。

（6）为中上游地区重化工业快速起步提供支撑

近年来，长江中上游地区主动承接长三角地区劳动密集型产业转移，大力发展石化、冶金、电力、建材等基础产业和各类装备制造工业，并逐步形

[①]　具体指紧邻长江的沿江八市中的部分市县区，具体包括：南京市区、江阴市、常州市区、常熟市、张家港市、太仓市、南通市区、启东市、如皋市、海门市、扬州市区、仪征市、镇江市区、丹阳市、扬中市、句容市、泰州市区、靖江市、泰兴市。

成了初具规模的产业链和产业集群。该地区重点工业产品产量、加工量变化详见图14.17。

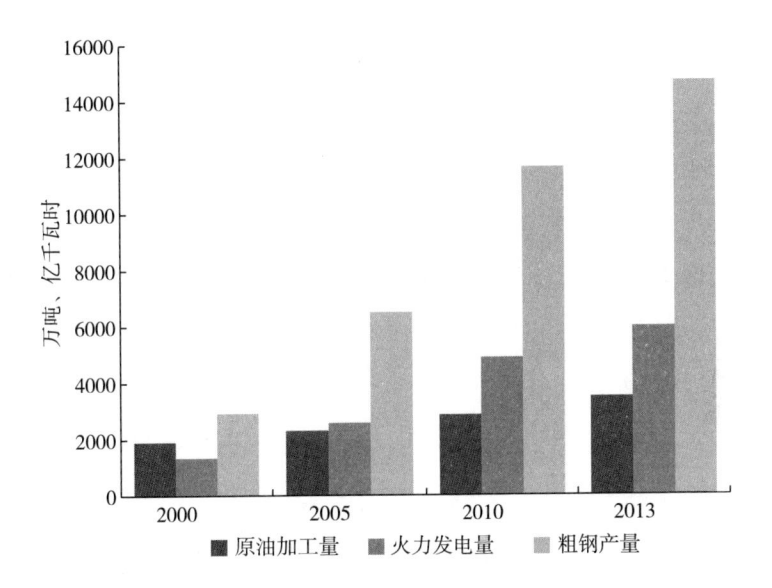

图14.17　长江口一期竣工以来中上游地区主要产品产量变化

第五节　沿江经济持续快速发展

（1）为沿江经济发展提供了有力支撑

深水航道工程的实施，促使长江水运优势进一步发挥和沿江物流运输成本明显降低，推动沿江港口吞吐量快速增长，为沿江经济发展提供了重要支撑保障。"十五"期以来，江苏沿江港口吞吐量年均增速18.5%、年均增量约1亿吨，江苏及中上游五省一市GDP年均增速12.5%，第二产业占比保持在

50%以上。其中,江苏省 2000~2005 年、2005~2010 年、2010~2013 年期间,GDP 年均增速分别为 12.9%、13.4% 和 10.2%,分别高于全国 3.2 个、2.2 个和 2.1 个百分点。

(2)为沿江外向型经济发展提供重要平台依托

一方面,航道条件改善,沿江港口海港特征明显,缩短了与国际市场对接的距离,沿江地区与全球产业、市场、资源等要素的对接更加方便,为外向型经济发展创造了便利条件。另一方面,沿江航道条件改善、运输成本降低,进一步增强了该区域对外资的吸引力,大量外资企业的入驻直接推动了外向型经济的发展。

"十五"期以来,江苏省外贸进出口额、实际利用外资年均增速分别达 23.1%、15.4%,均高于全国平均水平。2000~2005 年、2005~2010 年,江苏省外贸额年均增速分别为 37.9% 和 15.4%,分别高于全国 13.6 个和 2.8 个百分点。

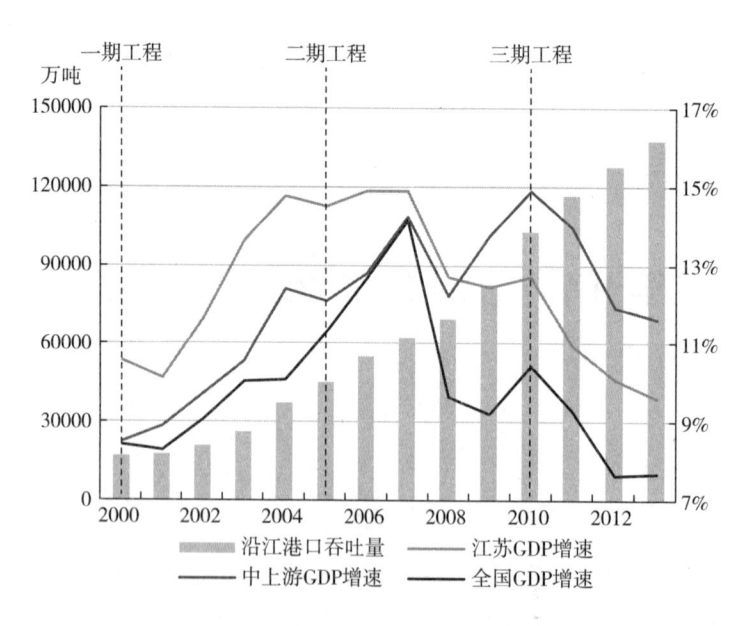

图 14.18　典型年份沿江港口与沿江省市 GDP 变化

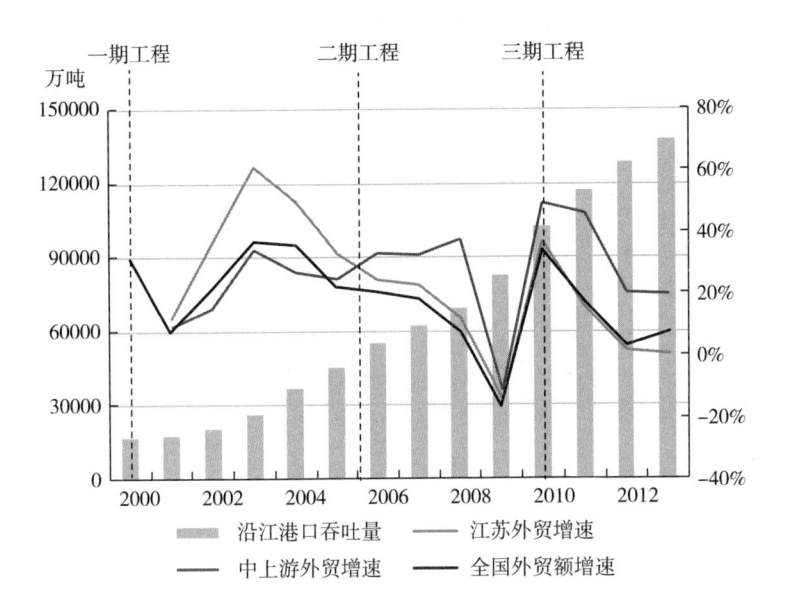

图 14.19 典型年份沿江港口与沿江省市外贸额变化

(3) 促进了中上游地区快速工业化

深水航道实施以来，中上游地区 GDP、外贸额增速由相对落后转为明显领先于全国和长三角地区平均水平。中上游地区工业化快速推进，产生大量的能源原材料物资运输需求。沿江地区港口通过提供中转运输服务，保障中上游工业产业快速发展。"十五"以来，该区域经济增长开始加速，年均增速达 12.4%，高于全国平均水平；三次产业由 2000 年的 21.7：43.6：34.7，进一步调整为 2013 年的 13.0：51.5：35.5，二产所占比重提高了 7 个百分点。1990 年以来该地区经济发展指标详见图 14.20。

同时，利用港口通江达海的便利条件，中上游地区积极吸引外资企业入驻和承接沿海产业转移，沿江港口的桥梁纽带作用不断增强，外资外贸实现快速发展。2000～2013 年，该区域外贸进出口额和实际利用外资增速分别为 21.1% 和 23.6%，均高于全国平均水平。

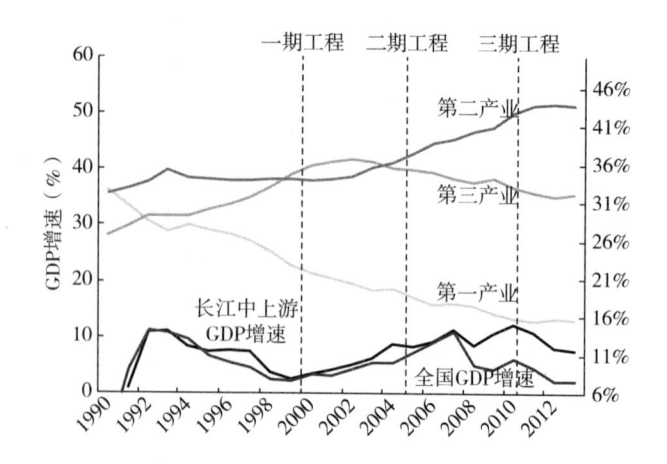

图 14.20　1990 年以来长江中上游地区经济指标变化图

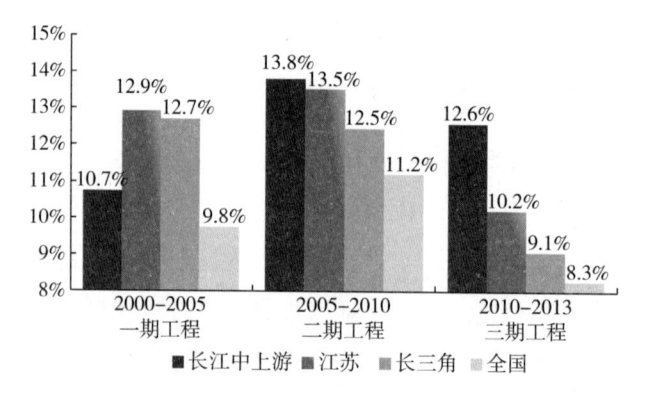

图 14.21　长江口深水航道工程实施以来沿江省市 GDP 年均增速变化

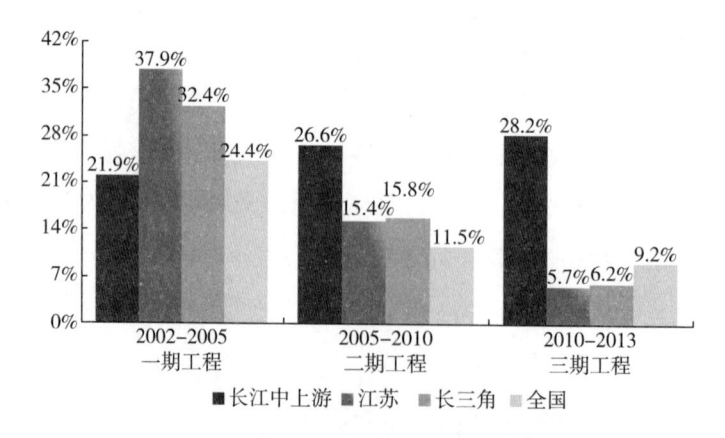

图 14.22　长江口深水航道工程实施以来沿江省市外贸额年均增速变化

第六节　沿江港口发展简要再评价

上述各节分析已部分包含了对沿江港口发展变化情况的阐述和评价，本节重点从码头能力适应性、码头布局、运输组织、集装箱船型和锚地等方面进行简要再评价。

（1）码头通过能力基本适应运输需求

从统计数据看，2012年沿江八港共有生产性泊位771个，通过能力8.96亿吨；2012年沿江港口完成货物吞吐量12.8亿吨。仅从统计数据来看，沿江港口码头通过能力缺口达3.84亿吨，码头通过能力远不能满足货物运输需求。但从实际情况来看，由于沿江为数不少的通用码头主要装卸煤炭、矿石等大宗散货，码头实际能力远超设计能力；再加上部分未计入统计数据的千吨级以下码头能力，沿江港口码头实际通过能力估计在10亿吨以上。另一方面，扣减部分港口水上过驳量和货物吞吐量中的虚高部分，实际港口吞吐量约为10亿吨。总体判断，目前沿江港口码头能力基本适应货物运输需求。

但从码头结构上分析，煤炭、铁矿石等专业化码头能力明显不足，油品码头通过能力相对富裕，集装箱码头能力略有富裕。此外，沿江港口大量通用散货码头接卸煤炭、矿石等也带来较大的环境污染等问题。

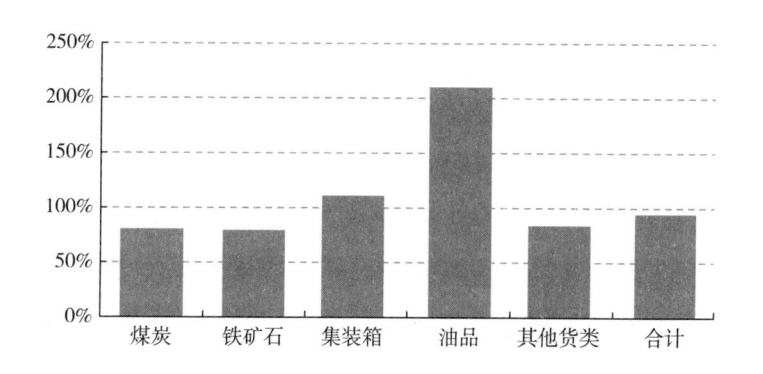

图14.23　沿江港口及主要货类通过能力与吞吐量之比

（2）沿江港口布局发生新变化

江苏沿江港口与原来布局规划相比，煤炭、油品、铁矿石、集装箱四大系统发展基本符合规划，但也发生一些新的变化。

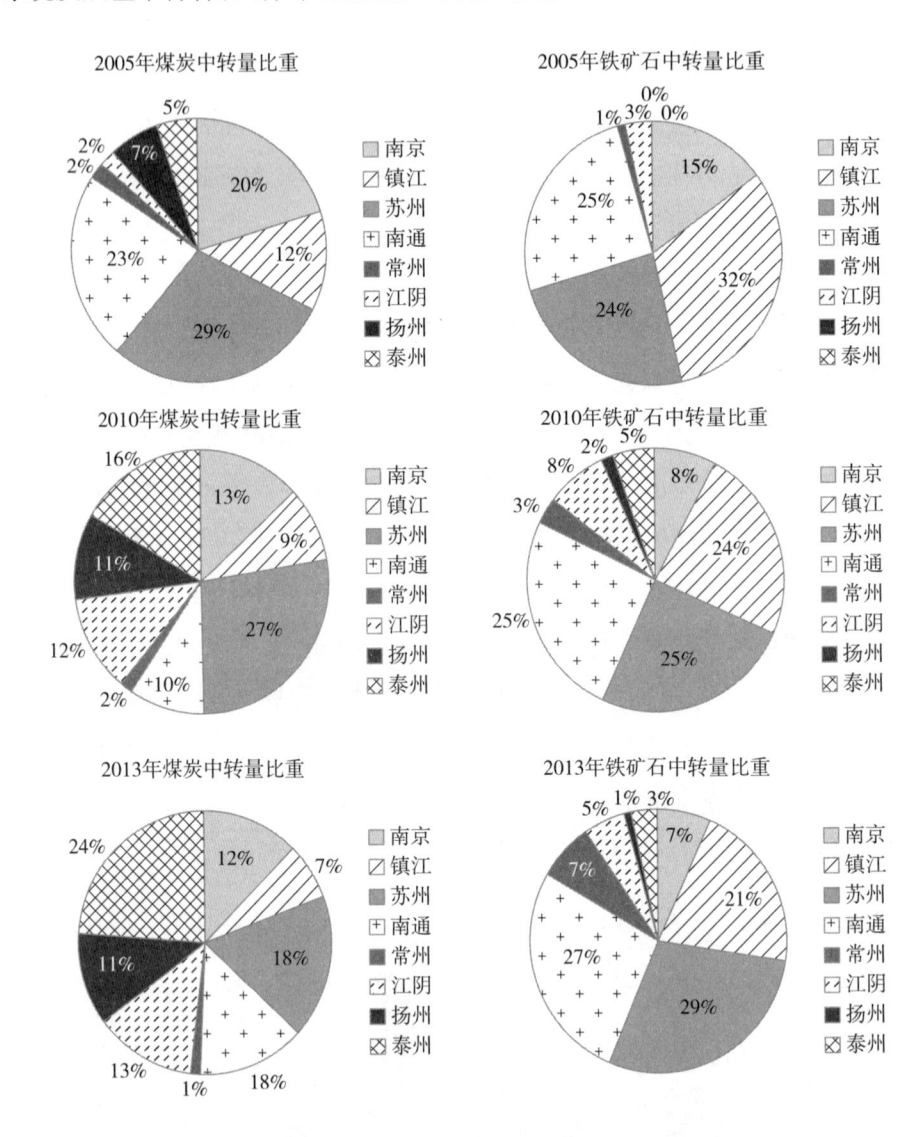

图 14.24　沿江港口煤炭和铁矿石中转运输比重变化

煤炭系统基本形成以直达运输为主、兼有中转运输功能的总体格局，但从事公用服务的煤炭中转运输码头由以前在南京、南通、苏州和镇江港相对集中布局向分散布局转变，泰州、扬州、江阴中转服务功能逐步增强。同时，沿江大量煤炭运输中转任务由通用散货泊位承担。

铁矿石运输系统基本形成长江口内以苏州、南通等港口接卸减载进江的大型矿石船为主和镇江、南京等港口接卸二程船的外贸铁矿石海进江中转体系；近年来，江阴、常州等港口铁矿石吞吐量保持较快增长。此外，也存在大量矿石运输由通用散杂泊位承担的现象。

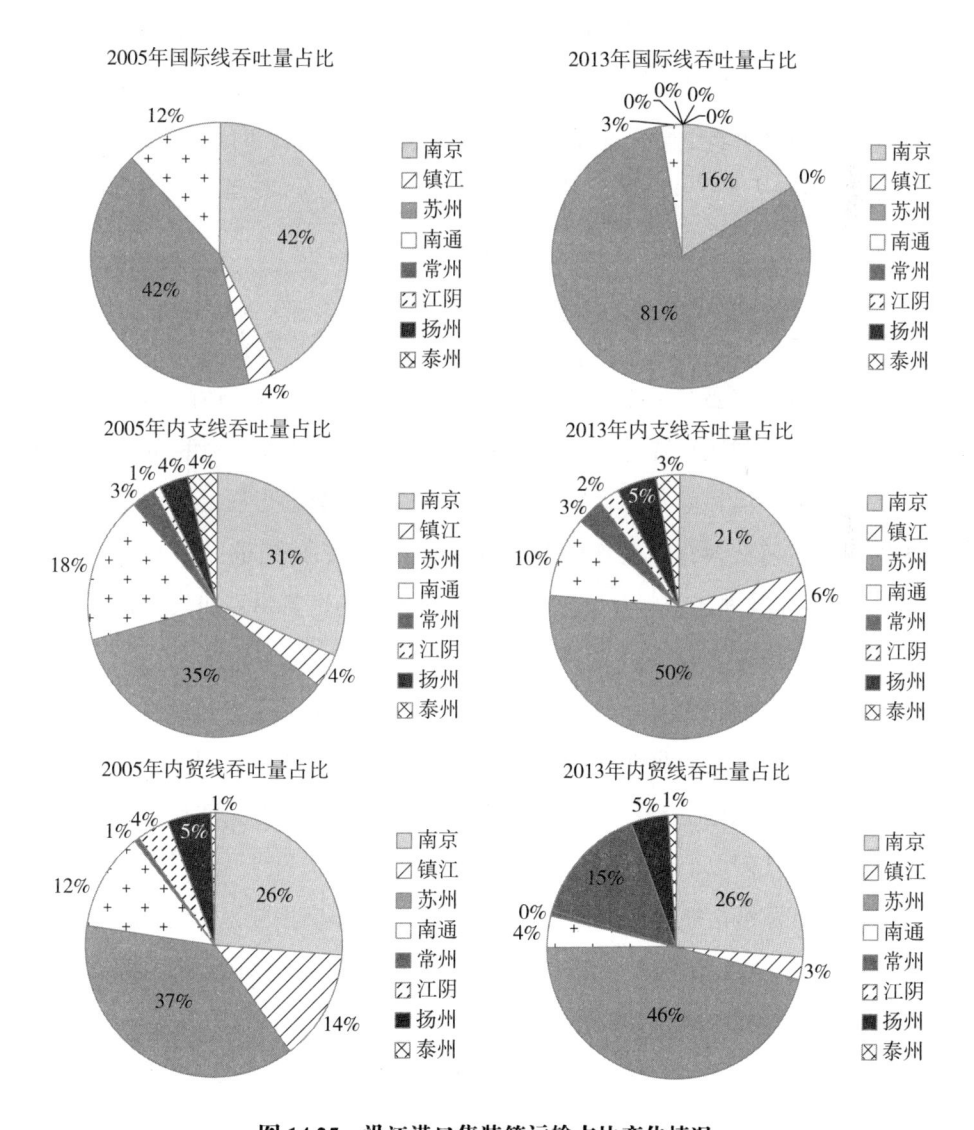

图14.25 沿江港口集装箱运输占比变化情况

集装箱运输系统方面，沿江港口由分散运输向相对集中布局变化。苏州港在沿江港口中的集装箱运输枢纽地位逐步确立，但国际航线集装箱运输发展相对较慢，与沿江港口原规划发展目标相比，仍有较大差距。2013年，苏州港国际航线集装箱量完成24万TEU，占集装箱吞吐量的5.9%，与沿海和内河的57.4%和17.8%相比，比重明显偏低；外贸集装箱量占集装箱吞吐量的比重为34.3%，与沿海和内河的65.8%和43.2%相比，也处于非常低的水平。

原油运输系统方面，考虑原油管道维修、经济安全及运输系统的灵活性等因素，南京港继续保留部分海进江原油中转和鲁宁管线下水原油中转功能，但中转运输功能明显下降。2013年南京港原油内贸进港、内贸出港量分别为797万吨和355万吨，与2005年相比分别下降45.3%和83.4%（2005年分别为1457万吨和2139万吨）。

（3）沿江港口运输组织不断调整

随着12.5米深水航道的向上延伸，沿江港口外贸货物直达运输量进一步增长，部分原来需要在宁波—舟山港中转的大宗散货可以直达沿江港口；减载进江的船型减载比重降低，直达运输比重提高。沿江港口到港船型向大型化发展，降低了沿江港口的运输成本，增强了沿江产业竞争力。另外，随着12.5米深水航道从太仓向上延伸，泰州港、江阴港、南通港如皋、天生港区在接卸10万吨级进江船型方面比镇江港、南京港的优势明显加大；如皋港区未来甚至能够接卸15万吨级减载船舶。

因此，深水航道上延后，江阴以下港口中转运输优势进一步增强；镇江港、南京港后方临港产业进港货物运输费用下降促进了临港产业的加快发展。虽然镇江港、南京港为长江中上游地区的中转能力也将稳步提升，但中转运输优势远不如江阴以下港口。

同时，江苏沿江航运在综合运输体系中的地位不断增强，海运量在综合运输货运量中的比重不断提升。海进江煤炭运量较快增长，京杭运河来煤和长江上游煤炭出江量所占比重不断减少，长江沿线煤炭运输组织方式发生调整。

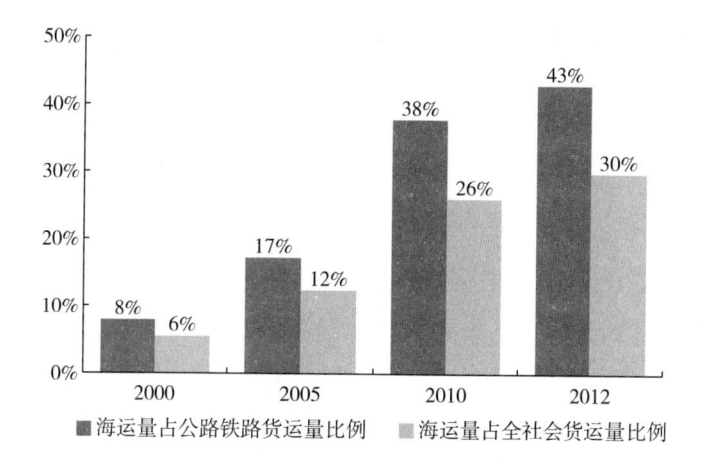

图 14.26　沿江海运量占江苏省货运量比重变化

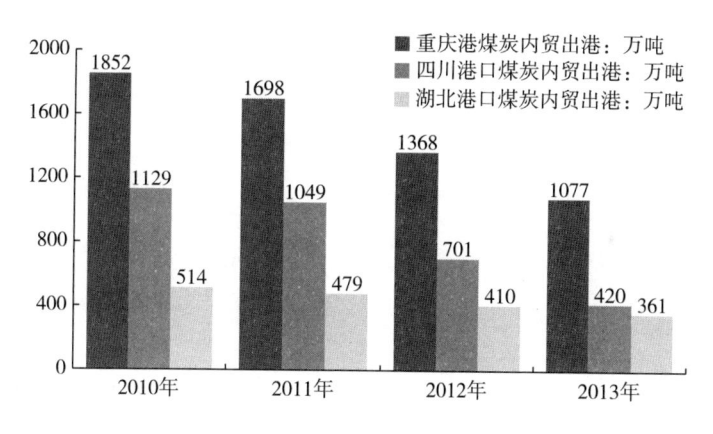

图 14.27　长江上游港口煤炭内贸出港量变化

（4）集装箱船型大型化趋势不明显

对于集装箱运输系统，南京、南通、镇江等港口定位为支线港，以发展支线、内贸线集装箱运输为主；支线运输船型一般以 500～600TEU 以下船型为主，沿海内贸线以 5000TEU 以下船型为主，沿江内贸线一般以 2000TEU 以下集装箱船型为主，沿江港口近洋航线运输船型也一般在 3000TEU 以下。目前航道水深条件基本能够满足集装箱船型的航运需要。

集装箱航线不同于一般散货航线，因为沿途要挂靠多个港口，对时间有非常严格的要求，船舶越大进出长江口所受限制越多，挂靠时间难以掌控。

集装箱船型对于港口的另一个要求是,集装箱挂靠港要达到一定的装箱量,如果达不到一定装箱量,航运公司可能会采取小型集装箱船舶的做法。因此,大型集装箱船舶一般不会进入长江口江阴以上航段,沿江港口(尤其是太仓以上,不含太仓)集装箱运输船型在各个货类中是变化相对较小的货类。

(5)沿江锚地能力不足,不能满足大型船舶锚泊需求

据统计,2013年长江江苏段进出海船为14.6万艘次,其中万吨级以上船舶为5.4万艘次,且近几年呈快速增加的态势。目前,江苏沿江锚地共有448个锚位,其中,5000吨级及以下锚位有329个,1万吨级锚位有64个。锚位不足,尤其是万吨级以上锚位的匮乏,远不能满足大型船舶锚泊需求。同时,锚位不足制约了港口的发展,也影响了港口正常生产作业和航道通航安全。上述问题是沿江港航企业反映最多的问题之一。

第 15 章 长江南京以下深水航道工程实施影响分析

第一节 深水航道对沿江航运的影响

深水航道将促进船舶大型化，特别是干散货船型大型化趋势将进一步强化，进出江阴港和泰州靖江、扬州江都等港区的10万吨级船舶将会有明显增长。据测算，12.5米深水航道上延后，沿江港口每年货物运输费用的节约至少在10亿~15亿元。

深水航道对沿江航运的重要影响是外贸货物运输格局的变化，主要表现在外贸进口煤炭、油品、矿石、粮食等货类将从原来以中转运输进港为主变为以直达运输进港为主。江苏省通过运河、铁路调入煤炭量所占比重将持续下降，通过海进江调入煤炭量将稳步上升。沿江部分近洋集装箱运输也将逐步从到上海港中转向到太仓港中转转移。长江沿线大宗散货中转运输将主要集中在江阴以下港口，苏州、南通等港口为长江中上游外贸进口煤炭、矿石、粮食等大宗散货的中转运输功能将进一步加强。

国内沿海和外贸直达运输3万~7万吨级船型比例进一步加大，外贸铁矿石和煤炭外海中转运输比例将下降，10万~20万吨级大型散货船减载后直达沿江港口的比例将提升，部分内贸及中远洋集装箱直达运输量将增加。

沿江海运量占江苏全社会货运量的比重预计由目前的30%左右提升到2030年的35%左右。

一、运输格局将发生重大变化

12.5米深水航道上延到南京后，对南京以下长江沿线两岸港口和航运影响最大的是外贸货物运输格局的变化，主要表现在外贸进口煤炭、油品、矿石、粮食等货类将从原来以中转运输进港为主变为以直达运输进港为主，沿江近洋集装箱运输也将逐步从到上海港中转向到太仓港中转转移。长江沿线大宗散货中转运输将主要集中在江阴以下港口。这将对港口、航运、运输组织产生深刻的影响。

长江沿线江阴以下港口为长江沿线中转运输煤炭、矿石的作用将进一步增强。江阴以下港口在未来建设中将充分利用深水航道优势建设10万~20万吨级的大型现代化泊位，以承担为长江沿线中转运输为主，兼顾服务临港工业发展；江阴以上港口随着直达运输量的增长，将以服务临港工业为主，兼顾为长江沿线地区中转运输。

①煤炭。目前南京以下港口外贸进口煤炭5万吨级以下船型直达江内港口，巴拿马型及以上船舶从宁波—舟山港中转或者减载进江。未来内贸进口煤炭将以6万~8万吨级的巴拿马型散货船直达江内港口为主，外贸进口煤炭运输以10万~20万吨级的好望角型船减载进江为主，主要在江阴以下港口中转，部分6万~8万吨级巴拿马型船舶直达江内港口。在外海中转运输的煤炭外贸进口量将比目前进一步下降。

②铁矿石。目前在外海中转的巴拿马型散货船未来将直达江内港口，减载进江的10万~25万吨级散货船直达比例将进一步增加，主要挂靠在江阴以下港口，10万吨级以下船型将全部乘潮直达江内港口，主要集中在泰州、江阴等港口。预计未来铁矿石中转运输将主要集中在江阴以下港口。

③集装箱。目前到上海中转的近洋航线的集装箱将发展成为部分集装箱到太仓港区中转，南京港、南通港等港口将开通自己的近洋航线，太仓港区在近期增开近洋航线的基础上远期将开通中远洋航线，并将逐步发展为长江沿线内贸集装箱中转运输枢纽港。

④粮食。粮食尤其是进口大豆将从目前巴拿马型船舶在外海减载进江发展为直达江内港口接卸。

二、主要货类运输组织将进一步优化

12.5 米深水航道上延到南京后，南京至太仓段航道通航水深增加 2 米，原来需要在外海减载的 6 万~8 万吨级巴拿马型船舶将可以直达江内港口。航道条件的不断改善，主要货类运输组织将随着运输船型大型化，相应调整和进一步优化。

（1）大宗散货运输

大宗散货运输系统受深水航道的影响将较为明显。从印度尼西亚、澳大利亚进口的煤炭、矿石和从印度进口的矿石将大量直达江内。因此，对外贸进口矿石、煤炭运输组织产生的影响将最为明显。

①沿江港口外贸煤炭运输市场将进一步拓展。随着沿江港口进港航道吃水的增加，沿江港口外贸煤炭运输船型进一步向大型化发展，直达运输效益提升，沿江港口外贸煤炭进口在外海中转的比重将会进一步下降。目前，南京以下港口外贸进口煤炭 5 万吨级以下船型直达江内港口，巴拿马型及以上船舶从宁波—舟山港中转或者减载进江。未来，外贸进口煤炭运输以 10 万~20 万吨级的好望角型船减载进江为主，主要在江阴以下港口中转，部分 6 万~8 万吨级巴拿马型船舶直达江内港口。江阴以下港口为长三角水网地区和长江中上游地区中转运输服务功能将进一步加强。

②内贸煤炭运输的组织方式不会有太大变化，运输船型进一步向大型化

方向发展。船型方面：目前，北方煤炭到长三角地区运输船型以 3 万～5 万吨级船型直达运输为主；未来，内贸进口煤炭船型 6 万～8 万吨级的巴拿马型散货船会进一步增长。运输组织方面：江苏沿江电厂内贸煤炭仍以直达运输为主；沿江公用煤炭码头均可为长三角水网地区和长江中上游地区中转运输；江苏沿江依托电厂建立的煤炭储备基地将承担部分煤炭中转运输功能；一些小批量特种煤炭（如钢厂需求）运输组织方式可能由点对点向集中采购和配送方向发展。

③外贸铁矿石中转运输将主要集中在江阴以下港口，镇江、南京等港口的中转运输规模将稳步增长。目前，在外海中转的巴拿马型散货船，未来将直达江内港口；减载进江的 10 万～25 万吨级散货船直达比例将进一步增加，主要挂靠在江阴以下港口；10 万吨级以下船舶将乘潮直达江内港口，主要集中在泰州、江阴等港口。预计未来沿江港口一程外贸矿石运输将增加江阴、靖江、江都等港区；澳大利亚、印度、东南亚等近洋航线的直达江内运输效益将大幅度提高。

（2）集装箱运输

苏州港和南京港集装箱内贸运输枢纽地位将进一步增强，内支线运输较快发展，远洋运输将加快起步。目前沿江地区到上海中转的部分近洋航线集装箱未来将转到太仓港区中转；南京港、南通港等港口将逐步发展近洋航线；太仓港区在近期增开近洋航线的基础上将逐步开通中远洋航线。例如，太仓港正式按照海港管理和执行相关行政性收费政策后，超大型船舶运营成本进一步降低，大型船舶在太仓挂靠密度大，将有更多船公司在此开辟内外贸航线。

深水航道工程的实施，对南京港集装箱中转运输业务，特别是为长江中上游地区中转到外高桥或者洋山的内支线运输功能将会逐步增强。

（3）油品（含化工品）运输

目前，沿江港口外贸进口油品（含化工品）5 万吨级以上船型基本在外海宁波—舟山港中转，部分船型甚至在新加坡、韩国等地中转。运输中转环节的增加一定程度上导致运输成本增加。12.5 米深水航道上延到南京后，进江油品运输船型将继续向大型化发展，直达运输量将继续稳步增长，在外海的中转运输将减少。同时，对油品码头泊位等级和后方罐区配套建设等方面提出更高要求。

原油运输：目前以外海接卸通过管道输往沿江地区为主，其运输组织方式基本固定。南京港仍将承担从宁波—舟山港进行二程中转进江的外贸原油进口运输和鲁宁管线部分原油接卸任务，作为管道运输的补充。

油气化工品运输：船型方面，外贸进口油气化工品以8万吨级以下船舶为主；国内沿海运输以3万吨级以下船型为主，少量为1万吨级成品油船；江内成品油及化工品运输以万吨级以下油船及驳船队运输为主。运输组织较为复杂，主要依托现状基础，现有港点的中转、储运功能进一步强化。

三、船舶大型化和运输组织优化带动运输效益提升

随着 12.5 米深水航道的实施，海进江船舶大型化趋势将更加明显，大型船舶占比将进一步提高。干散货船型大型化趋势将最为明显；集装箱运输船型将进一步大型化，江阴以下港口 1000TEU 以上的集装箱船舶将会有较大增长空间；原油运输船舶将来 5 万吨级以上船型会有所增加。

随着运输船舶的大型化和主要货类运输组织的进一步优化，航运成本将大大降低，航运效益明显改善，将进一步提升航运企业的竞争力。据初步统计分析，国内沿海和外贸直达运输 3 万～7 万吨级船型比例进一步加大，货物实载率将进一步提升 15%～25%；外贸铁矿石和煤炭外海中转运输比例将下降，10 万～20 万吨级大型散货船减载后直达沿江港口的比例将提升，10 万～20 万吨级货物实载率将提升 15%～20%；部分内贸及中远洋集装箱直达运输量将增加。

预计 12.5 米深水航道上延后沿江港口每年货物运输费用的节约大约 10 亿～15 亿元，其中仅沙钢货物运输费用节约就可达到 1.5 亿元以上。货物运输费用的节约将大大增强长江三角洲及沿线地区企业的市场竞争力，从而推动整个长江沿线地区产业竞争力的提升，加快地区产业转型升级。深水航道

上延不仅节约了运输费用，还降低了 CO_2 的排放，符合环保的发展理念。

具体效益（本次仅对 12.5 米深水航道上延至南京二期工程效益进行测算）主要体现在以下几个方面。

(1) 船舶大型化产生的运输费用节约

航道浚深后，运输船型将会增大，船舶的单位运输成本将会相应下降。在完成同样运量的条件下，将有更多的货物由更大型的船舶承运，从而会带来运输费用的节约。根据货运量构成和流量流向的分析，船舶大型化的效益主要体现在煤炭、铁矿石、石油及制品、粮食、其他散杂货和集装箱等需要大船运输的货类上。主要受益的航线构成如下：①煤炭，来自国内秦皇岛、黄骅等北方沿海港口的海进江煤炭以及来自澳大利亚等地的外贸进口煤炭；②石油及制品，原油及来自新加坡及东南亚地区的外贸进口成品油；③铁矿石，来自宁波—舟山等沿海港口二程中转的铁矿石及外贸进口铁矿石；④粮食，来自美洲等地的外贸进口及北方粮食；⑤集装箱，太仓荡茜河口至南京段内贸及近远洋航线集装箱；⑥钢铁、水泥等需要大船运输的件杂货。初步测算，上述货类在 2020 年、2030 年因为运输船型变大节约的运输费用分别为 5.2 亿元、6.7 亿元。

(2) 中转环节减少带来的运费节约

减少中转所产生的运输费用节约主要体现在外贸进口铁矿石、外贸进口煤炭和中远洋集装箱运输方面。原先需要在长江口外中转的外贸进口铁矿石、煤炭和中远洋集装箱可以通过减载直达运输完成，从而节约了在港中转费用和部分二程运输费用。初步测算，2020 年、2030 年因为中转环节减少节约的运费分别为 2.4 亿元和 3.1 亿元。

(3) 船舶候潮时间减少产生的费用节约

在航道水深为 10.5 米情况下，部分 3 万吨级以上大型船舶需要候潮进港。当航道水深达到 12.5 米后，船舶候潮的时间将有很大的节省。同时，在完成同样运量的情况下，船舶年航行艘次数将会下降，相应也会减少船舶的候潮时间，直接会带来船舶停泊艘天费用节约。测算 2020 年、2030 年，因船舶候潮时间减少节约费用为 0.23 亿元和 0.28 亿元。

（4）货物时间价值节约

货物时间价值的确定是基于货物价值来测算的。本次主要考虑煤炭、铁矿石、集装箱因减少中转以及候潮时间减少带来货物时间价值的节约。参考目前煤炭、铁矿石 1000 元/吨、集装箱 16.5 万元/TEU 的市场价格来测算货物时间价值节约，2020 年、2030 年节约费用为 778 万元和 2139 万元。

四、沿江航运在综合运输中的地位将进一步增强

航道条件的改善，航运成本的降低，促进了航运效益的不断提升，将进一步提高水运在综合运输体系中的相对优势和综合竞争力，一定程度上降低了公路等陆上运输的压力，同时也改变了煤炭等部分货类的原有运输格局。

①将转移部分陆路运输货运量。原先从陆路运输的货物（如通过公路运抵上海口岸出口的货物）将部分转移到沿江水运上来，进一步增强了水运在综合运输体系中的比较优势，减轻了陆路运输压力。未来，江苏沿江海运量仍将保持较快增长，在全社会货运量中的比重将进一步提升，而公路、铁路货运量占比随着海运量的较快增长将相对下降。

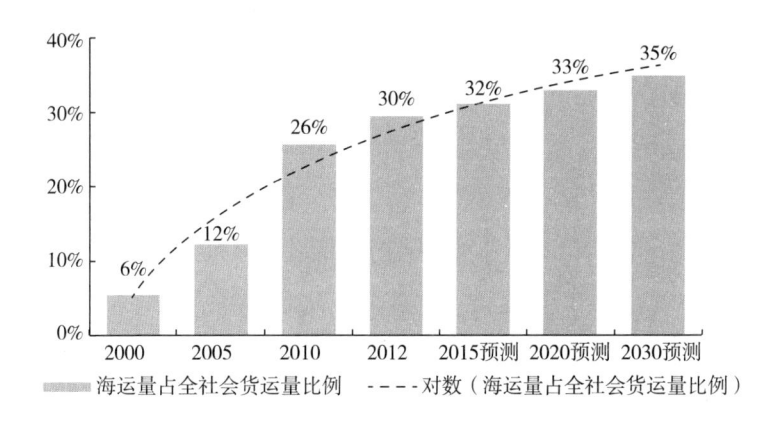

图 15.1　江苏沿江海运量占全省货运量的比重变化

②长江上游下水煤炭和京杭运河来煤在沿江煤炭调运量中的比例将逐步降低，海进江煤炭运输主导地位将进一步凸显。沿江航运效益的提升，使得原先川煤出江和京杭运河北煤南运的运输量占比相对下降。随着海进江船舶的大型化，海进江煤炭运输成本将逐步降低，加之近两年外贸进口煤炭的影响，将促使长江原有的煤炭运输组织方式发生变化。一方面，川煤出江运量将进一步减少，运抵长江南京以下港口的煤炭运量将逐步消失；另一方面，京杭运河煤炭运输在沿江港口煤炭调入量中的比重将进一步降低。因此，未来，沿江地区调入煤炭将以海进江为主导，且这种趋势将进一步强化。图15.2、图15.3典型港口煤炭月度运输量的变化趋势也一定程度上反映了上述趋势。

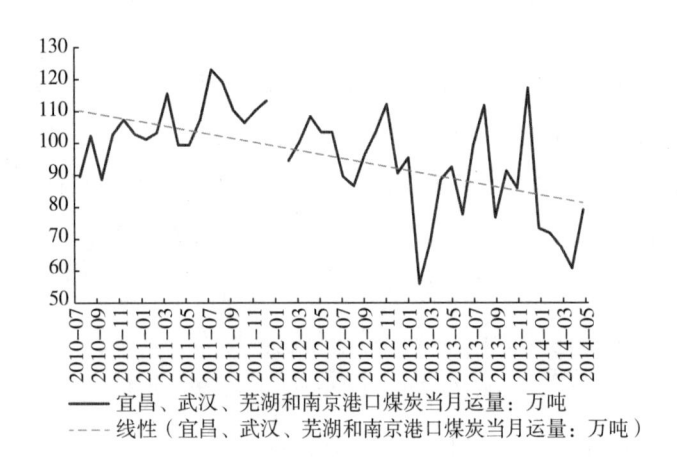

图15.2　长江中上游港口煤炭月度运量变化趋势

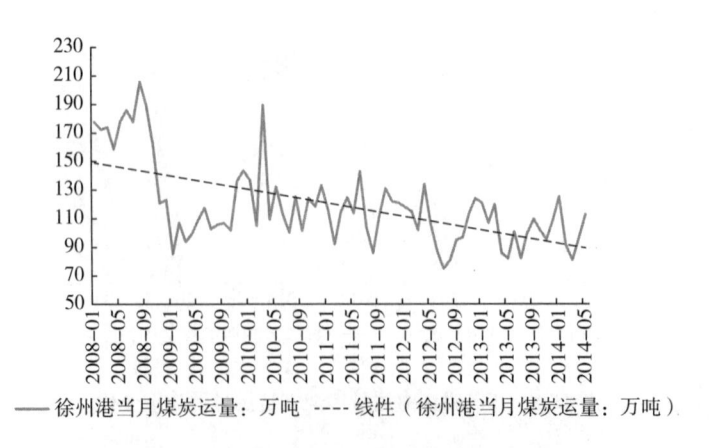

图15.3　京杭运河主要港口煤炭月度运量变化趋势

五、对通航安全管理提出新要求

深水航道工程的实施,改善了通航条件,提高了运输船舶大型化的比重,促进了长江航运效率和组织管理水平的提升,但同时也给航运安全管理工作提出新的要求。主要体现在以下方面。

①大型船舶快速增加与中小船舶稳步增长,进出长江的船舶通航密度将会进一步增加,沿江特别是关键通航航段和重点通航水域的航行组织和安全管理任务加大。

②锚地紧张局面难以缓解或将更为加剧,船舶靠泊困难,对船舶特别是大型船舶的安全锚泊管理提出新要求。

③福南、尹公洲等重点水道仍将是安全管理和船舶航行组织管理的重点和难点。特别是尹公洲水道面临干线船舶、京杭运河船舶和进出镇江高资、龙门港区船舶交叉航行和联动调度的困难。

④航道工程施工与未来码头泊位的建设活动将对船舶安全通航产生影响,同时点多、线长的航道施工活动将占用部分航道,进一步加剧锚地资源紧张局面,同时为通航安全管理带来新的任务。

第二节 长江南京以下深水航道对沿江港口的影响

工程实施将促进沿江港口功能布局发生调整和优化。苏州、南通等港口中转运输功能将进一步增强,江阴、泰州等港口外贸直达运输量也将保持较快增长;南京、镇江等港口服务腹地经济发展和临港工业功能将更加突出,为长江中上游地区中转运输功能将稳步提升。同时,深水航道实施将对南京、苏州等主要港口现代物流功能和综合配套服务能力提出更高要求。

工程实施将推动沿江港口吞吐量继续保持增长。据预测，2030年，江苏沿江港口吞吐量可达22亿吨，比目前净增8亿吨左右。其中，为长江中上游中转吞吐量规模将达5.5亿吨左右，净增3.5亿吨；同时将诱增江苏沿江港口吞吐量净增2.1亿吨，其中，诱增煤炭、矿石、集装箱三大货类吞吐量净增约为1.2亿吨。

一、将促使沿江港口布局发生变化

①苏州、南通等港口的中转运输功能将明显加强。目前苏州港、南通港在长江三角洲地区大宗散货物资中转运输体系中占有重要地位，主要由于上述两港目前已能够靠泊20万吨级及以上减载进江矿石船舶和外贸进口煤炭运输船舶，为中上游地区提供矿石和煤炭中转运输服务。未来随着航道条件的改善，苏州港、南通港进港减载运输船舶和直达船舶将继续增长，在长三角及沿线地区大宗散货物资中转运输体系中发挥更为重要的作用，中转运输功能将得到明显强化。

②江阴、镇江、泰州、南京等原来以接受二程中转运输为主的港口，其外贸直达运输量将稳定增长。目前太仓—南京段航道水深为10.5米，靠泊江阴港、镇江港、泰州港、南京港的外贸船舶中6万~8万吨的巴拿马型船舶需要减载或者亏载，甚至本应直达靠泊这些港口的巴拿马型船舶在外海中转。目前上述港口以接受二程中转运输为主，外贸物资吞吐量所占比重为8%~16%，占比较低。随着进港航道条件的改善，上述港口到港外轮船舶将迅速增长，外贸物资直达运输量所占比重将稳步提升。

③江阴、镇江、泰州等港口为长江中上游地区中转运输的作用将稳步提升，但临港工业功能将不断增强。目前江阴、镇江、泰州等港口以接受二程中转为主，在为长江中上游地区的中转运输服务中的作用将继续保持相应份额。进港航道条件改善后，上述港口到港外贸船舶大型化趋势明显，为长江

中上游地区中转运输的作用将稳步提升。考虑到未来江阴以下港口中转功能的明显增强，南京、镇江等港口布局重点将主要集中在临港工业服务方面。

二、将推动沿江港口吞吐量持续增长

①将带动港口吞吐量总体规模不断提升。航道条件改善，沿江运输物流成本降低，港口竞争力增强，港口运输需求将会保持持续增长。预测到2030年，沿江港口货物吞吐量将达22亿吨，2015～2020年期间净增3.7亿吨，2020～2030年期间净增4.3亿吨。考虑腹地产业发展阶段性变化及趋势，结合航道通航条件的实际变化，综合测算，因深水航道工程实施①诱增的港口吞吐量2015～2020年期间约为1.1亿吨，2020～2030年约为1亿吨。

②对煤、矿、集装箱等重点货类吞吐量的促进作用更为明显。深水航道实施将提高船舶大型化水平，一方面江苏沿江电力、冶金等行业发展需要的原材料等大宗物资绝大部分将由沿江水运完成，中上游地区大宗物资在沿江港口中转运输需求将保持增长；另一方面，水运条件改善，沿江经济产业加快发展带来的工业制成品等集装箱运输需求增加，经由宁波—舟山等省外港口承担的运输比例将会有所降低，沿江集装箱运输需求将保持较快增长。2015～2020年期间煤炭、矿石、集装箱三大货类新增吞吐量1.7亿吨，2020～2030年期间新增1.9亿吨，其中航道条件改善诱增吞吐量分别为6200万吨和5800万吨左右。

③对不同港口吞吐量的影响具有较大的差异性。对岸线资源相对丰富的南通天生、如皋、泰州靖江等长江北岸港口重点港区的影响，将主要体现在货物吞吐量增加上；对长江南岸港口的影响，将重点影响吞吐量货类结构和运输结构的变化，对集装箱货类运输和中转运输的影响更大一些；初步测算，到2020年，南通、泰州两港货物吞吐量分别为3.5亿吨和2.5亿吨，年均增

---

① 考虑数据的可得性和典型性，主要针对长江南京12.5米深水航道二期工程进行测算，下同。

长均为 8.3%，超过沿江平均增长水平。

④为长江中上游地区中转的货物吞吐量将继续保持较快增长。未来沿江通航条件改善、大型船舶比例增加，加之中上游地区经济发展潜力较大、承接产业转移步伐加快，大宗能源原材料等物资在沿江中转运输需求将保持较快增长。2012 年沿江港口为中上游中转的货物吞吐量近 2 亿吨，占沿江港口总吞吐量的比重 15% 左右。预计到 2020 年、2030 年，为长江中上游地区中转的货物吞吐量分别为 3.5 亿吨和 5.5 亿吨左右，占比为 20% 和 25%。

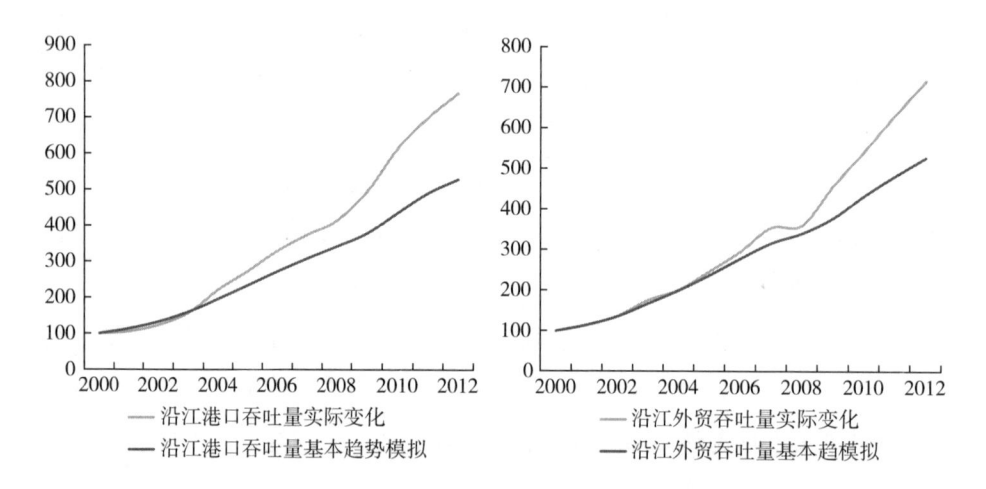

图 15.4　已实施航道工程对沿江港口吞吐量诱增效果图（2000=100）

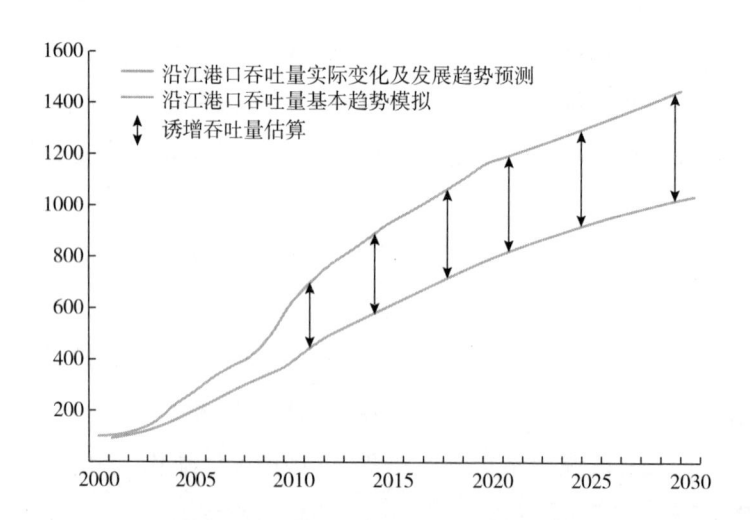

图 15.5　深水航道诱增沿江港口吞吐量估算示意图（2000=100）

三、将促进港口大型化专业化码头建设

①港口运输需求的持续增长，要求港口进一步提高硬件设施能力和吞吐能力。一方面，将继续推进码头基础设施建设，不断提高硬件配套能力和服务水平，因此，未来新增吞吐能力仍有较大的提升空间。另一方面，将推动老旧、中小码头泊位等级提升和加固改造步伐，通过盘活存量的方式提升硬件设施能力。可以预计，随着航道条件的改善、将掀起新一轮码头升等和改造步伐。

②深水航道的实施对大宗干散货运输的影响最为明显，将直接带动煤炭、铁矿石等重点专业化、大型化码头泊位的建设。同时，随着腹地外向型经济的蓬勃发展和加工制造业等产业在转型中加快发展，以及为长江中上游地区中转运输服务的较大增长空间，沿江港口集装箱运输需求仍将保持长期增长态势，直接为集装箱专业化码头建设提供有力需求。

③对泰州靖江、南通天生、如皋等部分重点新开发港区的影响更为明显，特别是对长江北岸具有后发优势的港口影响的程度更大。以泰州靖江港为例，当前该港区航段维护水深为 8.5 米，未来航道水深到 12.5 米后，通航船舶将由目前万吨级船舶满载、3 万吨级减载提高到 5 万吨（包括 10 万吨浅吃水）满载、10 万吨减载进江，将推动该港区大型专业化码头设施建设步伐明显加快。

四、将提升岸线资源集约高效利用水平

岸线资源不可再生，沿江可利用岸线资源存量不断减少且大部分开发条

件较差。航道疏浚至 12.5 米后，航道通行能力和运输效率大幅提高，加之腹地运输需求持续快速增长，初步估计 2030 年将达 22 亿吨，而目前沿江港口通过能力仅 9 亿吨，能力需求缺口超过 10 亿吨。在继续开发剩余港口岸线提升港口通过能力的同时，迫切要求加快岸线资源调整和整合步伐，通过盘活存量的方式提高现有码头岸线资源使用效率。

五、将对港口综合服务能力提出新要求

随着港口吞吐量的持续增长和沿江港口中转运输服务能力的增强，沿江港口将处理更多外贸直达货物，沿江码头将停靠更多的远洋国际航线船舶。沿江港口将逐步具备与沿海港口一样的区位优势和基础条件，港口与国际贸易、全球采购市场更加接近，对大宗物资采购、配送、航线优化配置、信息管理等物流全程控制与管理的能力提出新的需求，并将对沿江贸易格局产生一定影响。

2013 年 1 月 1 日起太仓港作为沿海港口管理，执行海港行政事业性收费政策，太仓港成为全国首个享受海港待遇的内河港。未来，随着沿江港口全面升级为海港待遇，将明显简化进出沿江港口的通航手续和降低航运成本。上述变化将明显提升沿江港口运营效益。同时，随着外贸物资进口的不断增加和集装箱运输需求的不断增长，对与港口密切相关的海关、口岸、边检等的通关环境和检验效率等提出更高要求。

港口吞吐量的持续增长，将对港口集疏运配套能力建设提出新的要求，特别是对多种运输方式有效衔接以及铁水联运、水水转运等运输组织方式的发展需求更为迫切。

第三节　长江南京以下深水航道对沿江产业的影响

深水航道延伸至南京，海港特征作用进一步增强，将缩短长江中上游地区与国际市场的空间距离，降低物流运输成本，进一步加快港口物流发展，为沿江产业转型升级创造条件。

对产业的具体影响预计将主要体现在直接推动港口物流业大发展和推动沿江产业"规模化发展、产业转型升级、产业集聚发展和产业链完善"五个方面。

一是工程实施促使沿江港口一程中转比重显著提升，港口物流功能将不断得到强化，港口物流将由转运型节点逐步向流通加工型乃至综合型节点转变。二是规模化发展。工程实施将继续为电力、石化等行业规模化发展提供运输保障。三是产业转型升级。工程实施将加快沿江中小企业加快自身业务转型，并带动港口物流和相关服务业的快速发展。四是产业集聚发展。工程实施间接推动沿江化工、装备制造、粮食、木材等产业加快向专业化园区集聚。五是产业链进一步完善。工程实施将促进港口在巩固传统装卸、中转、储存等传统业务的同时，不断向原材料采购、加工、制造、配送、交易等整个物流链条的综合业务发展。

一、深水航道对沿江产业发展的总体影响

1. 对沿江产业发展和布局将产生重要影响

（1）从宏观发展视角看

深水航道实施后，12.5米深水航道延伸到南京，意味着5万吨级海轮能

够直达南京以下各港，江苏沿江地区将与沿海经济发展区域具有类似的发展条件和基础，对国际产业和资本的吸引力进一步增强。区域及其周边区域工业原材料采购、产成品出口直接对接国际市场，港口更容易快速融入国际市场和全球产业链循环。12.5 米深水航道助推沿江经济带向具有沿海特征的经济区提升。

（2）从区域战略视角看

国家在长三角地区出台若干重大区域发展战略，要求充分发挥长江黄金水道水运优势，带动两岸经济产业发展和转型升级。特别是国家 2013 年 4 月份出台的《苏南现代化建设示范区规划》明确，加快长江南京以下 12.5 米深水航道建设，形成干支相通、通江达海的水运网络；同时提出，要依托主要交通通道和现有产业基础，构建沿沪宁线、沿江、沿宁杭线三大产业发展带；发挥港口和制造业优势，在沿江产业发展带重点发展高端制造业和生产性服务业。2013 年 7 月，国务院正式批准设立中国（上海）自由贸易试验区，要求进一步开放服务贸易，包括金融服务、航运服务等，将为长三角和沿江地区带来新一轮开发开放和改革发展的机遇。2013 年 6 月，江苏省委省政府出台《关于推进苏中融合发展特色发展提高整体发展水平的意见》，明确推动苏中强化特色发展、跨江融合发展、江海联动发展，加快融入苏南经济板块，形成区域发展的良性互动机制。深水航道将在沿江两岸基础设施联动、产业联动、港口联动、园区联动以及江海河联运中发挥更加重要的主通道和主骨架的作用。

可以预计，随着深水航道的建设和水运优势的进一步发挥，将进一步促进沿江高端制造业和生产性服务业加快发展，以及港口与现代服务业、金融业的加快融合。同时，在构建沿江产业带、实现苏中苏南融合发展、更好与上海自贸区建设的硬件设施对接和管理政策联动等方面，深水航道将提供强有力的物流通道支撑，更好地将江苏沿江与上海联系起来，实现沿江港口互动、协同发展。

（3）从产业发展视角看

将继续为沿江基础工业和原材料工业发展提供运输保障。随着深水航道建设，通航条件改善，船舶大型化发展，大宗能源原材料运输的成本将进一步降低，对能源、原材料运输持续具有吸引力。电力行业的煤炭运输、冶金工业的矿石运输、石化工业的油品化工品运输、船舶工业的产成品运输等仍将主要依靠沿江水运完成。沿江地区仍将是基础性能源工业、加工工业的主要布局区域。

将加快沿江产业跨区域转移，实现两岸产业联动发展。根据规划，苏南地区产业加快结构调整和转型升级，部分劳动密集型的传统工业和原材料工业向苏中地区转移。沿江两岸产业互补性强、合作潜力大，加之深水航道开通，通航条件改善，预计未来沿江两岸产业将充分依托长江水运及两岸港口的纽带作用，加快产业融合发展，并逐步向苏中、苏北梯度推进和有序转移。

加快沿江产业进一步向园区集中，实现集聚集约发展。深水航道开通，泊位大型化趋势明显，运输规模效益进一步显现，沿江产业的集中布局、规模化发展的动力更为强劲。根据相关规划，沿江地区产业将持续走规模化、园区化发展的模式。同时，随着沿江开发步伐的不断加快，码头岸线资源越来越稀缺，港口能力大幅度提升的空间受到一定制约，将进一步发挥码头的公共服务能力，提高岸线使用效率。为此，沿江产业发展将进一步向园区集中，实现集聚集约发展。

（4）从港口物流发展视角看

随着逐步提升为海港待遇，沿江港口将加快代际进化，由传统的装卸型、中转型、工业型和贸易型港口向综合型的物流型大港转换。港口功能在产业链上不断延伸，在服务的价值链上不断提升，在业务链上更加多元化，在战略发展上更加注重港产城一体化。

未来港口将承担更多的原材料采购、运输、配送、库存控制、加工增值等全程物流链整合的业务。在与上游采购商管理、中游多式联运组织、下游的客户物资运输需求的合理调度等方面提供更多的增值服务。在业务链上，更加注重服务功能改善、通关环境的便捷、货主个性化服务提升以及港口综合竞争力的增强。在未来发展上更多地考虑与城市、产业的良性互动，以及与资源、环境的协调发展。

2. 深水航道在沿江产业发展规划中将发挥的作用

（1）深水航道在沿江工业发展规划中的作用

根据现有工业分布、区位条件以及相关规划，围绕"苏北新型工业化进程、苏中经济国际化新高地、苏南经济转型升级"三大区域发展的定位，未来江苏沿江工业的发展方向是：重点布局和发展吞吐量大、交通条件要求高、产业带动力强、影响面广的石油化工产业、冶金材料产业、汽车产业、船舶及海工装备产业，加快培育发展具有先发优势的战略性新兴产业，鼓励沿江园区专业化发展。

因此，未来深水航道在沿江工业发展中的作用仍将不断提升，继续发挥水运优势，为石化、冶金、汽车、船舶等工业发展提供运输保障支撑。同时，在沿江工业向园区化方向发展过程中，深水航道条件改善，将继续提升沿江港口服务园区的能力，强化公共化社会化服务，提高码头集约化和高效化运营水平。

（2）深水航道在沿江服务业发展规划中的作用

未来，江苏省服务业将形成"一核两区四带"的空间布局结构。其中，对沿江地区服务业的发展有如下定位：首先，"一核"为南京现代服务业核心。将把南京打造成为全省现代服务业的核心。其次，"两区"中苏锡常高端服务业先导区将依托先进的制造业基础，通过产业融合及承接国际服务业转移，重点发展港口物流、金融保险、服务外包、商务服务等特色优势产业以及新兴服务业，打造成全省服务业新兴领域发展的示范区和生产制造业与服务业高度融合发展的区域。再次，"四带"即"四沿"服务集聚带。其中，沿江基础产业服务集聚带重点布局和发展以港口和市场为主体的沿江物流业，加快构建重化工产品以及其他生产原料的交易市场和信息平台，促进生产服务与产品交易市场的有效融合。

随着深水航道条件的改善，苏州、南京等港口货物中转和综合物流服务水平将明显提升，集装箱物流快速发展，港口在打造全省现代服务业核心区和高端服务业先导区的过程中将发挥基础平台和物流服务支撑作用。同时，通过航运物流、航运金融等现代航运服务业的发展，将直接带动区域新兴服务业发展。此外，航道条件改善，沿江港口不仅在粮食、油品、化工品等生产原料的交易中提供基础的运输保障支撑，还将通过港口物流节点的作用发挥信息平台作用，促进物流、信息流的有机融合，不断拓展供应链管理功能。

二、深水航道对沿江产业的具体影响

根据工业区位理论，企业具有批量稳定运输需求，最大限度利用水路运输，选址在港口附近，将大幅节约运输、中转成本。受益于港口工业区位优势的企业主要包括对煤炭、矿石、原油、化工品等大宗散货有运输需求的电力、冶金、石油化工、造船等企业，以及对重大件设备和钢材等有运输需求的装备制造业企业。

南京以下 12.5 米深水航道工程的实施，将使沿江地区的工业区位优势得到进一步提升，降低临港企业物流运输成本，并为企业提供更加有利的生产条件，进而促进沿江产业进一步扩大规模、加快转型发展和完善产业链条、实现优化发展。

1. 推动港口物流大发展

深水航道工程实施后，沿江港口一程中转比重将显著提升，港口物流功能将由转运型节点逐步向流通加工型乃至综合型节点转变。深水航道将明显改善沿江地区物流发展环境，促进沿江地区物流产业规模的快速提升，并为拓展综合性物流服务提供支撑。

随着进江船舶大型化的发展，港口物流效率和效益水平将有所提升。具体体现在：一是大型专业化码头的接卸能力可以得到更充分的发挥，港口企业经营效益相应提升；二是运输组织方式的转变也将为沿江港口带来新的发展机遇，原来在宁波—舟山等其他港口进行中转运输的货物未来可以直达沿江地区或通过沿江港口向长江中上游进行中转运输。货物单位运输费用的降低以及中转运输货源的增长，将大大提升港口在综合运输和物流环节中的枢纽地位。

未来，江苏沿江地区将成为长三角地区辐射带动中西部地区发展的重要物流枢纽，并将重点打造南京龙潭物流基地等一批临港物流基地（园区），形成"码头、仓储、加工、贸易"四位一体的现代化物流体系。随着深水航道工程的实施，沿江地区水运成本下降，海陆联运、海铁联运等综合运输费用整体降低，为依托水路运输的物流企业提供良好发展条件，促进物流业向大规模、低成本和集约化方向加速发展。

2. 推动产业规模化发展

2000年以来，沿江地区临港工业发展速度较快，规模进一步壮大。通过对江苏省规模以上工业企业的平均产值进行测算，可以看出，主要在沿江布局的黑色金属冶炼及压延加工业（主要为钢厂）、交通运输设备制造业（主要为造船、汽车）、化学原料及化学制品制造业（主要为炼化及化工品企业）、电力和热力的供应业（主要为火力发电厂）等，其企业平均产值的增长速度普遍快于全省平均水平。

深水航道工程将使沿江地区的工业区位优势得到进一步提升，降低货物单位运输的成本，并为装备制造业提供更有利的生产条件。通过分析，长江12.5米深水航道对进江船舶大型化的影响主要体现在煤炭和矿石运输，工程竣工后影响较大的行业相应为电力、冶金、造船等。

以电力能源产业为例，12.5米深水航道工程实施后，5万吨级煤炭船舶可满载进江直达南京港，10万~15万吨级澳大利亚等外贸进口煤炭运输船舶也直达或减载进江。深水航道的实施，将直接为电力企业节约大量运输成本。据初步测算，12.5米深水航道开通后，北方港口下水煤炭运到沿江，平均每吨运输成本将节约10元左右。因此，深水航道的开通将有利于电力企业综合运输成本的降低，进一步促进电力企业沿江集中化布局。

根据《苏南现代化建设示范区规划》《江苏省沿江发展总体规划》

（2011-2020年）等规划，未来苏南沿江地区将严格控制新增燃煤电厂，实施燃煤电厂改扩建工程，发展大容量、高参数、低排放燃煤机组。因此，未来苏南沿江地区新增燃煤机组主要通过原有电厂改扩建，增加电力装机。虽然未来燃煤电力机组的布点主要是在苏北沿海地区，但苏中沿江地区新增电力装机的空间依然较大。结合实地调研和现状分析，预计沿江地区电力装机仍有增长空间，近期新增装机仍将以煤电装机为主，未来将加快煤改气等步伐。苏南及苏中沿江地区部分电厂原址扩能改造，提高了规模化运营效益，同时也进一步提高对电煤规模化运输的需求。

此外，深水航道开通和运输条件改善，加之外贸煤炭进口量的不断增加，将为煤炭中转、储运基地建设带来较大需求，以满足未来煤炭安全储备、贸易交易需要。同时，基于环保条件的制约和经济合理性考虑，依托大型电厂建立煤炭储备基地具有先天的优势条件，将进一步推动煤炭规模化运输需求的增长。随着深水航道条件改善，船舶大型化发展，煤炭船舶运输大型化正好与电煤规模化运输需求实现了对接。

从石化产业来看，根据《苏南现代化建设示范区规划》，未来苏南地区部分石化炼油产能向连云港搬迁。据调研和相关材料分析，考虑到石化产业关联性大、上下游产业已在周边形成较大规模，炼油产能搬迁很难在短期内完成。因此，南京港仍将承担部分原油二程中转的运输任务，与沿江原油管道一起保障区域石化产业安全运营。可以预计，随着深水航道的实施，原油船舶将进一步大型化，运输成本进一步降低，深水航道将继续为沿江炼化产业发展提供运输保障服务，作为原油管道运输的重要补充。

总之，深水航道的开通无论从运输经济性角度，还是从产业的规模化发展和沿江布局的角度，均会对电力能源产业的进一步规模化发展提供有力的保障支撑。

3. 推动产业转型升级

根据江苏省经济、产业的发展方向和战略目标，未来沿江地区将以优化第二产业、加快第三产业发展为导向。深水航道工程的实施为江苏省产业结构调整提供更好的条件。

以冶金产业发展为例，深水航道工程降低矿石运输成本，沿江钢铁企业的竞争能力进一步提升，为其优化结构提供空间，并为港口发展钢材物流等第三产业提供了便捷条件。深水航道的实施，澳矿和巴西等远距离矿石运输可以采用 15 万~20 万吨级大型散货船在外海减载后直达江苏沿江港口，远洋船舶减载直达运输所占比重将进一步提高。根据江苏省对钢铁产业的规划及节能减排的目标，沿江地区钢铁产能将重点以淘汰落后产能、优化结构、进一步提升钢铁产业发展水平为主，引导企业入园。深水航道的开通，既可以方便矿石采购调运安排，适时灵活采购国外资源，缩短到厂时间，又能大幅降低运输周转产生的费用，提高企业经营效益，为沿江钢铁企业规模化发展和转型升级提供可靠的运输保障。

此外，沿江地区将依托水运优势、未来海洋工程等装备制造业巨大的发展潜力以及长三角地区面向国际市场的广阔服务纵深，不断加快船舶工业调整和升级。考虑当前造船市场的持续低迷和国家产业政策的影响，装备制造业将加快对周边岸线利用率低、经营效益差的中小船厂进行整合、收购或兼并。部分经营效益差或正在亏损边缘的船厂或将逐步退出市场，沿江港口资源整合和产业升级改造将对部分企业港口岸线的退出提出要求。

沿江临港产业和物流业发展的同时，将保障并拉动当地金融、保险等服务业的发展。如，惠龙港国际与"我的钢铁"网、上海期交所、大宗钢铁电子盘合作搭建网上电子交易和现货交易、期货交割的交易平台。发挥惠龙港全国最大期货交割库和大宗钢铁电子盘交割库的交收功能，客户可以期现结合，达到套期保值、跨期套利、跨品种套利对冲经营风险的目的，三年来网上交易平台共完成交易额 750 亿元。又如，南京龙潭新城开发，通过产业集聚带动新城区的开发和繁荣，对房地产、商贸等服务业起到重要的拉动作用。

4. 加快产业集聚

受益于长江航道的区位优势，江苏省沿江产业带初具规模。随着 12.5 米深水航道工程建成，航道条件改善后，沿江地区将有更大比例的运输直接对接国际能源、化工、原材料和产成品一级市场，物流成本显著降低，进而带动先进制造业和现代服务业向沿江地区集聚，并将在优化产业布局、推动产业园区发展等方面产生积极影响，主要体现在化工和装备制造等产业。

以化工产业为例，近年来，江苏省加快推进化工园区整合，石化产业空间布局渐趋合理，集聚发展模式基本形成。目前，全省已形成62个化学产业园或集中区，其中39个分布在沿江地区，占比63%；沿江地区化工企业数量占全省84%（见表15.1）。但根据调研，沿江地区化工企业入园集中度仅为22%，低于全省27%的平均水平。随着沿江岸线资源越来越稀缺和12.5米深水航道工程的实施，迫切需要沿江油品和化工品码头建设和运营更加集约化，同时也促使分布较零散、码头利用率较低的化工品码头加快资源整合和调整步伐，优先为园区企业提供社会化公共服务。因此，深水航道实施有助于促进中小化工企业的结构转型升级以及化工产业集群发展。

表15.1　　　　　　　　江苏省化工产业情况表　　　　　　　　单位：个

	全省	沿江八市	占全省比重（%）
化学产业园或集中区	62	39	62.9
化工企业总数	9173	7696	83.9
区内企业	2508	1682	67.1
入园集中度	27.3%	21.9%	—

注：表中为2011年数据，根据省经信委调研情况总结。

以装备制造产业为例，未来，沿江装备制造业将加快结构调整，进一步壮大船舶、风电、大型重工装备等产业的规模，整合和引导船舶等产业集中布局。根据江苏省装备制造业"十二五"规划，共规划建设江苏省装备制造业产业园77个，其中沿江地区56个，占比72.7%（见表15.2）。未来沿江地区仍将是全省装备制造业发展的核心区域。

表15.2　　　　　　　江苏省装备制造业"十二五"规划　　　　　　　单位：个

产业园种类	全省产业园数量	沿江产业园数量	占全省比例（%）
航空航天装备	4	4	100
轨道交通装备	3	3	100

续表

产业园种类	全省产业园数量	沿江产业园数量	占全省比例（%）
智能制造装备	6	6	100
新型电力装备	16	11	69
工程机械	3	2	67
节能环保设备	5	4	80
汽车（节能与新能源汽车）	12	9	75
船舶与海洋工程装备	4	4	100
农业机械	4	2	50
专用设备	7	6	86
大型铸锻件、关键基础部件高性能模具及加工辅具	7	5	71
合计	77	56	73

注：表中为规划情况。

5. 促进产业链进一步完善

长江12.5米深水航道工程将促进产业链加速形成。航道条件的改善不仅降低了单个企业的单位运输成本，而且通过降低各环节间的物流费用促进产业链的形成和不断完善。

促进以港口为依托的商品交易市场发展。深水航道的建设，港口商贸、流通、交易功能不断增强，依托港口专业化码头运输便捷、成本低廉、沟通国内外市场的综合优势，沿江港口开始在传统优势运输货类运输的基础上，尝试打造专业化商品交易市场。部分港口商品交易市场规模已处于国内领先水平，其发布的商品交易价格已成为全国行业的风向标。港口的功能正在由传统的装卸、中转、临港工业开发等功能，向现代商贸、物流、市场行情发布、商品价格发现等现代服务功能转变。如，依托传统的港口木材运输优势和港口优越的区位，张家港港已成为全国最大的进口木材集散地、交易地，年交易量达200多万立方米，约占全国四分之一。目前张家港港已成为全国最大的水运进口木材市场，也是全国最大的木材交易基地之一。

另外，沿江化工产业以市场为导向，逐步调整产品结构，不断延长产业链，构建成品油生产、油品仓储、贸易等产业链条。随着航道条件的改善，沿江港口在继续为化工品进出提供运输服务外，还将推动化工品贸易向长江中上游、苏北地区等更远腹地延伸，进一步延伸产业链。同时，沿江港口依托自身优势，将逐步拓展生产、仓储、配送、销售、运输、贸易等增值服务，提升港口服务水平和层次。

三、促进外向型经济水平提升

航道条件改善，综合物流成本降低，有助于外资集聚，将直接带动大量原材料、产品的进出口，对贸易发展和外向型经济发展形成有力拉动。许多外资企业已看好长江水运优势以及未来的巨大发展潜力，纷纷将加工企业内迁至江苏沿江和江西、湖北、重庆等能发挥长江水运优势的中西部地区，国际资本、产业等将会把长江沿线地区作为投资的重点地区。特别是长江中上游地区，资源、人力成本优势突出，对产业的吸引力将会明显加大。

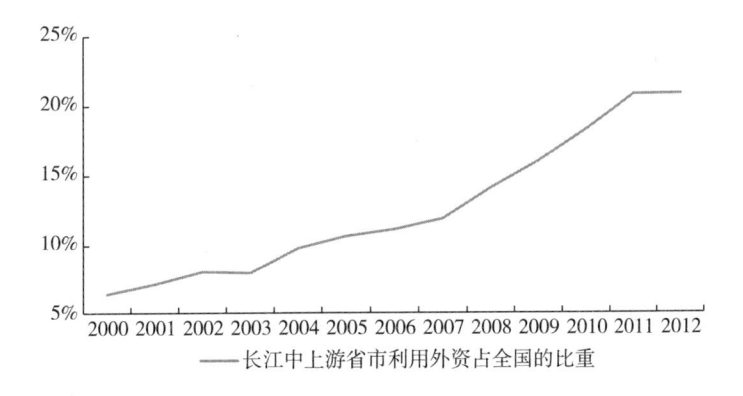

图 15.6　长江中上游省市实际利用外资占全国比重变化

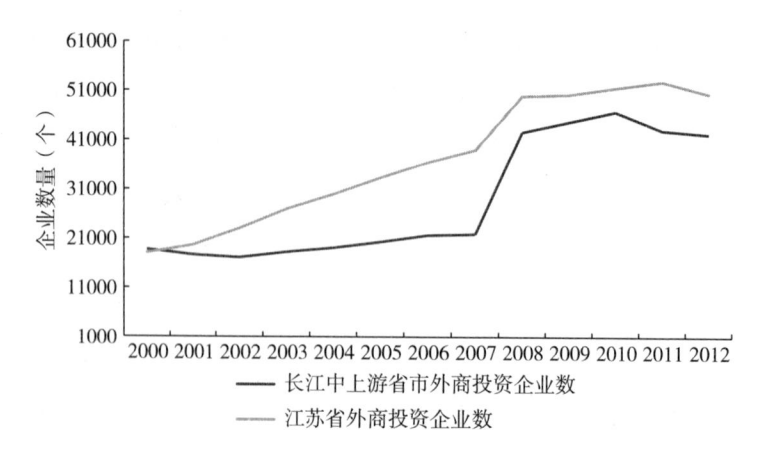

图 15.7　长江中上游省市引进外资企业家数变化

四、推进沿江城镇化进程

①进一步提高沿江城镇化水平。水运业发展将直接促进城市建设发展。工程投资为城市和区域经济发展带来乘数效应，会为沿江城镇带来大量的引致性需求，引起相关行业的产出增加，带动城镇化进程加快推进。同时，将进一步增强城镇发展的辐射力，吸引人口向沿江城镇转移，扩大城市规模，引导城镇集中化、规模化、连片发展，形成区域城市圈或城市发展带。初步测算，到 2020 年苏南地区城镇化水平将达 75%、苏中地区将达到 70% 左右。长江中上游省市城镇化率每年将提升 1 个百分点左右。

②推动形成若干以港口为核心节点的物流枢纽，带动相应城市规模的扩张和功能的提升。随着港口城市与区域内其他城市交通网络的加强和衔接程度的提高，产业集聚效应在区域内逐步扩散，并产生一定的扩散惯性，为城市发展空间扩展创造条件。同时，将推动长江南北两岸城市联动发展。

③为沿江地区推进城镇化提供有力保障。沿江水运将为城镇建设提供重要的矿建、水泥、钢材等大宗物资运输服务，有力支撑沿江地区城镇化进程。

特别是随着长江经济带的建设，长江中上游地区处于城镇化加快推进期，对长江水运的依赖性更强。

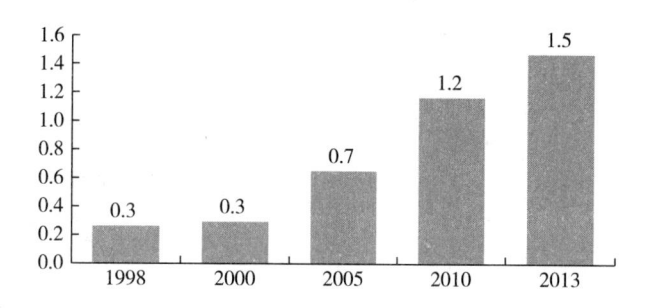

图 15.8　长江中上游省市粗钢产量变化（亿吨）

第 16 章　对策建议

第一节　促进港口与产业协调发展

一、建议提出的背景

1. 区域发展战略新要求

国家在长三角地区出台若干重大区域发展战略为港口与产业的协调发展提出客观要求，要求充分发挥长江水运优势，带动两岸经济产业发展。特别是 2013 年 4 月国家出台《苏南现代化建设示范区规划》，明确要求加快长江南京以下 12.5 米深水航道建设，形成干支相通、通江达海的水运网络；同时提出，要依托主要交通通道和现有产业基础，构建沿沪宁线、沿江、沿宁杭线三大产业发展带；发挥港口和制造业优势，在沿江产业发展带重点发展高端制造业和生产性服务业，建设科技成果产业化基地。2013 年 8 月，国务院正式批准设立中国（上海）自由贸易试验区；按照自由贸易区的政策，要开放服务贸易，包括金融服务、航运服务、会展服务等。可以预计，随着上海的进一步开放，必将为长三角和沿江地区带来新一轮发展机遇，长江水运特别是沿江港口在新一轮的开放中将承担更多的服务功能。

2. 港口与产业协调发展趋势

国内外十分重视港口与产业的融合发展，发展临港工业成为促进区域经济发展和竞争力的有力举措。世界海港城市大都重视利用国际交通枢纽和物流中心、贸易中心的优势，大力发展临港临海工业，并成为世界性的重化工业基地和区域经济的重心地带。如日本东京湾港口群周边集中了日本的钢铁、有色冶金、炼油、石化、机械、电子、汽车、造船等主要工业部门。横滨港工业以重化工为主，炼油、电器、食品、机械、金属制品等工业产值占工业总产值的80%。国内沿海港口加快推进新一轮临港产业发展，大连长兴岛、唐山曹妃甸、天津大港、青岛董家口、日照岚山、漳州古雷、湛江东海岛等一批新港区开发均以临港工业、综合物流发展起步，并在区域经济发展和临港产业布局中发挥着越来越重要的作用。港口与临港产业协调互动发展已成为国内外港口发展的普遍规律和经验。

3. 港口地位功能正在发生变化

港口在区域经济产业发展中的作用正发生深刻变化。初期港口最基本的功能是连接各种运输方式，保证运输系统的整体运行；后来，港口城市的经济运转以货运中转和商业贸易为核心，所以该阶段港口进入商贸运输阶段。进入临港工业发展阶段后，港口功能除了转运功能外，堆存、贸易和工业制造等功能相继在港口产生，钢铁公司、石油公司、大型机械装备制造、造船业等在港口产业链中充当了主角。工业化加快和运输规模扩大使得临港工业聚集强化，形成临港工业区。进入临港工业与服务业互动发展阶段后，港口信息服务业与港口贸易服务业的发展促进了港口集装箱物流业的繁荣，聚集了大量直接为港口服务的金融、保险、法律等服务业。当前世界很多沿海港口已进入这一阶段。

随着国际多式联运与全球综合物流服务的发展，现代港口作为全球运输网络的节点，正朝着全方位的增值服务方向发展，成为商品流、资金流、技术流与信息流的汇集中心。现代港口有力地推动了区域经济的发展，汇集了丰富的人力、物力和财力，成为区域、全国乃至国际性的航运中心、经济中心和金融中心。

二、建议提出的目的

①更好地贯彻落实《苏南现代化建设示范区规划》等国家区域发展战略，更好对接中国（上海）自由贸易试验区建设。

②更好地促进港口和产业新一轮融合发展，促进港口对区域经济和产业集聚集约发展的引导和带动。

③在沿江产业发展进入新的发展阶段背景下，进一步明确临港工业的布局方向和发展重点，提出临港工业转型发展的思路。

同时，考虑到深水航道的影响，还需解决以下两个方面的问题。

第一，航道条件不断改善的大背景下港口与产业协调发展方面的问题。一是部分港口后方产业的发展与港口的关联性不强，影响了其他适宜临港布局的产业发展，难以适应深水航道条件不断改善的要求；二是部分港口后方产业布局较为散乱，集聚化、集约化发展程度不高，产业园区化程度需要加强，影响了港口综合效益的发挥，与航道条件不断改善和泊位大型化发展趋势不适应；三是部分港口对后方腹地产业结构调整和升级的拉动作用偏弱，在有序引导沿江产业布局、促进产业集聚和产业链条延伸等方面有待强化。

第二，港口配套服务还不能适应航道深水化、码头大型化发展的需要。当前，沿江港口功能依然比较单一，主要业务仍集中在装卸、中转、储存等传统功能，在现代商贸、物流、信息化管理等增值服务方面仍比较薄弱，难以满足沿江经济社会发展的新要求。

三、总体建议

1. 继续优化传统临港产业布局

①临港冶金产业。依托南京、张家港和江阴等现有产业基础，优化产品结构，重点发展特、精、优产品；南京注重冶金下游产品发展和吸引关联性强的企业集聚，张家港、江阴要加强与靖江的联动开发，实现冶金产业跨江联动发展，重点发展特种冶金产业。沿江其他地方禁止新建钢厂。

②临港石化产业。依托南京大型石化企业，以南京港西坝港区化学工业园区为主体，在石化原材料产品的基础上，发展高附加值的石化下游产品，建成国内著名石油化工产业密集区。未来，在南通江海、通海港区可考虑研究布局石化产业的可行性。其他地方限制石油产业布局。

总之，考虑当前行业实际及今后一段时期发展趋势，对传统化工与冶金的总体布局原则是，依托现有大型石化和冶金企业，通过兼并重组整合中小企业，引导企业向园区集中，限制企业在园区外布局；不断延长产业链，推动产业集聚升级和提高产品附加值。

③临港化工产业。根据沿江产业发展现状和规划，将精细化工重点布局在泰兴、常熟、张家港、太仓、南通等临港地区。同时，坚持园区化发展，引导化工企业向泰兴经济开发区、常熟新材料工业园、南通经济开发区、南京化学工业园区、扬州化工产业园区等化工园区集中。限制专业化园区外化工企业发展。

④临港电力产业。苏南沿江地区原则上不再新增燃煤电厂，在现有基础上进行扩能改造除外；苏中沿江地区结合实际需求，适度增加新的燃煤电厂布置。在此基础上，依托现有电厂，建设规模化专业化煤炭码头；有条件的港点可建设煤炭中转储备基地。在苏南沿江地区原则不再新增专业化煤炭码

头的选址。苏中沿江地区，要切实结合沿江电厂布局，建设煤炭专业化码头，慎重建设单纯提供中转储备功能、无大型燃煤电厂依托的专业化煤炭泊位。

⑤临港船舶工业。引导船舶产业向沿江北岸扬州、泰州、南通等地区集中。整合扬州、仪征、江都、靖江等地区的造船业，促进企业规模集聚和产品升级。把南通建成亚洲第一、世界著名的修造船基地和世界著名的海洋工程装备制造基地。把扬州和泰州地区建成国内知名的船舶修造基地。鼓励长江南岸的修造船产业向长江北岸转移，原来的修造船基地可发展高端装备制造、特色船舶制造等高附加产业。

2. 依托港口实现产业跨区域联动发展

①加强与上海港对接，借鉴上海进行自贸区建设试点的相关政策，在沿江部分专业化园区建设中，特别是中外合资建设的若干园区中，研究争取在海关监管、外贸、开放、投资等方面实现部分政策的创新和突破。

②紧抓宁镇扬同城化发展契机，加强南京、镇江和扬州港基础设施、功能布局、产业发展等方面的互补发展、错位竞争，为打造要素集聚、资源共享、互动发展的宁镇扬大都市区提供支撑。

③发挥苏南、苏中产业互补优势，加快推进江阴—靖江、苏通等跨江联动示范园区建设，以港口为节点、以深水航道为桥梁、以联动园区建设为载体，推动苏南地区产业结构转型升级和有序转移。

3. 优化港口与后方产业的配套衔接

①加强港口与后方产业、园区的统筹规划和建设项目的协调，完善港口与临港产业园区的通道衔接。

②鼓励港口企业以"区港联动""无水港"等多种形式向后方腹地园区延伸服务，推动港区、港企的联动发展。

③将码头功能调整和设施改造与后方产业的发展有机结合，带动产业集聚与产业链拓展延伸。

④建议沿江港口结合发展实际，注重与后方建材市场、家居市场、钢材市场等建立便捷的运输通道，实现工商贸一体化发展。

4. 依托港口发展多元化服务

①鼓励各地依托港口优势、后方传统产业市场优势，加快发展矿石、钢材、木材、粮油等专业商品交易市场。结合沿江冶金、电力、油品化工、装备制造等产业，在相应港区后方建设煤炭、化工品、船舶汽车配件等交易市场。

②依托现有的港口工业园区、商品交易市场，积极拓展服务范围。在提供简单装卸仓储功能的同时，提供如钢材剪裁、洗配煤、矿石加工、集装箱拆拼箱、贴标、分拣等增值服务，以及先进的电子信息管理服务。同时，在苏州、南京港综合性港口拓展相关金融、保险、法律咨询服务，开展现货、期货以及电子商务等交易业务。

③依托南京龙潭、苏州太仓等综合性港区，重点建设港航集聚区和发展航运总部经济，适应沿江地区产业结构调整需要。

5. 建议建立退出机制

逐步调整与港口相关性不强或与港口发展在资源利用方面产生冲突的临港企业，优化岸线资源分配，提高岸线和港口陆域土地资源的利用效率。

针对部分小型船厂、化工企业以及其他临港贴岸企业占用岸线但码头利用率较低、效益较差的问题，建议政府加强引导，通过资本重组、资源整合等方式，加快向海工装备、化工新材料等新兴业态转型，或逐步退出港口岸线占用。

此外，鉴于沿江港口部分港区与后方临江企业在陆域使用方面的冲突，建议加强港口与临江企业在用地方面的衔接，一般临港工业型港区后方陆域纵深至少在800米以上，集装箱专业化港区后方陆域纵深至少在1000米以上。在上述区域内的非临港企业，研究通过土地置换、功能调整或逐步搬迁的方式，退出或优化岸线使用。

四、具体建议

按照国家及区域相关规划的总体要求，结合沿江港口、临港产业和腹地产业发展实际，考虑产业集聚集约发展需要，建议依托沿江港口优势，加快完善或打造若干商品交易市场、商品中转储运基地、特色物流园区和大型综合性物流中心。进一步增强港口对产业的引导，强化港口与市场的融合，做好市场与贸易的对接，全面推进港口、产业、物流与市场、贸易的良性互动。

1. 依托港口打造若干专业化商品交易市场

①依托西坝港区水运优势、南京化学工业园和已有的南京亚太化工电子交易中心，做大做强南京化工产品交易市场，打造化工电子交易平台，积极承载南京化学工业园化工产品金融交易服务功能，完善石化产品交易的信息、交易、结算和定价功能，为国内外化工企业展开石油和化工贸易提供价格依据。

②利用保税港区政策优势和已经形成的中转贸易市场，加快发展张家港化工品交易市场，兼顾服务江阴、泰州、南通等地区的化工品交易，争取在化工品市场价格制定、信息发布、电子商务等方面起到引领示范作用。

③依托腹地产业优势和已有的市场优势，培育壮大张家港粮油交易市场、泰州靖江扬子江现代粮食物流中心，形成服务苏中、苏南，辐射苏北，在长三角地区有较大影响力的专业化、规模化的粮油交易中心。

④依托港口优势和已有的市场规模优势，重点发展张家港、太仓和扬州、泰州木材交易市场（中心）。将张家港打造成全国最大的进口木材集散地、交易地，完善市场交易、信息发布和价格发现功能。依托港口优势，完善太仓木材交易市场，逐步形成木材堆场—木材深加工—木制品销售市场的产业链，不断拓展原木贸易、精粗加工、交易市场、电子商务、物流配送等功能。

2. 依托港口建设若干商品中转储运基地

①依托张家港港整车进口口岸建设，建设张家港进口汽车中转基地。将张家港港打造成汽车贸易便利化平台，成为江苏乃至长三角地区汽车整车及零部件进出口最便捷的通道和集散地。

②依托中石油常州新材料基地，建设常州成品油集散中心，逐步形成覆盖江苏全省乃至华东地区的成品油和化工品配送中心，填补中国石油在本地区业务空白。

③做强做优南京港西坝港区、仪征港区、常州港录安州港区、南通港如皋港区、泰州港泰兴港区、江阴港石利港区等油品和化工品中转储运功能。

3. 依托港口重点发展若干特色物流园区

①南京龙潭物流基地。依托南京龙潭港保税物流中心政策优势和龙潭港区水运优势，不断完善临港工业、现代物流、保税、集装箱多式联运等功能，打造成南京长江航运物流中心综合枢纽港区。

②常熟中国氟化学工业园。依据国家产业政策，依托既有氟化工特色产业优势和紧邻长江水运优势，重点发展新材料、氟化工、精细化工、生物医药等特色精细化工产业，适当拓展物流贸易功能。

③江阴长江港口综合物流园区。依托沿江港口优势，大力发展以港口货运、装卸、仓储、商贸、物流信息处理等为重点的现代物流产业，努力打造成长三角地区物流体系的重要节点。

④张家港扬子江国际冶金工业园。打造以钢铁冶炼为核心，加工、贸易、仓储、物流等全面发展的新型工业基地。不断完善集现货和期货交易、剪切加工、运输配送、进出口保税、电子商务及金融担保质押为一体的玖隆物流园。

⑤加快发展江阴石化物流园（江阴临港新城新材料产业园所辖园区之一）。重点发展以石化物流产业为特色的现代物流园。下一步，园区继续放大毗邻深水航道、紧靠常州的优势，以现有龙头企业为主导，辐射更多周边

地区。

⑥扬州港口物流园。依托扬州港，加快建设成为长三角重要的物流节点，长江中上游货物中转基地和江河货物转运枢纽，集口岸、中转、仓储、加工、配送、信息、交易、商贸等功能于一体的区域性枢纽型综合物流园区。

⑦镇江惠龙钢铁物流基地。依托已形成的钢铁物流产业优势和紧邻港口的水运优势，未来不断完善两个中心：钢材加工中心和钢材配送中心，重点打造三个平台：融资平台、交易平台和跨区营销及进出口平台。

⑧泰州高港综合物流园。依托泰州港永安洲作业区水运优势，重点打造园区内锦泰金属交易市场、海泰化工交易市场和粮油交易市场三大物流交易市场。

⑨依托扬州化学工业园产业优势和南京仪征港区的水运优势，不断完善扬州长江石化物流（保税）中心。

4.加快建设两大综合型物流中心

①加快南京长江航运物流中心建设。提升南京综合交通枢纽的江海转运功能，加强南京龙潭港区集装箱码头和铁水联运系统，大力发展航运物流及相关服务业，积极开辟国际近远洋航线，建设南京长江航运物流中心。通过培育和完善服务优质、功能完备的现代航运服务体系，将南京长江航运物流中心打造成长江流域重要的航运总部经济中心、航运综合服务中心、航运物流交易中心和航运人才交流中心。支持南京下关港航总部集聚区建设。

②加快发展太仓集装箱干线港，建成上海国际航运中心北翼集装箱综合物流中心。提升区域性综合交通枢纽的集散和辐射功能，加快以太仓集装箱干线港为龙头的沿江港口整合和功能升级，为上海国际航运中心建设提供重要支撑。依托太仓港内贸集装箱运输优势，发挥苏州工业园区先行先试的引领作用，将苏州建成全国重要的先进制造业和现代服务业基地。

第二节　积极促进港城和谐发展

一、建议提出的背景

从港口城市发展历程看，港口与城市互为依托；依港兴市和以城促港是世界著名城市与港口发展的一般规律。城市和港口在地域空间上紧密接壤，在功能上相互依赖；城市围绕着港口而兴起，港口依托城市加快发展，港口和城市紧密结合在一起。随着船舶大型化的发展，原先位于城市内或中心城区的港区已无法满足发展要求，而城市各方面的发展又需要更多的空间尤其是一些临水或临海空间。同时，位于城市中心的港口对城市的交通、环境、人们生活等也带来一定的影响。

为此，为继续保持港口城市的协调发展和良性互动，出现了老港区功能改造、搬迁以及新港区开发、港口中心外迁等趋势，进一步实现港口与城市的和谐发展。近几年，港城协调发展的一般路径为：

——新港区开发，港口中心外迁。首先，在规划上注重港口城市的统筹考虑和一体化发展。其次，在建设上，通过新港区建设，大型临港工业开发，形成大型石化、钢铁、造船等重化工业集聚带，实现港口与产业的互动发展，进而推动腹地经济发展。第三，在政策上，政府加大对新港区开发的政策扶持，在招商引资、财税、土地等政策上给予优惠。

——老港区改造和功能调整。通过老港区功能改造，充分考虑环保、人文要素，实现港口的绿色化、环保化发展。有些老港区彻底搬迁，在原来的基础上发展旅游、房地产等行业；有些老港区经过功能调整，集中发展集装箱等一批绿色环保货类；还有一些老港区依托原有港口优势大力发展航运交易、信息服务等，建设航运中心，形成现代航运服务业的集聚区。

随着新港区的建成，以及老港区功能调整和再开发阶段的有序完成，港口和城市之间也将在一个更高层次上形成互动共荣、和谐发展的高层次共生关系。

二、建议提出的目的

随着长江南京以下 12.5 米深水航道的开通，泊位大型化趋势明显，沿江港口将开始新一轮泊位升等改造。本建议的目的是，进一步加快沿江港口泊位升级改造和结构调整步伐，更好实现港口与城市的和谐发展。特别是在新港区开发中，更好地实现与新城区的互动发展。具体目的：

——解决港口与城市发展的矛盾、港口发展空间上的不足、港口后方交通与城市发展的交叉影响等问题。

——处理好港口岸线与生活岸线的关系，实现港口与城市新一轮和谐发展。以更高标准，加强港口与城市的互动，实现两者共荣。

——解决未来沿江港口可持续发展的空间问题。

三、具体建议

进一步强化规划衔接、功能配套和港城互动，积极拓展港口服务功能，为城市经济发展和产业转型提供支撑。

①重点推进南京下关港区、镇江大港港区、苏州张家港港区、南通港南

通港区、江阴港黄田港区货类功能调整和城市化改造，优化上述港区货类运输结构或逐步使其退出港口功能。

②稳步推进铁水联运发展，发挥港口核心节点作用；加强港口后方集疏运通道建设，增强港口的综合运输枢纽功能。在南京、镇江、泰州、南通等港口有条件的重点港区加快铁水联运发展，减少港口后方公路集疏运系统的压力。结合运输需求实际，加快推进龙潭港区、靖江港区、西坝港区等铁路支线新建及改扩建工程建设，重点提升南京、镇江港的铁水联运发展水平。

③加快发展水水中转、江河联运等运输组织方式，重点建设内河骨干航道，完善苏南内河航道网络；重点提升苏州、南通等港口的水水中转比例，提升镇江港的江河转运比重；以水水中转运输的发展来减轻港口陆路集疏运的压力。

④充分发挥保税区、监管库等特殊政策功能区的优势，进一步加强区港联动、区区联动，提高通关效率，降低物流成本。以重点港区为依托，通过专业化物流园区（中心）运作，在不同功能港区后方设立或建立各具特色的海关特殊监管仓库或海关特殊政策功能区，增强港口保税物流服务功能。

⑤发挥物流枢纽作用，大力发展大宗干散货、集装箱等重要货类中转运输，强化全程物流链管理，增强采购、加工制造、商贸、物流等加工增值服务，发展现代航运服务业。

⑥加强港城统筹规划，做好新港区规划与新城区规划的协调，实现港区与新城的联动发展。注重港口岸线与后方陆域的协调发展，采取港口与后方土地捆绑开发的方式，为港口发展留足陆域空间。

⑦依托重点港区和后方配套园区建设，推进常熟滨江新城、江阴临港新城、靖江新港城区、太仓港城等一批滨江新市镇建设。发挥港口集聚产业优势，实现港、产、城一体化发展。

第6篇
运行仿真

  2016年，为配合《长江口南槽航道治理一期工程工程可行性研究》工作，受交通运输部长江口航道管理局委托，规划院开展《长江口航道货运量及船舶流量预测研究》(含长江口航道适应性仿真研究、长江口南槽航道开发建设必要性分析专题) 报告的编制工作。

  本篇主要依托《长江口航道适应性仿真研究》的研究结论，参考规划院正在开展的长江口航道"十四五"发展规划仿真专题研究结论，分别将航道运行仿真建模、航道适应性指标体系构建、航道适应性分析的主要研究过程和研究结论在第17章、第18章和第19章进行论述。

第 17 章 长江口航道运行仿真建模

长江口航道通航系统是一个动态变化的复杂系统。由于这些特殊性，传统排队论并不能完全反映航道的实时状况。计算机仿真则能建立动态模型，充分考虑系统随机性和复杂性，再现真实动态场景，实现中观、微观分析，特别是多场景、多情景的模拟。

Arena 是一种专用于系统仿真的软件，是美国 System Modeling 公司于 1993 年开始研制开发的新一代可视化通用交互集成模拟环境，很好地解决了计算机模拟与可视化技术的有机集成，兼备高级模拟器易用性和专用模拟语言柔性的优点，并且还可以与通用过程语言，如 VB、Fortran、C/C++ 等编写的程序连接运行。Arena 基于面向对象的思想和结构化的建模概念，将专用仿真语言的灵活性和仿真器的易用性很好地融合到一起，直接面向实际业务流程构建仿真模型，符合常规的思维习惯。对于大型或者复杂的模型，Arena 提供的分层建模工具允许模型从宏观到微观分成若干层次，并通过端口来连接，大大提高了建模效率。

目前，Arena 已升级到 15.0，因此本项目涉及的仿真模型采用 Arena15.0 版软件开发。

第一节　研究思路

通过建立长江口航道通航系统计算机仿真模型，模拟南、北港，南、北槽在不同通航规则、通航策略下的船舶交通流状况，根据输出的关键性指标，评价和评估多场景方案。

仿真的基本步骤如图 17.1 所示，Arena 基本建模过程如图 17.2 所示。

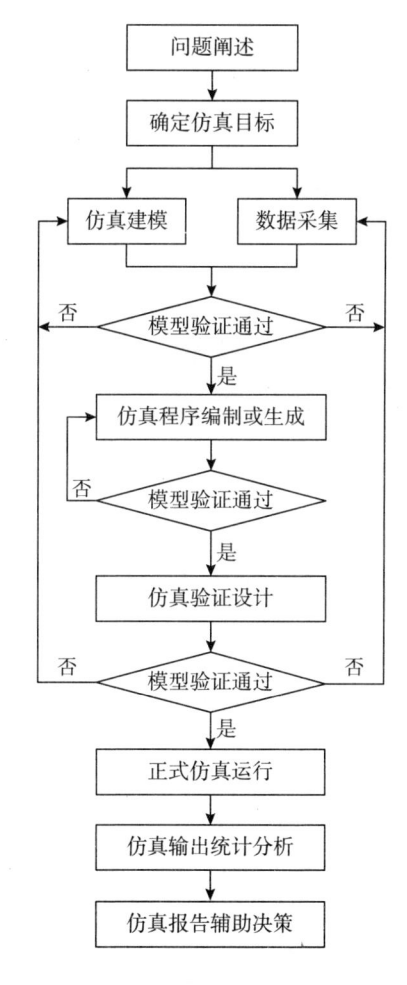

图 17.1　仿真的基本步骤

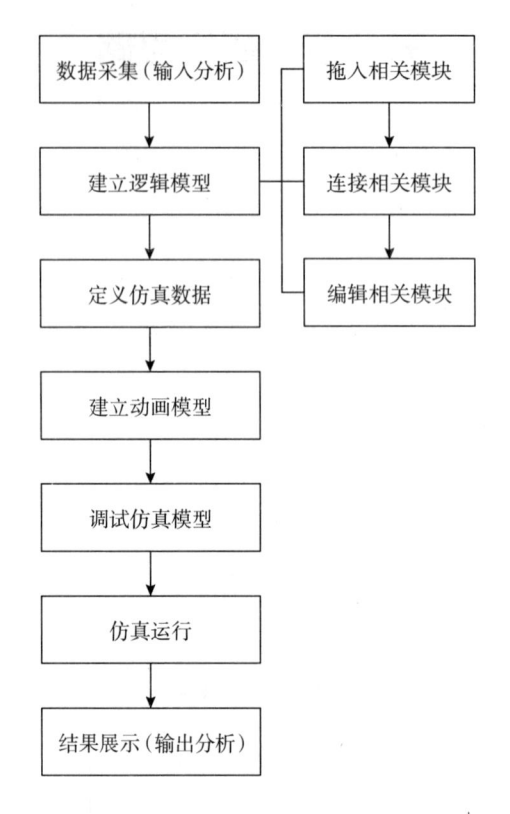

图 17.2　Arena 的基本建模过程

第二节　仿真系统边界的确定

长江口航道适应性仿真系统中，航道、泊位被视为一个"组合系统"，并且作为系统内部的固化元素，而船舶作为系统与外部进行交换的元素，是系统的临时元素。

长江口航道仿真系统的研究重点是航道的通航状况，在本系统中，作为系统内部的元素，即航道、泊位，是系统的服务机构，船舶被视为服务对象。研究范围为从浏河口到长江口入海口处的长江口航道（北港、南港、北槽、南槽）。

天气情况及海洋状况（如风、雨、雪、潮汐等）影响着船舶通行及泊位作业情况，这些均为系统的外部环境，但会影响内部，这些为系统外部的环境影响因素。

因此，系统内部的永久元素为航道和泊位，临时元素是船舶。对于外部影响因素，将重点考虑潮汐的影响，特别是因北槽航道受潮汐因素影响而制定的通航管制规则。

第三节 长江口航道通航仿真要素的分析

对于离散系统，有八个组成要素，分别为：

①实体：系统的研究对象。

②属性：实体的性质和特征。

③时刻：在系统中，改变的为时间。

④间隔：相邻两个时刻之间的持续时间。

⑤状态：系统中的实体和属性被进行了赋值或描述。

⑥事件：系统在某个瞬间被行为所改变，此行为变化是在某一刻发生的。

⑦活动：在某一段时间内，n 个实体在完成某种行为或功能，且 n 大于等于 1。

⑧规则：在系统中，作为活动、行为及事件和影响变化的逻辑的规律，即为规则。

表17.1　　　　　　　长江口航道通航系统组成要素

系统组成要素	内容
实体	船舶、航道等
属性	船舶吨级、船舶尺寸、货物种类等
时刻	船舶到达时刻、船舶离开时刻等
间隔	船舶到达时间间隔、船舶等待时间间隔等
状态	船舶等待、通行、停靠等
事件	船舶进入系统、驶入航道、驶出航道、离开系统等
活动	船舶在原地等待潮汐、排队等待进入航道等
规则	船舶上、下行通行规则，超宽船通行规则等

第四节　仿真系统流程设计

船舶在航道中运行遵循着一定的通航规则，其通航状况同时与船舶吃水、潮位、航向、船宽等有关，需根据相关因素进行判断。主要有船舶上行、下行规则，以及超宽船航行规则。

通航规则总结如图 17.3、图 17.4、图 17.5 和图 17.6 所示。

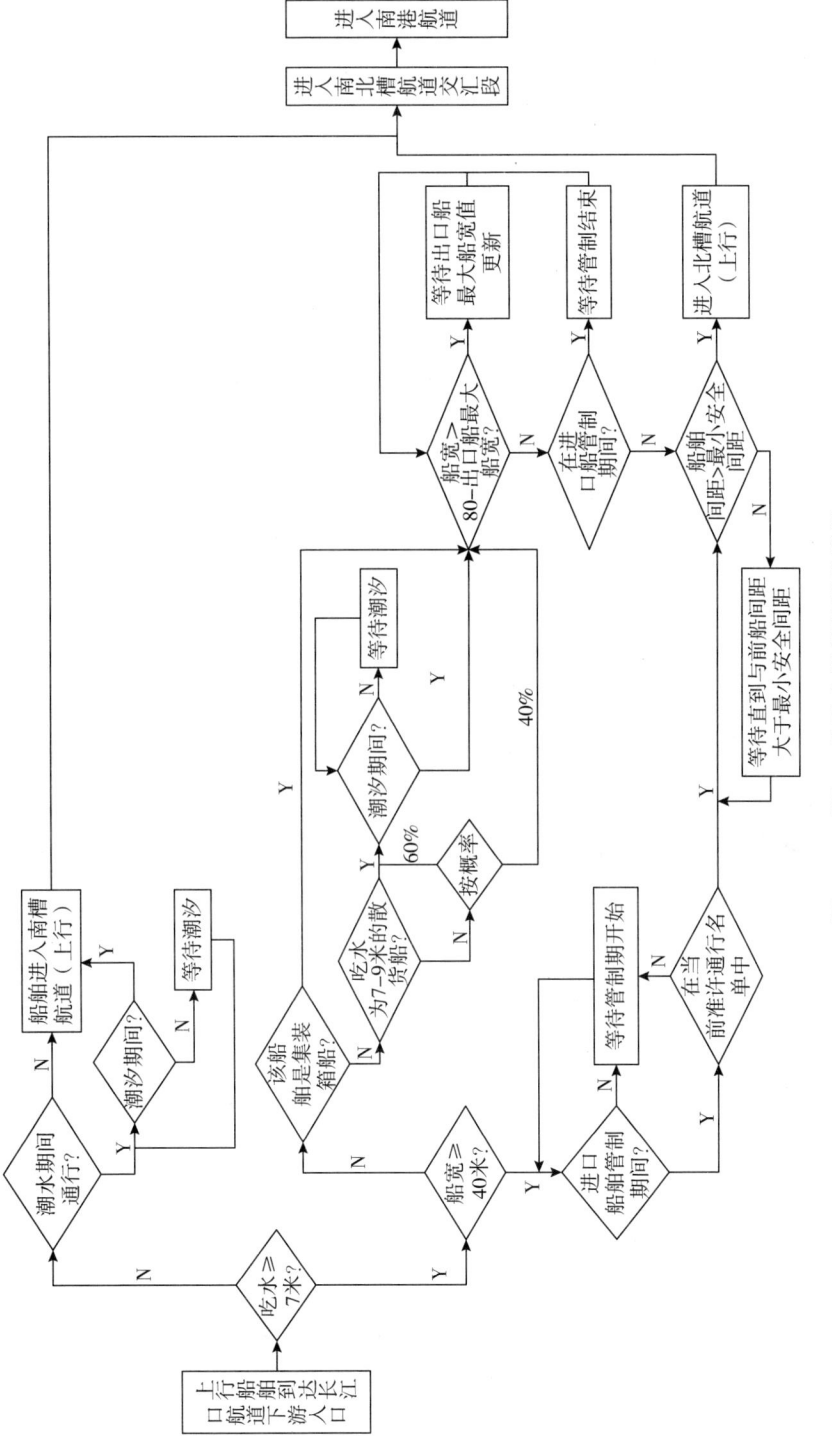

图 17.3 长江口航道上行船舶通航流程

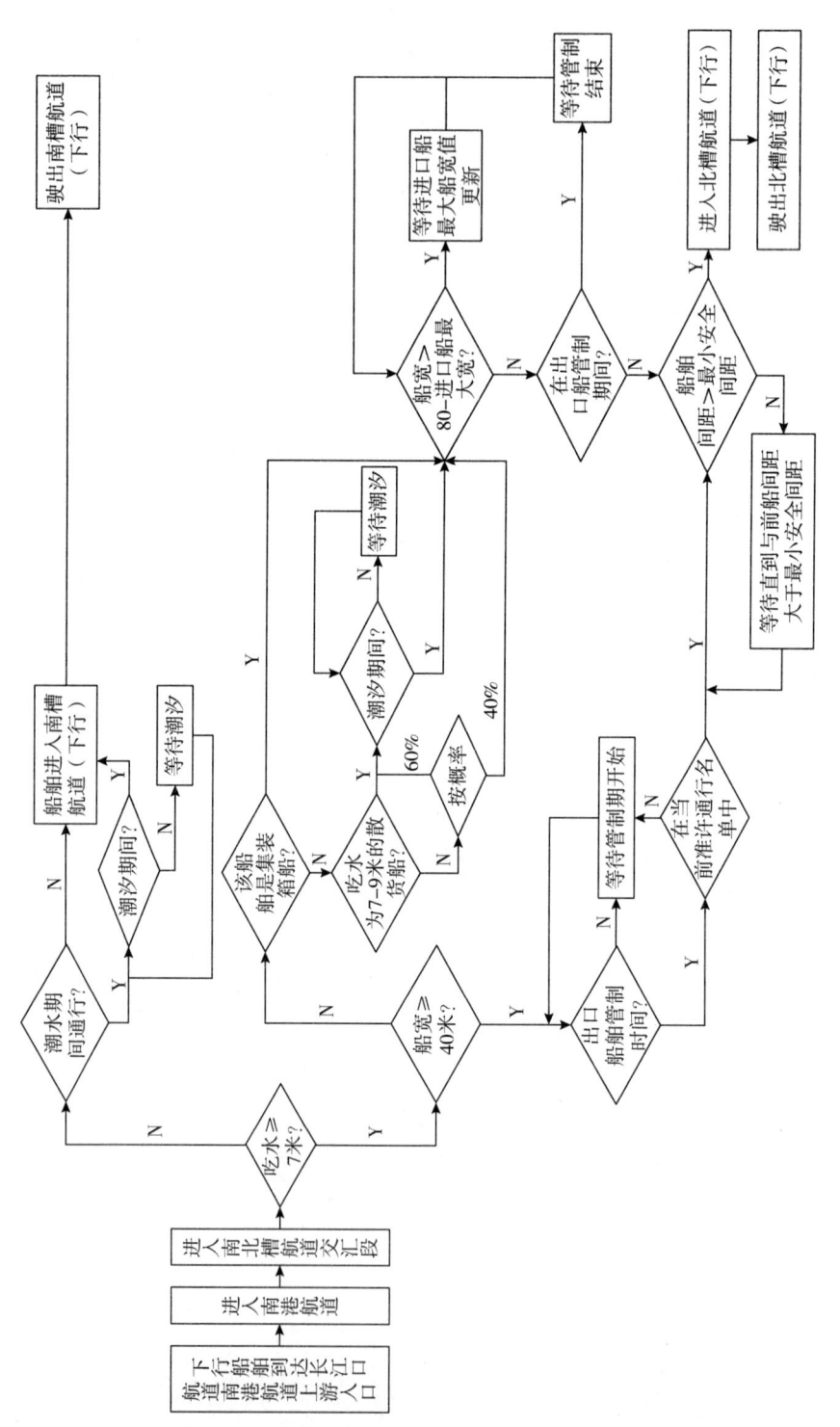

图 17.4 长江口航道下行船舶通航流程

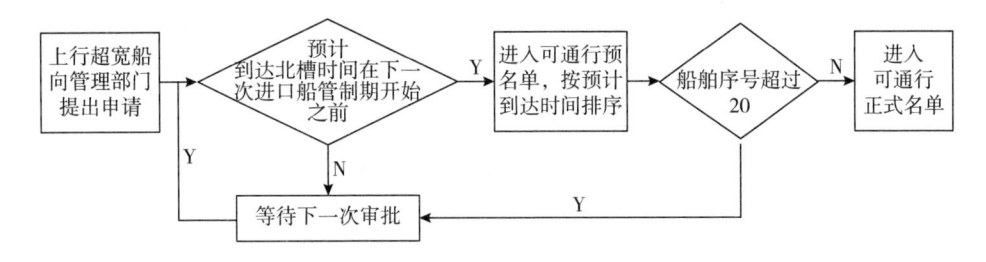

图 17.5　上行超宽船通行北槽航道审批流程

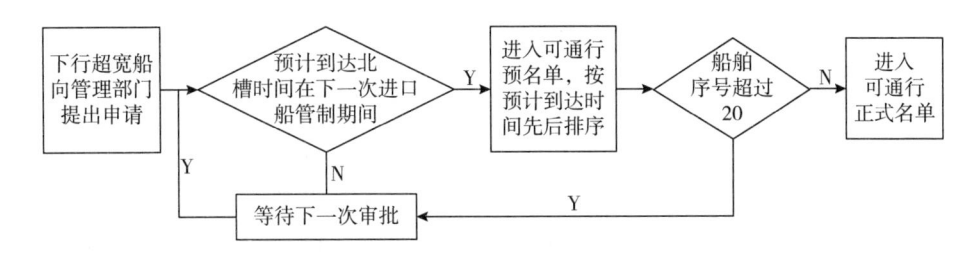

图 17.6　下行超宽船通行北槽航道审批流程

第五节　仿真系统模型构建关键技术

长江口北槽为人工深水航道，实行日常交通管制和临时交通管制，北槽航道及其南北两侧可航行水域为交通管制区。

根据长江上海海事局发布的《长江口深水航道通航安全管理办法（试行）》（沪海通航 2017-440 号），需要交通管制进出北槽航道的船舶，应当编队航行。需要编队航行的船舶主要有：淡吃水大于 11.5 米的船舶、邮轮、客船以及最大宽度大于 40 米的船舶。需编队航行的船舶，应于前一日 18 时之前通过电子申报平台或其他方式预约编队，上海海事局将根据报备表和其他通航环境等相关情况进行必要的交通组织，需要编队航行的船舶应严格遵守上海海事局复核的时间要求。

因此，仿真模型需要构建"预申报平台"和"交通管制"模块。"预申报平台"，主要是提前预知进出北槽的船舶信息，特别是船舶类型和船舶宽度（大于40米）。而"交通管制"模块，则需要根据潮位周期，有序调度进、出北槽船舶，并根据该周期最大船舶宽度，控制相向航行船舶的宽度。

一、预申报平台

预申报需要提前"预知"船舶信息。解决这个问题，有两个方案（思路），一是采用实船统计，即从进出长江口的实际船舶信息库，系统自动，或提前读入船舶属性数据，但是进出长江口船舶属性数据不完整；二是根据进出长江口的实际船舶到达规律设定参数，通过船舶发生器，提前生成船舶（属性），根据申报时间和船舶属性，进入排队系统（即预申报）。

为了真实再现船舶预申报，我们采用一个模型内生成两种实体，各自使用一套时钟的方式来建立仿真模型，如图17.7所示。

在本仿真系统模型中，将实体分为船舶实体和信息实体两种，仿真开始后产生一种实体，但随后分拆为船舶实体和信息实体，两类实体具有相同的属性定义及初始值。如图17.8所示，仿真运行过程中，信息实体按系统仿真时钟运行，从t=6时刻开始每隔12小时搜索上行超宽船最大船宽 X_n（n=1，2，…），从而更新下行非超宽船进入北槽航道前的船宽限制值（80-X_n）；从t=12时刻开始每隔12小时搜索下行超宽船最大船宽 Y_n（n=1，2，…），从而更新下行非超宽船进入北槽航道前的船宽限制值（80-Y_n）。第二套时钟比系统仿真时钟晚10小时，船舶实体按第二套时钟运行，按照船舶实体事件向前推进。按上述方式设计两套时钟机制，主要目的在于可提前10小时获得所有上下行超宽船舶信息，从而可对需要在管制期间通过北槽航道的船舶进行预

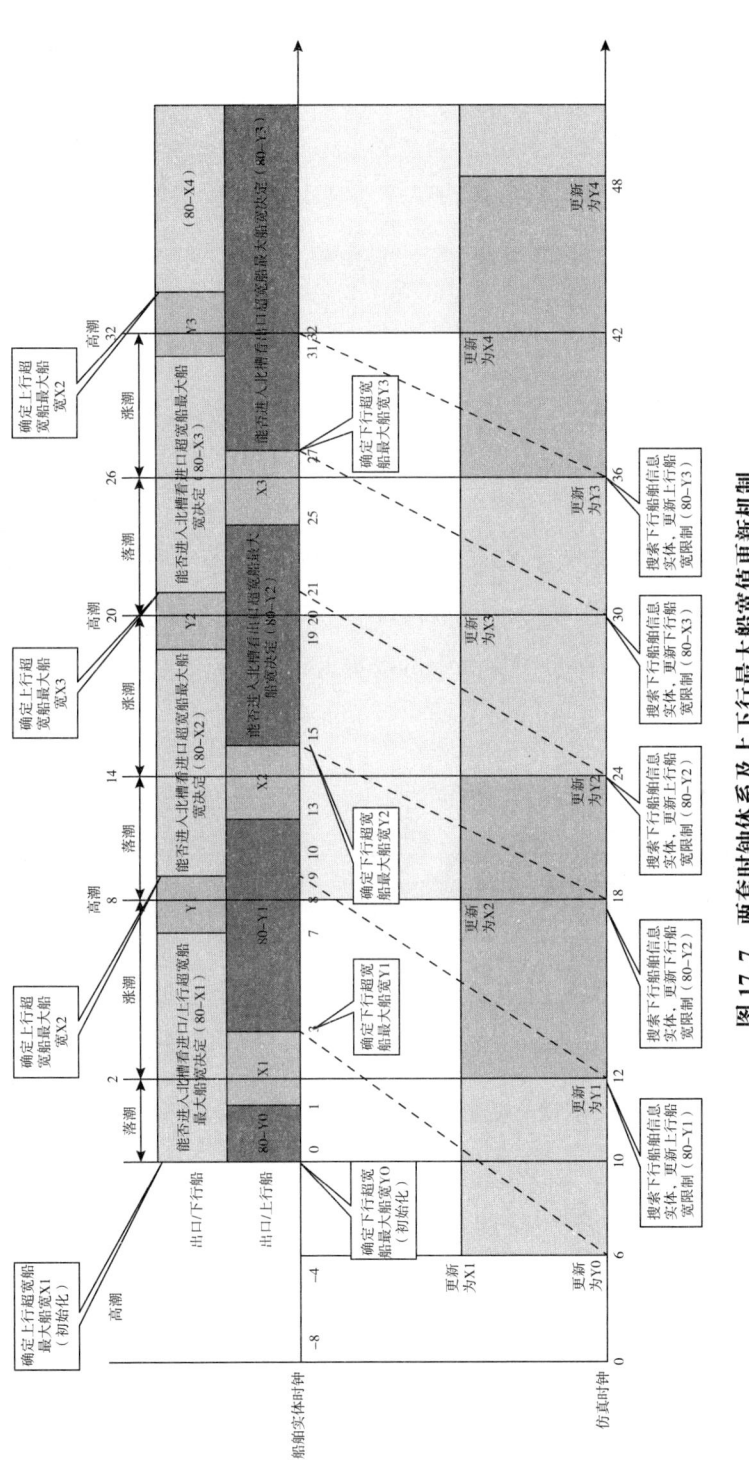

图 17.7 两套时钟体系及上、下行最大船宽值更新机制

先安排，获得管制期间超宽船舶通行名单并进行排序，以此模拟超宽船舶预申报机制。

二、交通管制

长江河段属非正规半日潮，大体上每天两起两落，一天有两个高潮位。根据长江口通航规则，以及船舶航行要求，模型中，我们简化为：一个高潮位为一个周期，前六个小时为"上行周期"（其中2个小时放行上行超宽船，4个小时通过深水航道），后六个小时为"下行周期"（其中2个小时放行上行超宽船，4个小时通过深水航道）。也就是说，涨潮时"上行管制"，落潮时"下行管制"。如图17.8所示，从图中可以看出，进出口管制每次2个小时，进出口交替，中间相差4个小时。

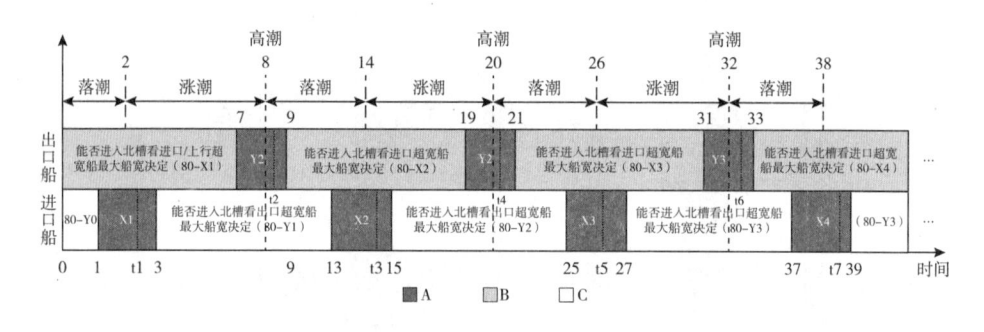

图17.8 潮汐、管制及超宽船船宽对仿真模型影响分析

不失一般地，模型中，假设从0点时刻开始观察（即模型运行起始时间），到第8小时达到最高潮位（以后每隔12小时出现一次最高潮位），每两个高潮之间为6小时的落潮阶段和6小时的涨潮阶段。A区域表示给予超宽船的最长通行时间区间，tn表示在通航管制期间最后一艘进/出口（上行/下行）超宽船开始进入北槽航道的时刻。Xn（n=1，2，…）表示在北槽航道进口超宽船（上行超宽船）最大船宽；Yn（n=1，2，…）表示在北槽航道中出口超宽船（下行超宽船）最大船宽。B 区域表示非超宽的出口船（下行船）能否进入北槽航道，取决于其船宽是否大于 80-Xn，若下行船船宽小于 80-Xn 则可以进入北槽航道，否则不能（此时北槽下行航道对于宽度超过 80-Xn 的船舶关闭）。C 区域表示非超宽的进口船（上行船）能否进入北槽航道，取决于其船宽是否大于 80-Yn，若上行船船宽小于 80-Yn 则可以进入北槽航道，否则不能（此时北槽上行航道对于宽度超过 80-Yn 的船舶关闭）。

三、船舶属性

长江口通航仿真模型中，船舶吃水、船舶宽度均会对船舶航行、具体航道选择产生影响，而船舶长度则会影响航道利用率。因此，每一个船舶实体，其主尺度（长度、宽度、吃水）以及相应的船舶载重吨都需要考虑。

为此，有两种解决方案。一是采用长江口进出船舶的实际数据，二是根据船舶吃水，动态确定相应的船舶长度、宽度，以及船舶载重吨。由于进出长江口船舶数量较多，且涉及外贸船舶、内贸船舶、内河船舶，以及江海直达运输船舶，船舶参数（主尺度、载重吨）不完整，不能作为系统的船舶数据输入。本系统采用了函数拟合方式，以《海港总平面设计规范》(JTS165-2013)设计船型尺度部分中的船舶参数为基础，分别对散货船、集装箱船和油品船的船长—吃水及船宽—吃水关系进行函数拟合，分别得到散货船和油品船的船长—吃水和船宽—吃水关系曲线，集装箱船的船长—吃水和船宽—吃水关系曲线。

根据拟合公式，已知船舶吃水，则可分别通过表 17.2 中函数关系，计算船舶宽度和船舶长度，并将其转化为 Arena 表达式。

表17.2　　船长、船宽与载重吨计算及Arena表达式

类型	参数	计算公式	Arena 表达式
散货船	宽度	10.577e0.0825（x+3）	$10.577 \times EP(0.0825 \times (ShiDFT+3))$
散货船	长度	69.346e0.0771x	$69.346 \times EP(0.0771 \times ShiDFT)$
散货船	载重吨	6.0437X3.5271	$6.0437 \times ShiDFT \times 3.2571$
集装箱船	宽度	9.0675e0.1081x	$9.0675 \times EP(0.1081 \times ShiDFT)$
集装箱船	长度	48.629e0.1313x	$48.629 \times EP(0.1313 \times ShiDFT)$
集装箱船	载重吨	236.53e0.412x	$69.346 \times EP(0.412 \times ShiDFT)$

四、多级分叉

1. 多级分叉型航道船舶交通流排队网络建模

长江口航道适应性仿真模型将研究边界扩展到了整个长江口，即上延至长江浏河口，下延至出海口。仿真研究边界涵盖了南槽航道、北槽航道、南港航道和北港航道，构成了典型的多级分叉型航道船舶交通流排队网络模型。

2. 多码头多级分叉航道融合船舶交通流排队网络建模

由于上述航道的两岸分布有多个专业性码头，因此在仿真建模中还必须考虑船舶经停港口码头和进出港口通道对长江口各航道通航的影响。

自上而下，分布有罗泾散货码头、吴淞邮轮码头、黄浦江沿岸码头、海工码头以及外高桥集装箱码头；同时还考虑了船舶在吴淞警戒区和圆圆沙警戒区中航行时的减速避碰行为。为此，构建了多码头多级分叉航道融合船舶交通流排队网络建模。

3. 多航线多船型复杂货流分流策略仿真优化模型

根据长江口航道船舶交通流特点，将长江口航道航行船舶划分为江船和海船两大类，"江船"自上而下航行至码头装卸后折返上行，"海船"自外海进入长江，至码头装卸后折返下行（出海）。因此，归纳设计了典型船舶航线属性（货种、流量流向），如洋山—外高桥、宁波舟山—外高桥等，同时还考虑了船舶在未来将要建设的江苏通洲湾码头与长江口航道间的往返通行。基于不同航线的船舶航路分析，在仿真中对船舶日常运行轨迹、经停地点及过程等予以精确建模，在更精细的层面上对长江口航道上各船舶运行及其运载货物换装过程进行刻画，以揭示航道可用水深条件的变化所导致的不同航线船舶分流策略，对长江口航道船舶通行效率和适应性影响机制，为航道整治工程规划提供科学依据。

第六节 长江口航道适应性仿真模型设计及构建

一、总体设计

基于航道通航规则，考虑潮汐、管制及码头服务等，结合长江口航道排队系统的特点及本项目需求，长江口航道适应性仿真模型由"船舶生成、通航管控、码头服务、潮汐生成、航道交通、数据统计"等6个模块组成。各模块间的关系如图 17.9 所示。

"船舶生成"模块生成船舶后，上/下行船舶（实体）即进入航道，触发船舶到达事件；随后船舶（实体）接受航道服务系统的处理，其中会受到通航管控模块和潮汐生成模块的控制或影响，前者决定哪些船舶实体进入北槽、南槽或北港航道，后者决定船舶实体乘潮通过南北槽航道的时间；码头服务模块处理船舶实体经停码头的靠泊、装卸及离泊服务过程，决定船舶实体离开和返回航道的时间。当船舶（实体）经过上述模块的处理后，通过长江口航道到达系统终点，即发生船舶离开事件，意味着船舶实体将离开系统；数据统计模块记录和统计所有生成和离开系统的船舶实体的属性数据和船舶流量及货运量汇总数据。

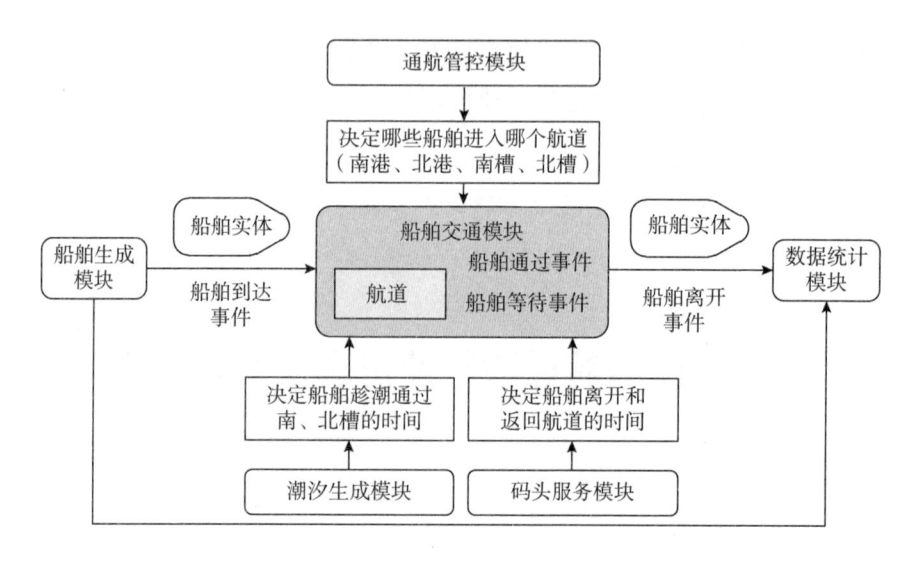

图 17.9　仿真系统总体设计

二、船舶类型

本仿真模型在建立过程中采用了若干变量，包括全局变量以及船舶属性变量。部分船舶属性变量、全局变量如表 17.3、表 17.4。

表17.3 船舶属性变量定义表

名称	类型	取值	含义
ArrivalTime	Attribute	非负实数	船舶生成时刻（单位：小时）
ShipType	Attribute	非负整数	1-11，分别表示散货船、集装箱船、海工船、危化品船、油船、邮轮、LNG船、工作船、多用途船、件杂货船、滚装船
ShipDirection	Attribute	非负整数	1 表示上行，2 表示下行
ShipDFT	Attribute	正实数	船舶吃水（单位：米）
ShipWidth	Attribute	正实数	船宽（单位：米）
ShipLength	Attribute	正实数	船长（单位：米）
ShipGoodWeight	Attribute	正实数	净载重（单位：吨）
ShipSpeed	Attribute	非负实数	船舶航速（单位：节）
ShipDWT	Attribute	非负实数	船舶总载重吨
……	……	……	……

表17.4 全局变量定义

名称	类型	取值	含义
BCDFT	Variable	非负实数	通行北槽航道船舶最小吃水
BCDTotalSCW	Variable	非负实数	北槽航道下行总货运量
BCEntranceDTotalSTV	Variable	非负实数	北槽航道下行入口处船舶流量
BCEntranceUTotalSTV	Variable	非负实数	北槽航道上行入口处船舶流量
BCExitDTotalSTV	Variable	非负实数	北槽航道下行出口处船舶流量
BCExitUTotalSTV	Variable	非负实数	北槽航道上行出口处船舶流量
……	……	……	……

三、仿真模型

1. 船舶生成模块

（1）海船生成（上行进入长江口，至港口作业后折返出长江口）

船舶生成模块分别生成"洋山到外高桥"集装箱船舶、"洋山到江苏"集装箱船舶、"宁波到长江沿岸"船舶、"外海到长江沿岸的船舶"和"通州湾到长江沿岸"，以及邮轮、LNG等船7类上行船舶。

（2）江船生成（下行至罗泾、黄浦江、外高桥码头折返，以及从海工码头出长江口）

船舶生成模块生成海工船、江苏到外高桥的集装箱船舶、江苏到罗泾的散货船舶、江苏到黄浦江码头的船舶等共四类下行船舶。

2. 通航管控模块

通航管制模块根据北槽对船舶的吃水限制、船舶种类等管制规定，筛选出允许进入北槽的船舶信息，然后计算这些船舶预计到达北槽入口的时间，根据该时间先后、该时间是否在申报时间内以及一次可通行船舶最大数量来判断其是否可进入北槽超宽船舶通行编组名单，同时记录并更新将通行北槽航道的超宽船最大船宽。基于两套时钟机制的设计，为实现北槽超宽船预申报流程逻辑，在仿真中提前对还未到达北槽下游入口的上行超宽船按其预计到达入口时间进行排序、限量通过等处理，以获得每一个窗口期间可以通过的超宽船编组名单。上行船舶和下行船舶的通航管控机制仅对海船有效，因为只有海船才会通过北槽航道。上、下行船舶通航管控机制相同，但预申报信息的地点不同。所有上行船舶在海船生成时即向海事机构发送信息；所有下行海船都是发往长江沿岸的上行海船返回时转变而来，因这些海船停靠的码头不同，因此设定在不同地点收集下行海船信息以供北槽管控。

按照上述过程，将通航管控模块分为超宽船编组、非超宽船管控、超宽船时间窗控制、非超宽船限宽更新四个部分。

根据长江口航道上行船舶通行流程，上行超宽船时间窗与下行超宽船时间窗交替开放。若每个周期按 24 小时计算，则上行超宽船通行管制窗口与下行超宽船通行管制窗口均间隔 12 小时开放一次。上、下行超宽船分别只能在上、下行超宽船时间窗内按编组名单进入北槽航道航行。对下行超宽船，根据其到达先后，在上行超宽船时间窗开放期间，与来自上行船舶信息处理模块生成的管制期超宽船舶可通行名单进行匹配，匹配成功者则直接进入北槽航道通行。若其到达时未到上行超宽船通行窗口开放时间，则等待直至窗口开放；若未与可通行名单匹配成功，则等待直至匹配成功，下行船舶亦然。

3. 码头服务模块

在从浏河口至南北槽航道入海口的长江口航道上，分布有罗泾散货码头、吴淞口国际邮轮码头、长兴岛海工码头、外高桥集装箱码头等多个码头，此外还考虑从洋山、宁波舟山、外海及通州湾等地开往江苏及以上港口的船舶在途中航行及在码头停留的可能，因此建立码头服务模块仿真模型，模拟处理船舶离开航道停靠码头后再返回航道的过程。

4. 航道交通模块

该模块仿真模型包括以下部分。

（1）船舶通行北槽航道

模型中，在北槽航道上行和下行方向上各设置四个观测点，分别位于北槽航道上/下行入口处、沿上/下行方向北槽航道 1/3 长度处、沿上/下行方向北槽航道 2/3 长度处及出口处。将观测点视为资源，上行船舶经过上述观测点时需要排队使用资源，以计算船舶通过航道时间，因此可计算资源占用率，并将其作为相应观测点处的航道利用率。

（2）船舶通行南槽航道

在南槽航道上行和下行方向上各设置两个观测点，分别位于南槽航道上/下行入口处及出口处。

（3）船舶通行南港航道

在南港航道上行和下行方向上各设置两个观测点，分别位于南槽航道圆圆沙警戒区上/下行入口处及出口处、吴淞警戒区上/下行入口处及出口处，另外在南港航道上行出口处（下行入口处）设一观测点。

（4）船舶通行北港航道

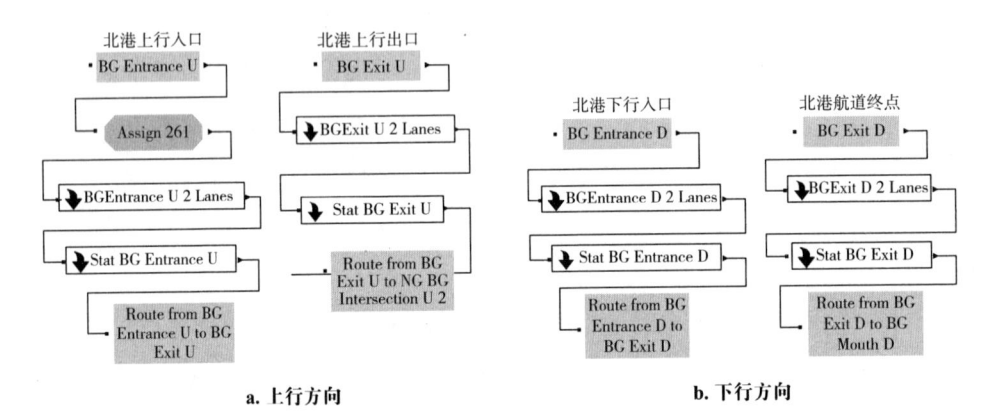

a. 上行方向　　　　　　　　　　　b. 下行方向

图 17.10　船舶通行北港航道部分仿真模型

5. 数据统计模块

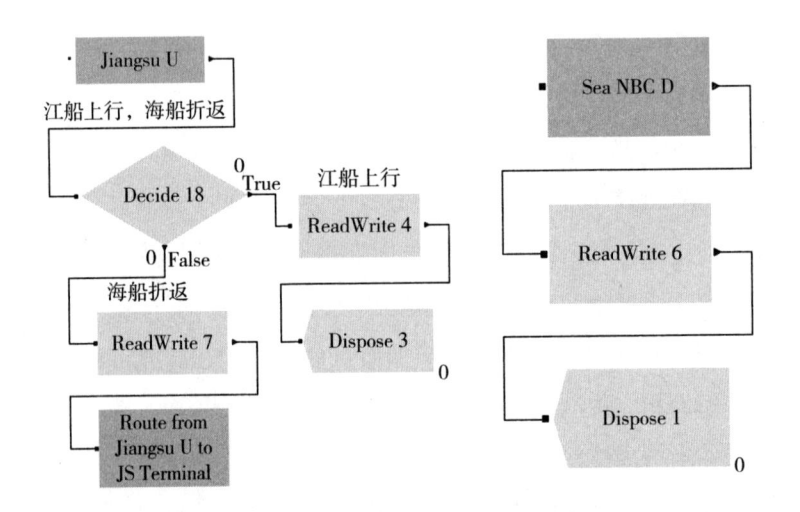

图 17.11　数据统计模块仿真模型

第 18 章　长江口航道适应性指标体系构建

长江口航道系统是一个典型的排队服务系统,即航道是服务台,船舶是服务台的顾客,长江口航道适应性就是航道服务系统性能指标的合理性。

第一节　航道适应性概念

关于航道适应性评价,一般从多个角度,考虑多个量化指标,结合航道地理位置、发挥的作用,综合分析确定。

刘敬贤在《大型海港进港主航道通过能力及交通组织模式研究》中选取航速、通过能力、航道饱和度等指标,作为划分航道服务水平的评价指标,并提出了"服务水平"和"服务等级"的划分标准;吴丹在《基于系统仿真的港口航道通过能力研究》选取了航道利用率、船舶平均等待时间等指标用于评价航道服务水平;杨兴晏《长江口航道通过能力的评价与预测研究》则选取了航道利用率和平均等待时间两个指标进行评价;李云斌《天津港主航道通过能力饱和度评价和预测研究》提出了等待时间、排队队长、等待概率等参数描述航道饱和情况。

本研究认为"航道适应性"是指在一定的经济社会与技术条件下航道的通航能力或者服务能力满足船舶通航需求的合理程度,是航道等级与尺度、通航保证率、航道利用率、航道服务水平等方面的总和。

影响航道适应性的主要因素有:航道条件、船舶交通流特征、航道船舶通航规则(船舶通航服务或管理)、通航环境等。

①航道条件是决定航道通航能力或服务能力的关键因素,包括航道等级、航道水深、航道宽度、航道弯曲度、航道交汇、航道通航时间、导助航设施,以及碍航物、浅滩、禁航区分布情况等,是评价航道适应性的供给侧因素。

②船舶交通流包括通行船舶种类、船舶吨级、船舶尺度、船舶流量、航速,以及船舶航行习惯和行为策略等方面,其是航道系统服务的对象,满足船舶航行需求是评价航道适应性的需求侧因素。

③航道船舶通航规则主要是从船舶安全航行的角度,对航道服务和船舶航行提出安全监管要求,是考虑航道供需平衡、满足社会公共需求的重要影响因素。

④航道通航环境条件,一方面包括潮汐、风、海浪、雾等自然因素,另一方面包括航道内渔船等特殊作业活动,对航道通航能力有重要的不利影响,是限制性因素。

第二节　航道适应性评价指标的选择

根据随机排队服务系统理论,衡量服务系统性能指标主要有服务台占用率或利用率、顾客平均等待时间和排队长度等,其中利用率是主要指标。因此，本课题把航道利用率作为研究航道适应性的主要指标，船舶平均等待时间和排队长度两个指标作为辅助指标。这三个指标的定义如下。

一、航道利用率

航道利用率是反映航道繁忙程度的一个指标，一般用航道断面利用率表示。航道断面利用率与通过该断面的船舶艘数、船舶长度、航速、安全距离及航道年运营时间有关，其定义为：

$$\rho = N \times \frac{L+D}{V} \div T \qquad (18\text{-}1)$$

式中：ρ 为航道利用率；

N 为年通过该航道断面的船舶数量；

L 为平均船舶长度；

D 为航道内同向两船间的安全距离，根据通航管理规则和船舶安全领域要求确定；

V 为船舶航速，根据通航管理规则确定的最低和最高限速范围随机分布；

T 为航道年运营时间，每年365天中扣除气象、人工干预等不能通航的时间，根据长江口航道实际运行情况取值。

二、船舶平均等待时间

船舶平均等待时间是航道系统内所有通航船舶平均等待时间，包括船舶等待航道（包括管制、放行、安全间距等）的时间，等待潮汐的时间等。本仿真系统分别记录所有船舶在各环节的等待时间，并累计各等待时间，分别求出平均值。尤其是船舶平均等待航道时间，是评价航道适应性或航道系统服务水平的一项重要参考指标，同时，也是计算航道治理工程经济效益的依据。

三、船舶平均排队长度

船舶平均排队长度是评价航道系统服务水平的一项指标，船舶平均排队越长，航道系统服务水平越低，反之亦然。本仿真系统中记录各类船舶的排队长度，可以作为测算船舶平均等待损失的依据。

第三节 航道适应性评价

一、航道利用率评价

把航道利用率作为航道适应性评价主要指标，主要考虑：

一是航道利用率偏低，说明航道资源利用不充分。一种情形是说明航道资源闲置多，船舶等待时间少，航道服务水平过高，总体上不佳（资源利用不充分）；另一种情形可能是航道资源与船舶需求不匹配，航道资源无法充分利用，如航道不满足船舶通航水深需求而无法通行，导致船舶等待时间长，或者航道通行效率低（如航速慢、船舶在航道中需要规避障碍、规避非运营船舶等等），这也是最不利的。

二是航道利用率偏高，说明航道资源利用是充分的，但船舶等待时间会增加，导致航道服务水平降低，总体上也不利。

三是航道利用率处于合理状态时，航道资源得到有效利用，船舶等待时间适当，航道服务水平和船舶需求相匹配、相适应，经济上总体有利。日本学者根据大量的实际观测和研究，认为航道的利用率在 0.5～0.6 比较合适。

因此，航道利用率过高或过低均不经济，或是船舶等待时间过长，或是航道资源没有得到有效利用，都说明航道处于"不合理"状态。只有当航道利用率处于合理水平时，才说明航道利用处于合理状态，称之为"适应"状态，即航道资源与通行效率处于均衡状态。

根据排队理论，服务台合理利用率主要与顾客到达模式、服务台数量、服务台闲置损失与顾客等待损失的比值等三个因素密切相关。一般而言，顾客到达越均衡，服务台合理利用率越高，反之亦然；服务台数量越多，服务台合理利用率越高，反之亦然；服务台闲置损失与顾客等待损失比值越大，服务台合理利用率越高，反之亦然。对于长江口航道服务系统而言，北槽航道是双向单航道，属单服务台系统，而且由于存在超宽船舶通航，北槽航道实质上是一个有条件的双向单航道，故北槽航道是有条件的单服务台系统，因而北槽航道的合理利用率相对正常通航双向航道的合理利用率要更低；同时，北槽航道通航大型船舶，特别是邮轮和集装箱班轮，对时间较为敏感，北槽航道的合理利用率应该再低一些。相对而言，南槽航道较宽阔，可看成是双向"四车道"或"六车道"航道系统，属多服务台系统，其航道合理利用率可以相对高一些。

从公路服务水平看，我国《公路工程技术标准》（JTB B01-2003）以交通流状态为主要指标 v/c（相当于通行能力利用率）或车辆密度，把高速公路、一级公路服务水平划分为四级，以说明公路交通负荷状况，定性地描述交通流从自由流、稳定流到饱和流及强制流的变化阶段。公路对应一级服务水平最好，行驶车辆不受或基本不受交通流中其他车辆的影响，交通流处于自由流状态，为驾驶者和乘客提供的舒适便利程度高；二级服务水平较好，行车速度的自由度受到一定限制，车辆间的相互干扰较大，开始出现车队，为驾驶者提供的舒适便利程度下降；三级服务水平较差，出现交通拥挤，服务水平显著下降，行车延误的车辆达到80%，所受的限制已达到驾驶者所允许的最低限度；四级服务水平很差，车流会出现走走停停的状态。我国高速和一级公路四级服务水平划分标准，如表18.1和表18.2所示。

表18.1 高速公路服务水平分级表

服务水平等级	密度	设计速度（120km/h）			设计速度（100km/h）			设计速度（80km/h）		
		车速 km/h	V/C	最大服务交通量	车速 km/h	V/C	最大服务交通量	车速 km/h	V/C	最大服务交通量
一	≤7	≥109	0.34	750	≥96	0.33	700	≥78	0.3	600
二	≤18	≥90	0.74	1600	≥79	0.67	1400	≥66	0.6	1200
三	≤25	≥78	0.88	1950	≥71	0.86	1800	≥62	0.78	1550
四	≤45	≥48	接近1.0	<2200	≥47	接近1.00	<2100	≥45	接近1.00	<2000
	>45	<48	>1.0	0~2200	<47	>1.0	0~2100	<45	>1.0	0~2000

注：密度为小客车数量/小时/车道；V/C是在理想条件下，最大服务交通量与基本通行能力之比。基本通行能力是四级服务水平上半部的最大小时交通量。

表18.2 一级公路服务水平分级表

服务水平	密度（小客车辆/km/h）	设计速度100km/h			设计速度80km/h			设计速度60km/h		
		速度 km/h	V/C	最大服务交通量	速度 km/h	V/C	最大服务交通量	速度 km/h	V/C	最大服务交通量
一	≤7	≥92	0.32	650	≥75	0.29	500	≥57	0.25	400
二	≤18	≥73	0.65	1300	≥60	0.61	1100	≥50	0.56	900
三	≤25	≥68	0.85	1700	≥56	0.78	1400	≥47	0.72	1150
四	≤40	≥50	接近1.00	<2000	≥46	接近1.00	<1800	≥40	接近1.00	<1600
	>40	<50	>1.0	0~2000	<46	>1.0	0~1800	<40	>1.0	0~1600

注：同表18.1。

由表18.1和表18.2可见，高速公路和一级公路在一级服务水平下，其v/c（利用率）变化范围为0.25~0.34；在二级服务水平下，其v/c变化范围为

0.56～0.74；在三级服务水平下，其 v/c 变化范围为 0.72～0.88；在四级服务水平下，其 v/c 接近或大于 1.0。当公路等级和设计速度越高，其 v/c（利用率）取值越大，反之亦然；服务等级下降，其 v/c（利用率）取值变大，在二级服务水平下，其 v/c（利用率）取值约 60%～70%。超过 70% 公路服务水平已变差，超过 85% 服务水平已很差。

再从美国道路服务水平看，美国把道路服务水平分为六个等级：① A 级：开流畅通，平均车速大于 48km/h，交通量小于道路通行能力的 60%。② B 级：车流稳定，稍有延迟，平均车速大于 40km/h，交通量接近道路通行能力的 70%。③ C 级：车流稳定，有延迟，平均车速大于 32km/h，交通量接近道路通行能力的 80%。④ D 级：车流不大稳定，延迟尚可忍受，平均车速大于 24km/h，交通量接近道路通行能力的 90%。⑤ E 级：车流不稳定，延迟不能忍受，平均车速降到 24km/h，交通量接近道路通行能力。⑥ F 级：交通阻塞，平均车速小于 24km/h，交通量可能超过道路通行能力，但已没有意义。由此可见，美国服务水平划分标准基本与我国相当。

再从港口泊位合理利用率看，根据交通运输部《港口工程技术规范》对泊位利用率的取值参考，见表 18.3。

表18.3　　　　　海港分货类分泊位利用率取值范围

泊位数量	煤炭			件杂货			散粮		
	1	2～3	≥～	1	2～3	≥～	1	2～3	≥～
进口	0.56～0.60	0.57～0.70	0.60～0.75	0.57～0.65	0.60～0.70	0.64～0.75	0.47～0.50	0.64～0.70	0.65～0.70
出口	0.58～0.63	0.60～0.65	0.65～0.75						

由表 18.3 可见，港口码头服务货种和进出口方向的不同，泊位合理利用率的取值不同，泊位通用性越高，泊位合理利用率取值增加；泊位数量不同，泊位合理利用率的取值不同，泊位数增加，泊位合理利用率取值增加，当仅 1 个泊位时，取值低至 47%，当大于 4 个泊位时，取值可高至 75%，相差约 28%。

通常，泊位数与泊位合理利用率的变化关系，可由下式给出：

$$(s-1)\cdot \rho_{s-1}\cdot K_{s-1} - s\cdot \rho_s \cdot K_s > \frac{C_b}{C_s} > s\cdot \rho_s \cdot K_s - (s+1)\cdot \rho_{s+1}\cdot K_{s+1} \quad (18\text{-}2)$$

式中：s 代表码头泊位数；

K_s、K_{s+1}、K_{s-1} 分别代表码头有 S、$S+1$ 和 $S-1$ 个泊位数时，船舶的排队时间与服务时间之比值；

ρ_s、ρ_{s+1} 和 ρ_{s-1} 分别代表码头有 S、$S+1$ 和 $S-1$ 个泊位数时，泊位利用率；

C_s 代表到港船舶平均每艘天费用；

C_b 代表每泊位天营运费用。

根据泊位数与泊位合理利用率关系的表达式，可绘制成图 18.1。

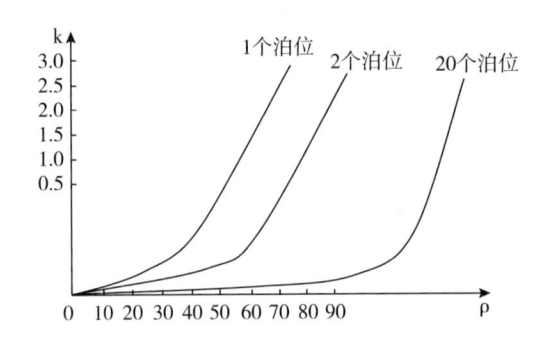

图 18.1　k 与 ρ 之关系图

由图 18.1 可见，①在相等的船舶待泊时间的条件下，所允许的泊位利用率随泊位数的增加而增大。如当港口只有一个泊位且泊位利用率为 50% 时，到港船舶的平均待泊时间与船舶平均占用泊位的时间相等；而当港口有 20 个泊位时，及时泊位利用率达到 90%，其船舶平均待泊时间也只有船舶平均占用泊位时间的 1/3 左右。②当港口泊位数一定时，其船舶平均待泊时间随泊位利用率的增大而增加，而且，泊位利用率愈大，则船舶平均待泊时间增加愈快；当泊位利用率达到某一定值后，便急剧增加；如当一个泊位时，其合理利用率约 40%，当有 2 个泊位时，其合理泊位利用率可达 60% 以上；因此，泊位利用率不允许达到相当高的程度，尤其是泊位数少时，合理泊位利用率则要低些；而当泊位数多时，合理泊位利用率可以高些。

综上所述，无论从公路还是港口看，均没有采用"适应性"这个指标，但是，我们可以借鉴公路、港口合理利用分级标准。

首先，从表 18.3 海港货类分泊位利用率取值范围看，"泊位利用率取值"，实质是"合理泊位利用率"。若实际利用小于此取值，表明泊位利用较不充分，社会总体不利；若实际大于此取值，表明泊位较繁忙，船舶等待时间增长，社会总体也不利。

其次，从公路分级利用看，当公路处于"一级"服务水平即能力利用率小于 0.3 时，其服务水平高对顾客有利，但可能公路处于资源没有得到有效利用，即存在通行服务高，但公路资源相对过剩，交通流过低，就是"不适应"即利用不充分；当公路处于"二级"服务水平即能力利用率在 0.6 左右时，公路处于合理状态，就是"适应性状态"。当公路处于"四级"服务水平即能力利用率大于 0.75 以上，公路能力紧张，能力不足，就是"不适应性状态"。

第三，考虑航道船舶航行速度大幅低于公路，其船舶交通流的利用率分级标准可能还要低一些。

因此，经综合分析研讨和计算，确定长江口航道适应性的评价标准，初步如表 18.4 示。

表18.4　　　　　长江口航道适应性——航道利用率标准

	利用不充分利用太低	基本适应利用较低	适应	基本适应利用较高	不适应利用偏高	极不适应
北槽航道利用率	30% 以下	30%~45%	45%~55%	55%~60%	60%~70%	70% 以上
北港航道利用率	30% 以下	30%~50%	50%~55%	55%~60%	60%~70%	70% 以上
南槽、南港航道利用率	35%	35%~50%	50%~60%	60%~70%	70%~75%	75% 以上

通过对北槽不同时段船舶流量的分析，每天都会有一个相对高峰期（船舶流量不均衡），高峰期（或重要时段）航道利用率是平均航道利用率的 1.3~1.5 倍，这也就意味着当航道平均利用率达到 60%~70% 时，高峰时段航道利用率将接近 100%，航道通行效率明显降低。

二、航道服务水平评价

为了便于理解随机服务系统合理利用率或前述航道适应性评价标准，本报告类似于公路服务水平评价引入了航道"服务水平"的概念，但由于航道中服务对象——船舶航行的特征与公路服务对象——车辆行驶的特性不同，因而尚不能完全照搬公路服务水平的评价标准。

1. 概念

服务水平是对基础设施通行能力的特定评价，在道路工程中已有较为成熟的应用，但在航道工程中尚属探讨阶段。结合道路服务水平的概念与航道运行特点，这里将航道服务水平定义为船舶在航道中运行时所能感受的质量量度（航行速度），或是航道运行过程中能够提供船舶高质量通过能力的程度（船舶通过量）。

航道的服务水平有两层含义：一是航道设计服务水平，是指航道设计通过能力满足船舶通行需求的程度。它主要用于航道的规划与设计阶段，根据不同的船舶通行需求确定航道的建设规模及设计通过能力。二是指航道的运行服务水平，这是航道运行质量的评价指标，它随着船舶交通流的变化而变化，在不同的船舶交通流下可以发挥出不同的运行服务水平。

2. 航道服务水平等级

（1）分级指标的选取

按照交通设施类型分类，航道属于连续（非间断）交通流，类似于道路交通中高速公路基本路段，因此可借鉴该类型道路服务水平的划分标准。不过，鉴于水运和道路交通相比有其自身特点，在分析过程中不能简单地照搬道路服务水平的方法和标准。

根据道路交通流服务水平的划分思想，航道服务水平与服务交通量密切相关，不同的服务水平允许通过的交通量不同：服务水平等级高的航道船速快，船舶行驶的自由度大，舒适与安全性好，但其相应的服务交通量小；反之，允许的服务交通量大，则服务水平等级就低。因此，在考虑航道服务水平划分指标时有多种选择，如：航行速度（密度）、船舶行驶的自由度（通畅性）、交通受阻（时间延误）以及经济性（行驶费用）等。

但就航道而言，难以全面考虑和综合上述诸因素，从各指标数据获得的难易程度和可操作性角度出发，考虑选取航道中常用的航道畅通度作为航道服务水平的分级指标。航道畅通度可以反映出航道中船舶航行速度和时间延误：航道畅通度越高，船舶在航道航行的速度就越高，时间延误也越少，航道服务水平就越高。同时，考虑到航道的到船资料一般以日为时间单位进行统计，因此，航道服务水平分级指标的选取也主要以日到船特性为基础进行分析研究。

（2）设计服务水平划分

航道设计服务水平反映航道设计通过能力满足船舶通行需求的程度，设计服务水平越高，对航道设计通过能力的要求就越高，相同船舶交通流量在航道中的畅通度就越高。设计服务水平的划分首先要确定设计服务水平系数，参考道路交通中根据不同车流密度之间的关系得到服务水平系数，它在设计通行能力计算中相当于一个折扣系数。同样，在航道通过能力计算公式中，船舶到达不均衡系数也可认为是考虑了船舶交通流量的不均衡性而对航道通过能力打的折扣。因此，可对船舶到达不均衡系数进行拓展和延伸，以此来确定航道的设计服务水平系数。其方法是将统计年中航道上下行船舶的日到船量从大到小排列，按照船舶交通流中时间保证率的概念，取排序在第 1，7，30 和 182 日的船舶流量为航道的日到船特征量，其对应的时间保证率 100%，98%，92%，50% 为航道的畅通度，定义日到船不均衡系数为不同时间保证率所对应的日到船特征量偏离年平均状态的程度：

$$\beta_i = A_i / A_a \qquad (18\text{-}3)$$

式中：β_i 为日到船不均衡系数；

A_i 为保证率为 i 时的日到船量；

A_a 为保证率为 50% 时的日到船特征量。

如根据 2018 年长江口北槽航道上行船舶日统计资料，可知 A_i 分别为 191 艘、152 艘、142 艘、109 艘，即 β_i 分别为 1.753、1.394、1.303 和 1.0。

在航道通过能力研究方法连续一致的前提下，将航道服务水平系数 k_i 定义为：

$$k_i = 1/\beta_i \tag{18-4}$$

据此可得到长江口北槽航道上行航道服务水平系数 k_i 分别为 0.569、0.717、0.767 和 1.0；下行航道服务水平系数 k_i 分别为 0.627、0.697、0.758 和 1.0。

另一方面，由于航道日到船近似服从正态分布，根据函数性质，航道在不同保证率下的日到船舶数量可表示为：

$$A_i = \mu + \sigma \cdot \varnothing^{-1}(i) \tag{18-5}$$

式中：μ 为正态分布的均值，即 $\mu = A\alpha$；σ 为正态分布的均方差；为各级服务水平的通过能力保证率；$\varnothing^{-1}(i)$ 为标准正态分布的反函数，可查正态分布表得到。从而，式（18-3）可进一步写为：

$$k_i = \frac{1}{1 + \dfrac{\sigma}{\mu}\varnothing^{-1}(i)} \tag{18-6}$$

式中符号意义同前。

由上述分析可见，航道服务水平计算的关键是确定航道的日到船特征量，如果航道有至少完整一年的日到船资料，则按式（18-3）和式（18-4）计算；如果缺乏完整的到船资料，则可按式（18-5）和式（18-6）计算，其中的参数 μ 与 σ 可通过抽样调查确定。

据此，可将长江口北槽航道设计服务水平从高到低分为四级，划分标准见表 18.5。

表18.5　　长江口航道适应性——设计服务水平等级划分标准

设计服务水平	航道畅通度（%）	设计服务水平系数 上行	设计服务水平系数 下行	日设计通过能力
一级	100	0.569	0.627	满足最大日船舶通过量
二级	98	0.717	0.697	满足最大周船舶通过量
三级	92	0.767	0.758	满足最大月船舶通过量
四级	50	1	1	满足年平均船舶通过量

航道设计服务水平反映了航道设计通过能力满足船舶通过量的需求程度，设计服务水平越高，对航道设计通过能力的要求就越高，相同船舶流量在航道中的畅通度也就越高。在航道设计或设计通过能力计算中，可根据所需要的设计服务水平，选取相应的服务水平系数来确定航道的设计通过能力。

（3）运行服务水平划分

航道在实际运行中，日到船量是可变的，因此对应于一定设计通过能力的航道，在不同的到船条件下，航道服务的质量是不同的。航道服务质量用运行服务水平来进行评价。

航道运行服务水平反映的是在某种航道条件下船舶的运行质量，是依照道路服务水平、船闸服务水平采用的一种衡量航道服务质量的标准。确定航道服务水平是为说明航道交通负荷状况，以船舶交通流状态划分条件，描述船舶交通流从自由流、稳定流到饱和流、强制流的变化阶段，以便于客观评价航道内船舶交通运行质量。根据船舶交通流的状态，将航道服务水平划分为4个等级，分别为畅行流、强稳定流、稳定流、强制流，分别对应1级服务水平、2级服务水平、3级服务水平和4级服务水平。

1级服务水平：船舶流处于自由流状态，航道上的船舶交通量很少，船舶领域安全区域较大，船舶间不存在干扰，船舶驾驶员可以自由地以期望的畅行船速行驶。

2级服务水平：船舶流处于强稳定流状态，船舶驾驶员虽然不能以任意的速度行驶，但仍有一定的自由空间，其驾驶自由度受到一定限制，船舶能以稳定的速度行驶。

3级服务水平：船舶流处于稳定流状态，船舶驾驶员不能以任意的速度行驶，其驾驶自由度受到较大的限制，但单位时间内通过航道上的船舶流量尚未达到最大交通量，船舶仍能以稳定的速度行驶。

4级服务水平：船舶流处于不稳定流状态，单位时间内通过航道上的船舶接近或已达到通过能力的上限值。

运行服务水平系数定义为航道实际通过量和设计通行能力的比值，它是确定航道运行状况的重要参数，也是检验航道是否会发生交通拥挤的衡量标准。运行服务水平系数的计算公式如下：

$$\rho = \frac{W_s}{W_d} \quad (18\text{-}7)$$

其中：β是运行服务水平系数；

W_s为航道实际船舶通过量（艘数）；

W_d是航道设计通行能力，其计算公式为：

$$W_d = S \cdot Q_{max} \cdot T \cdot \beta_1 \cdot \beta_2 \cdot \beta_3 \cdot \beta_4 \cdot k_i \quad (18\text{-}8)$$

式中：Q_{max}为航道最大船舶流量（艘/h）；

S为航道断面允许并列航行的船舶数，如北槽取1；

T为航道年通航时间（h），取7920；

β_1为船舶交会等引起的航速损失系数，取0.8；

β_2为航道通航保证率，取0.98；

β_3为驾驶员条件的修正系数，取1.0；

β_4为夜航系数，取1.0；

k_i为设计服务水平系数，按公式（18-4）或（18-6）取值。

参照道路工程中对道路运行状况的评价标准，初定航道各级运行服务水平系数见表18.6，该系数根据航道情况还可验证与调整。

表18.6　　长江口航道适应性——运行服务水平划分标准

运行服务水平等级	一级	二级	三级	四级
运行服务水平系数	0.5~0.6	0.6~0.7	0.7~0.8	0.8~1.0

第 19 章 长江口航道适应性分析

根据长江口航道现状及面临的形势要求，同时考虑南槽航道是否进一步浚深（到6米、7米和8米）、北港通航是否开通（或开通并浚深到6米、6.5米和7米）和北港航道开通后分流长江江苏（与北方沿海交流量）以上船舶不同比例的流量以及LNG船舶分流等，可以设置多种工况进行各方案分析。下面重点分析四组方案。

①基础方案组：即长江口航道在2025年、2035年内无航道整治工程项目，各航道维持现有通航条件。其中取2018年、2025年和2035年三个水平年运输需求方案，分别称为2018年基础方案、2025年基础方案和2035年基础方案。

②A方案组：即只建设南槽航道8米整治工程，仅将南槽航道水深由6米增加到8米，其他航道维持现状不变。其中取2025年、2035年两个水平年运输需求方案。

③B方案组：即只建设北港航道7米工程，仅开通北港航道并使其水深达7米，北方沿海到江苏及以上的海船比例100%分流北港，其他航道维持现状不变。其中取2025年、2035年两个水平年运输需求方案。

④C方案组：即先后建设南槽8米工程和北港7米工程（北港分流北方沿海与江苏及以上港口交流量），其他航道维持现状不变。其中取2025年、2035年两个水平年运输需求方案。

第一节　航道利用率评价

（1）基础方案组仿真实验结果及分析

基础方案组中2018年基础方案、2025年基础方案、2035年基础方案三个方案的仿真实验结果，分别见表19.1、表19.2和表19.3。

表19.1　　　　2018年基础方案仿真实验结果

断面	全年船舶流量（艘） 上行	下行	合计	全年货运量（亿吨） 上行	上行	合计	断面利用率（%） 上行	上行
北槽断面	34445	30816	65261	6.94	5.09	12.03	42.8	38.2
南槽断面	74610	78315	152925	1.13	1.46	2.59	—	—
航道1	37572	39369	76941	—	—	—	51.9	49.3
航道2	37038	38946	75984	—	—	—	51.0	48.8
南港断面	109052	109149	218201	8.07	1.46	9.53	—	—
航道1	36620	36353	72973	—	—	—	54.3	49.3
航道2	36305	36622	72927	—	—	—	53.9	49.7
航道3	36127	36174	72301	—	—	—	53.7	49.0
北港断面	—	—	—	—	—	—	—	—

根据表18.4标准，2018年长江口航道总体处于适应状态。

表19.2　　　　2025年基础方案仿真实验结果

断面	全年船舶流量（艘） 上行	下行	合计	全年货运量（亿吨） 上行	上行	合计	断面利用率（%） 上行	上行
北槽断面	53887	49632	103519	9.31	7.16	16.47	66.8	61.4
南槽断面	72477	76826	149303	0.99	1.35	2.34	—	—

续表

断面	全年船舶流量（艘）			全年货运量（亿吨）			断面利用率（%）	
	上行	下行	合计	上行	上行	合计	上行	上行
航道 1	36093	38448	74541	—	—	—	49.5	48.1
航道 2	36384	38378	74762	—	—	—	50.2	47.9
南港断面	126395	126454	252849	10.30	1.35	11.65	—	—
航道 1	41962	42278	84240	—	—	—	61.4	56.5
航道 2	41968	42156	84124	—	—	—	61.4	56.4
航道 3	42465	42020	84485	—	—	—	62.2	56.2
北港断面	—	—	—	—	—	—	—	—

根据表 18.4 标准，北槽航道处于不适应状态，尤其是北槽上行能力较为紧张，南槽处于适应状态，南港处于基本适应状态。

表19.3　　　　　　　　2035年基础方案仿真实验结果

断面	全年船舶流量（艘）			全年货运量（亿吨）			断面利用率（%）	
	上行	下行	合计	上行	上行	合计	上行	上行
北槽断面	69296	64318	133614	11.26	8.80	20.06	85.8	79.6
南槽断面	73647	78714	152361	1.02	1.42	2.44	—	—
航道 1	36644	39428	76072	—	—	—	50.3	49.3
航道 2	37003	39286	76289	—	—	—	50.9	49.1
南港断面	142965	143185	286150	12.28	1.42	13.70	—	—
航道 1	47934	47734	95668	—	—	—	69.7	63.5
航道 2	47608	47730	95338	—	—	—	69.1	63.5
航道 3	47423	47721	95144	—	—	—	69.1	63.4
北港断面	—	—	—	—	—	—	—	—

根据表 18.4 标准，北槽航道处于极不适应状态，南槽处于适应状态，南港航道接近不适应状态。

（2）A 方案组仿真实验结果及分析

A 方案组 2025 年 A 方案、2035 年 A 方案的仿真实验结果，分别见表 19.4 和表 19.5。

表19.4　　　　　　　　　2025年A方案仿真实验结果

断面	全年船舶流量（艘） 上行	下行	合计	全年货运量（亿吨） 上行	上行	合计	断面利用率 上行	上行
北槽断面	36840	32138	68978	8.55	6.34	14.89	46.0	40.1
南槽断面	88657	93391	182048	1.81	2.18	3.99	—	—
航道1	44411	46706	91117	—	—	—	61.2	58.6
航道2	44246	46685	90931	—	—	—	61.2	58.5
南港断面	125499	125598	251097	10.36	2.18	12.54	—	—
航道1	41712	42060	83772	—	—	—	62.2	57.3
航道2	41916	41904	83820	—	—	—	62.5	57.1
航道3	41871	41634	83505	—	—	—	62.4	56.7
北港断面	—	—	—	—	—	—	—	—

2025年前长江口航道仅有南槽航道水深从6米提高到8米项目，根据表18.4标准，北槽航道处于适应状态，南槽、南港航道均处于基本适应状态。即在2025年前仅有南槽航道水深从6米提高到8米工程，可基本满足2025年长江口航道需求。

表19.5　　　　　　　　　2035年A方案仿真实验结果

断面	全年船舶流量（艘） 上行	下行	合计	全年货运量（亿吨） 上行	上行	合计	断面利用率（%） 上行	上行
北槽断面	45972	40726	86698	10.05	7.52	17.56	57.3%	50.7%
南槽断面	96200	101523	197723	2.19	2.61	4.79	—	—
航道1	47749	50782	98531	—	—	—	66.1%	63.8%
航道2	48451	50741	99192	—	—	—	67.0%	63.8%
南港断面	142215	142299	284514	12.23	2.61	14.84	—	—
航道1	47476	47426	94902	—	—	—	70.4%	64.4%
航道2	47468	47421	94889	—	—	—	70.7%	64.6%
航道3	47271	47452	94723	—	—	—	70.5%	64.5%
北港断面	—	—	—	—	—	—	—	—

在2035年前长江口航道仅将南槽航道水深从6米提高到8米项目，则南港航道处于不适应状态，北槽、南槽航道均处于基本适应状态。这表明在

2035年前仅有南槽航道水深从6米提高到8米工程，不能满足2035年长江口航道需求。

（3）B方案组仿真实验结果及分析

B方案组2025年B方案、2035年B方案的仿真实验结果分别见表19.6和表19.7。

表19.6　　　　　2025年B方案仿真实验结果

断面	全年船舶流量（艘）			全年货运量（亿吨）			断面利用率（%）	
	上行	下行	合计	上行	上行	合计	上行	上行
北槽断面	51810	47618	99428	9.26	7.06	16.32	64.3	59.0
南槽断面	61897	66621	128518	0.83	1.21	2.04	—	—
航道1	31120	33204	64324	—	—	—	42.6	41.7
航道2	30777	33417	64194	—	—	—	42.1	42.1
南港断面	113734	114257	227991	10.09	1.21	11.30	—	—
航道1	37602	38198	75800	—	—	—	54.7	51.3
航道2	38095	38315	76410	—	—	—	55.5	51.5
航道3	38037	37744	75781	—	—	—	55.4	50.7
北港断面	12088	11593	23681	0.22	0.20	0.42	16.8	15.2

注：北港不考虑通行LNG运输船舶。

表19.7　　　　　2035年B方案仿真实验结果

断面	全年船舶流量（艘）			全年货运量（亿吨）			断面利用率	
	上行	下行	合计	上行	上行	合计	上行	上行
北槽断面	66942	62536	129478	11.04	8.73	19.77	82.9	77.4
南槽断面	63007	68199	131206	0.86	1.25	2.11	—	—
航道1	31509	34210	65719	—	—	—	43.2	43.1
航道2	31498	33989	65487	—	—	—	43.2	42.8
南港断面	129963	130793	260756	11.90	1.25	13.15	—	—
航道1	43434	43783	87217	—	—	—	62.9	58.5
航道2	43223	43756	86979	—	—	—	62.5	58.5
航道3	43306	43254	86560	—	—	—	62.7	57.8
北港断面	12774	12007	24781	0.24	0.21	0.45	17.8	15.7

注：北港不考虑通行LNG运输船舶。

在 2025 年前仅开通北港水深 7 米航道情况下，根据表 18.4，北槽航道处于基本适应状态，南槽、南港处于适应状态，北港航道在不考虑通行 LNG 船舶的情况下利用率不高。这表明在 2025 年前仅开通北港航道 7 米工程，可基本满足 2025 年长江口航道需求。

在 2035 年前长江口航道仅开通北港水深 7 米航道，根据表 18.4，北槽航道处于极不适应状态，南港航道处于基本适应状态，南槽航道处于适应状态，北港航道在不考虑通行 LNG 船舶的情况下利用率不高。这表明在 2035 年前仅开通北港航道 7 米工程，不能满足 2035 年长江口航道需求。

（4）C 方案组仿真实验结果及分析

C 方案组 2025 年 C 方案、2035 年 C 方案仿真实验结果分别见表 19.8 和表 19.9。

表19.8　　　　　　　　2025年C方案仿真实验结果

断面	全年船舶流量（艘）			全年货运量（亿吨）			断面利用率（%）	
	上行	下行	合计	上行	上行	合计	上行	上行
北槽断面	37091	32597	69688	8.56	6.36	14.92	46.3	40.6
南槽断面	77359	82418	159777	1.63	2.02	3.65	—	—
航道 1	38695	41143	79838	—	—	—	53.2	51.9
航道 2	38664	41275	79939	—	—	—	53.1	52.0
南港断面	114431	115054	229485	10.19	2.02	12.20	—	—
航道 1	38242	38387	76629	—	—	—	56.6	52.4
航道 2	38263	38489	76752	—	—	—	56.6	52.6
航道 3	37926	38178	76104	—	—	—	56.3	52.0
北港断面	12196	11640	23836	0.22	0.20	0.42	17.1	15.5

在 2025 年前长江口航道先后将南槽航道水深从 6 米提高到 8 米、开通北港水深 7 米航道，根据表 18.4，北槽航道处于适应状态，南港、南槽处于适应状态，北港航道在不考虑通行 LNG 船舶的情况下利用率不高。这表明在 2025 年前有此两项工程完工，能较好满足 2025 年长江口航道需求，且北港航

道有一定富余能力，可供 LNG 运输船舶通行。

表19.9　　　　　　　　　2035年C方案仿真实验结果

断面	全年船舶流量（艘）			全年货运量（亿吨）			断面利用率（%）	
	上行	下行	合计	上行	上行	合计	上行	上行
北槽断面	46122	40742	86864	10.09	7.56	17.65	57.5	50.8
南槽断面	84152	90095	174247	1.99	2.45	4.44	—	—
航道 1	42187	45001	87188	—	—	—	57.9	56.7
航道 2	41965	45094	87059	—	—	—	57.7	56.8
南港断面	130263	130953	261216	12.08	2.45	14.53	—	—
航道 1	43317	43568	86885	—	—	—	63.9	59.3
航道 2	43970	43834	87804	—	—	—	64.9	59.6
航道 3	42976	43551	86527	—	—	—	63.5	59.1
北港断面	12911	12206	25117	0.24	0.22	0.46	18.0	16.2

在 2035 年前长江口航道先后将南槽航道水深从 6 米提高到 8 米和开通北港水深 7 米航道，根据表 18.4，北槽航道处于基本适应状态，南港处于基本适应状态，南槽处于适应状态，北港航道在不考虑通行 LNG 船舶情况下有一定能力富余。这表明在 2035 年前有此两项工程完工，能基本满足 2035 年长江口航道需求，且北港航道有一定富余能力，可供 LNG 运输船舶通行。

第二节　航道服务水平评价

长江口各航道服务水平系数和服务水平等级，见表 19.10。

①北槽航道现状服务水平为二级和三级；在基础方案情况下，处于四级服务水平；B 方案情况下，2025 年处于二级、三级服务水平，2035 年处于四

级服务水平；A方案情况下，2025年、2035年航道服务水平均为四级。C方案情况下，航道服务水平在2025年处于二级、三级服务水平，2035年处于四级服务水平。

②南槽航道现状服务水平为三级和四级；基础方案情况下，处于三级和四级服务水平；B方案情形下，2025年、2035年均为四级；A方案情形下，2025年、2035年服务水平均为一级；C方案情形下，2025年为一级，2035年为二级服务水平。

③南港航道现状服务水平为三级，在基础方案情形下，2025年、2035年均为四级服务水平；B方案情形下，2025年、2035年为四级服务水平；A方案情形下，2025年为二级，2035年为三级；C方案情形下，2025年为二级，2035年为三级。

表19.10 多场景多工况下长江口航道运行服务水平系数和服务水平等级

航道断面		2018年基础方案		2025年基础方案		2035年基础方案		2025年B方案		2035年B方案		2025年A方案		2035年A方案		2025年C方案		2035年C方案	
		上行	下行	上行	下行	上行	下行	上行	下行	上行	下行	上行	下行	上行	下行	上行	下行	上行	下行
服务水平系数	北槽断面	0.72	0.65	1.13	1.05	1.46	1.37	0.77	0.68	0.98	0.86	1.02	0.94	1.33	1.25	0.77	0.68	0.97	0.86
	南槽断面	0.79	0.84	0.76	0.82	0.77	0.84	0.93	0.99	1.01	1.09	0.41	0.46	0.41	0.47	0.54	0.59	0.60	0.66
	南港断面	0.77	0.77	0.88	0.90	1.01	1.01	0.88	0.89	0.99	1.01	0.62	0.62	0.72	0.73	0.61	0.63	0.72	0.73
	北港断面											0.40	0.41	0.43	0.43	0.41	0.40	0.43	0.43
服务水平等级	北槽断面	三级	二级	四级	四级	四级	三级	二级	四级	四级	四级	四级	四级	四级	四级	三级	二级	四级	四级
	南槽断面	三级	四级	三级	四级	三级	四级	四级	四级	四级	四级	一级	一级	一级	一级	二级	二级	二级	二级
	南港断面	三级	三级	四级	四级	四级	四级	四级	四级	四级	四级	二级	二级	三级	三级	二级	二级	三级	三级
	北港断面											一级	一级	一级	一级	一级	一级	一级	一级

第三节　主要仿真实验结论

通过分析上述仿真实验的结果，可以得出以下结论。

（1）仿真模型的有效性

对比 2018 年长江口北槽、南槽和南港航道仿真结果与实际通行船舶的统计结果，可见仿真结果与实际统计结果基本一致，表明本研究所建立的仿真模型和仿真平台是有效的。

（2）对于长江口航道不实施航道整治工程项目

随着船舶流量增加和船舶大型化构成变化，到 2025 年，长江口北槽航道处于不适应状态，尤其是北槽上行能力较为紧张，南槽处于适应状态，南港处于基本适应状态；到 2035 年，北槽航道处于极不适应状态，南槽处于适应状态，南港航道接近不适应状态。可见，在 2025 年前，长江口航道需要实施航道整治工程。

（3）对于 A 方案组，即长江口航道实施南槽二期整治工程项目

当长江口航道南槽二期整治工程（水深从 6 米提高到 8 米）方案实施后，随着船舶流量增加和船舶大型化构成变化，到 2025 年，长江口北槽航道处于适应状态，南槽、南港航道均处于基本适应状态，这表明实施南槽二期整治工程（水深从 6 米提高到 8 米）方案，可基本满足 2025 年长江口航道需求；到 2035 年，南港航道处于不适应状态，北槽、南槽航道均处于基本适应状态，这表明在 2035 年前仅实施南槽航道二期工程，还不能满足 2035 年长江口航道需求。

（4）对于 B 方案组，即长江口航道实施北港一期整治工程项目

当长江口航道实施北港一期（7米双向单线通航）整治工程，到2025年，北槽航道处于基本适应状态，但上行压力较大，南港航道处于基本适应状态，南槽航道处于适应状态，北港航道在不考虑通行LNG船舶的情况下利用率不高。这表明在2025年前仅开通北港航道7米工程，可基本满足2025年前长江口航道需求。到2035年，北槽航道处于极不适应状态，这表明在2035年前仅开通北港航道7米工程，不能满足2035年前长江口航道需求。

（5）对于C方案组，即长江口航道实施南槽二期（8米）和北港一期（7米）两个整治工程项目

长江口航道实施南槽航道二期（水深从6米提高到8米）和北港航道一期工程（开通7米双向单线通航）两个工程后，到2025年，北槽航道处于适应状态，南港、南槽处于适应状态，航道利用率不高。这表明在2025年前有此两项工程完工，能较好满足2025年长江口航道需求。

到2035年，北槽航道处于基本适应状态，南港处于基本适应状态，南槽处于适应状态。这表明在2035年前有此两项工程完工，能基本满足2035年长江口航道需求。

主要参考文献

[1] 交通运输部规划研究院. 长江下游福姜沙水道 12.5 米深水航道工程建设必要性及效益评价研究报告 [R], 2008

[2] 交通运输部规划研究院. 长江口 12.5 米深水航道向上延伸至南京整治工程经济综合分析 [R], 2010

[3] 交通运输部规划研究院. 长江口深水航道治理工程社会综合效益评估分报告 [R], 2011

[4] 交通运输部规划研究院. 长江口 12.5 米深水航道向上延伸至南京整治工程经济综合分析 [R], 2012

[5] 交通运输部规划研究院. 长江南京以下 12.5 米深水航道二期工程运量预测与经济分析专题研究 [R], 2013

[6] 交通运输部规划研究院. 长江 12.5 米深水航道对沿江港口和产业发展影响及对策研究 [R], 2015

[7] 交通运输部规划研究院. 长江口航道货运量及船舶流量预测研究 [R], 2018

[8] 武汉理工大学, 交通运输部规划研究院. 长江口航道适应性仿真研究 [R], 2018

[9] 交通运输部规划研究院. 长江口南槽航道开发建设必要性分析 [R], 2018

[10] 陈春晖, 聂亚菲. 经济预测与决策试验 [M]. 北京：中国统计出版社, 2011

[11] 蒋志华. 市场调研与预测 [M]. 北京：中国统计出版社, 2003

[12] 王庆. 蒙特卡罗模型在投资项目决策中的开发应用 [J]. 科技和产业, 2009（11）：119-123

[13] 长江口深水航道治理工程概况 [EB/OL]. [2020-08-25]. https://www.cjkhd.com/build1/3/175

[14] 长江南京以下 12.5 米深水航道二期工程开工 [EB/OL].（2015-06-29）[2020-08-25]. http://www.xinhuanet.com//politics/2015-06/29/c_1115757995.htm

[15] 长江南京以下 12.5m 深水航道二期工程竣工验收 [EB/OL].（2019-05-22）[2020-08-25]. https://www.sohu.com/a/315992930_556392

[16] 长江南京以下 12.5 米深水航道一期工程验收 [EB/OL].（2014-07-09）[2020-08-25]. http://www.gov.cn/xinwen/2014-07/09/content_2714683.htm

[17] 长江南京以下 12.5 米深水航道工程开工. [EB/OL].（2012-08-29）[2020-08-25] http://www.chinanews.com/gn/2012/08-29/4142082.shtml

[18] "长三角"跨入"大船大港"新时代 [EB/OL].（2010-03-15）[2020-08-25].https://finance.qq.com/a/20100315/001961.htm

[19] "海轮航江"梦想成真：黄金水道何以产生黄金效益 [EB/OL].（2018-05-08）[2020-08-25]. http://www.tzgcjie.com/shangye/chanjing/21347.html

[20] 国家发展改革委，建设部. 建设项目经济评价方法与参数（第三版）[M]. 北京：中国计划出版社，2006

[21] 国务院关于依托黄金水道 推动长江经济带发展的指导意见 [EB/OL].（2014-09-25）[2020-08-25]. http://www.gov.cn/zhengce/content/2014-09/25/content_9092.htm

[22] 交通运输部规划研究院. 全国沿海港口布局规划研究 [R]，2006

[23] 交通运输部规划研究院. 长江口航道发展规划研究 [R]，2010

[24] [美] 凯尔顿（Kelton W.D.）著，周泓译. 仿真使用 Arena 软件（原书第 3 版）[M]. 北京：机械工业出版社，2007

[25] 刘敬贤. 大型海港进港主航道通过能力及交通组织模式研究 [D]. 武汉：武汉理工大学，2009

[26] 吴丹. 基于系统仿真的港口航道通过能力研究 [D]. 大连：大连理工大学，2007

[27] 杨兴晏，胡世津，孙景龙. 长江口航道通过能力的评价与预测研究 [J]. 港工技术，2016 (4):34-39

[28] 李文正. 长江口南槽航道治理方案展望 [J]. 水运工程，2017 (6):118-125

[29] 温泉，张浩，肖金龙. 长江口航道服务系统仿真与优化 [J]. 水运工程，2018 (12):26-30, 37

[30] 李云斌. 天津港主航道通过能力（饱和度）评价和预测研究 [D]. 武汉：武汉理工大学，2008

[31] 关于《公路工程技术标准》（JTG B01-2003）电子版的说明 [EB/OL]. (2004-03-24) [2020-08-25]. http://xxgk.mot.gov.cn/jigou/glj/201510/t20151015_2979238.html.

[32] 中华人民共和国交通运输部. 公路工程技术标准：JTG B01-2003[S]. 北京：人民交通出版社，2004

[33] 唐（王争）（王争），王彦卿. 公路交通工程标准化综述 [J]. 交通世界，2001 (10):34–37

[34] 刘赛龙；蒋璘晖. 内河航道服务水平及通过能力研究 [J]. 水运工程，2014 (03):134–139

[35] 中华人民共和国交通运输部. 海港总体设计规范：JTS165-2013[S]. 北京：人民交通出版社，2013

[36] Ralf Korn, Elke Korn, Gerald Kroisandt. 金融学和保险学中的蒙特卡罗方法与模型 [M]. 北京：机械工业出版社，2017

[37] 江海峰. 蒙特卡罗模拟与概率统计：基于 SAS 研究 [M]. 合肥：中国科学技术大学出版社，2015

[38] 孙成双，韩喜双. 建设项目风险管理 [M]. 北京：中国建筑工业出版社，2013

[39] 尹相君. 水运业对经济社会贡献的测算方法及应用研究 [D]. 北京：北京交通大学，2007

[40] 李明. 水运对我国国民经济贡献的研究 [D]. 大连：大连海事大学，2004